KB199974

_____ 님께

감사와 사랑의 마음을 전하고 싶습니다.

우주의 무한한 축복으로 풍요로움과 행복이 항상

함께하기를 기원합니다.

_____ 드림

부와 행복의
놀라운 성공법칙 28가지

옮긴이 이정혜

성균관대학교 영어영문학과를 졸업했다.
현재 뉴질랜드에 거주하며, 크라이스트처치에 있는
초등학교 도서관에서 5년째 일하고 있다.
SBS 번역 대상 최종 심사기관으로 위촉된
(주)엔터스코리아의 전속번역가로 활동 중이다.
역서로는 《피플 패러독스》《에이프릴 풀스데이》등이 있다.

부와 행복의 **놀라운** 성공법칙 **28**가지

지은이 ─ 샌드라 앤 테일러
옮긴이 ─ 이정혜

1판 1쇄 발행일 ─ 2011년 8월 5일

펴낸곳 ─ 기원전출판사
펴낸이 ─ 정태경
출판 등록 ─ 제 22-495호
주소 ─ 서울시 송파구 풍납동 508번지 한강극동아파트상가 304호
전화 ─ 488-0468
팩스 ─ 470-3759
전자우편 ─ giwonjon@hanmir.com
ISBN 978-89-86408-59-1 03320

* 값은 뒷표지에 있습니다.
* 잘못된 책은 바꾸어 드립니다.

QUANTUM SUCCESS

28

부와 행복의 놀라운 성공법칙 28가지

샌드라 앤 테일러 지음 · 이정혜 옮김

기원전

CONTENTS

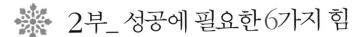

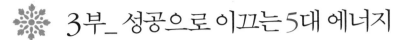

3부_ 성공으로 이끄는 5대 에너지

14 자신감 에너지 • 171

성공에 필요한 가장 우선적이고 중요한 자력 에너지는 자신감이다. 당신의 자신감은 대부분 자아의 이미지에서 오고, 이 이미지는 의식을 창조하는 과정에 필요한 중요한 요소이다. 긍정적이고 건전한 이미지를 갖고 있으면 당신은 스스로에게서 최선을 기대하게 되고, 그러면 의식이 그것을 현실로 창조할 것이다.

15 낙관주의 에너지 • 180

낙관주의는 상황을 긍정적으로 생각하는 태도로, 모든 것이 잘될 것이라고 기대하는 전반적인 믿음이다. 낙관주의를 충전해 주는 특별한 에너지는 현재 어떤 일이 일어나고 있든 이 세상이 당신에게 좋은 것들을 줄 것이라고 믿는 굳은 확신이다. 긍정적인 기대는 역동적이고 창조적인 의식을 발산한다. 그 결과 희망사항을 현실로 만들고, 우주의 축복을 끌어당기는 아름다운 진동 에너지도 생산할 수 있다.

16 목적 에너지 • 188

목적의식을 갖고 사는 것과 그렇지 않은 것의 차이는 핀볼과 볼링볼의 차이와도 같다. 목적의식이 없으면, 예상치 못한 사건들로 인해 앞이 막히고, 이 일에서 저 일로 튕겨 다니다가 결국은 막다른 골목에 빠지게 된다. 하지만 목적의식이 있으면, 중심이 잡히고 집중력이 생겨 제대로 된 길을 가게 된다. 볼링 게임처럼 당신의 에너지와 인생이 목표를 향해 곧장 똑바로 나아간다.

17 현재 에너지 •

현재는 우리에게 새로운 방법을 선택할 기회를 열어주는 창이며, 이 기회를 통해 우리는 인생을 바꿀 수 있다. 이것이 현재의 놀라운 자력 에너지요, 우리의 미래를 바꾸는 파워이다. 1초 1초는 우주가 우리에게 주는 소중한 선물이다. 지금 이 순간은 에너지의 세계로 들어가는 문턱이며, 확실한 기회를 잡을 수 있는 유일한 순간이다.

18 감사 에너지 •

감사 에너지를 얻기 위해서는 당신의 일상생활이 깨달음과 감사함이라는 태도와 공명을 이루어야 한다. 당신이 행복을 경험하는 모든 순간의 이면에는 항상 감사하는 마음이 있다. 행복함은 당신이 무엇인가에 감사하고 있다는 것을 의미한다. 그 공명을 더 많이 느낄수록 당신의 인생이 더 행복해진다.

4부_ 성공으로 가는 4단계

19 목표를 설정하라 •

성공을 현실로 만들기 위해서는 그 성공을 인생의 일부로 만들어야 한다. 목표를 멀리 있는 꿈으로 생각하고, 언젠가 성취할 수 있는 미래의 희망사항으로 환상을 갖는 것만으로는 충분하지 않다. 계획을 실천하려면, 그 계획에 대한 의식적인 각오가 있어야 한다.

성공으로의 카운트다운

20여 년 전 처음으로 양자역학을 접하면서 세상을 보는 나의 시각이 변하기 시작했다. 에너지와 의식의 원리에 눈을 뜨면서 이전에는 전혀 깨닫지 못했던 새로운 가능성의 세계를 보게 된 것이다. 그 이후로 나는 각계각층의 모든 세상 사람들에게 이 놀라운 이론을 전하면서, 자연계에 존재하는 법칙을 우리의 현실에도 적용시키면 엄청난 성과를 얻을 수 있다는 사실을 그들과 함께 체험하고 있다.

양자역학을 통해 당신은 자신의 미래를 통제할 수 있는 자유를 얻게 될 뿐만 아니라, 자신의 운명을 결정할 수 있는 능력도 갖게 된다. 이 놀라운 우주의 동력을 사용하는 방법만 배우면, 과거의 경험과 상관없이 당신도 진정한 성공의 원천에 다다를 수 있다.

과학을 이용해서 목표를 달성하라

대부분의 사람들은 사회적 지위나 수입과 같은 자신의 상황이 우연히, 그리고 통제할 수 없는 사건들로 말미암아 이루어진다고 믿는다. 하지만 이것은 현실을 왜곡하고 우리를 완전히 무력하게 만드는 생각일 뿐이다.

자연을 지배하는 법칙과 상호작용하면, 우리의 인생을 스스로 결정할 수 있는 파워를 갖게 된다. 이것은 엄연한 진리이다.

자연 세계에 존재하는 에너지 넘치는 행동양식을 인간 사회에도 적용시킬 수 있다. 사실, 에너지 과학과 의식 역학은 개인의 목표 달성에 영향을 미치는 가장 강력한 두 개의 자연 동력이다. 이 두 가지 동력을 사용해서 당신의 인생에 엄청난 변화를 일으킬 수 있다.

"할 수 있다고 믿으면 할 수 있다."는 말이나 "열심히 하면 얻을 수 있다."는 말을 흔히 듣는다. 이 말은 사실이다. 하지만 이 말들이 이상적이고 비실용적이며 철학적인 상투어로 들릴 때가 많다. 그러나 이런 말들 뒤에는 아주 중요한 자연의 법칙이 엄연히 존재하고 있고, 그렇기 때문에 우리는 그 이면에 있는 이 과학을 더 자세히 성찰해야 한다.

양자역학을 연구하는 사람들은 모든 사물이 에너지의 진동 끈으로 구성되어 있다는 사실을 발견했다. 이전에는 단순한 고체 물질이라고 생각되었던 모든 사물들이 힘차게 요동치는 진동들로 구성되어 있으며, 이 진동들은 인간의 의지와 의식의 영향을 받는다는 것이 밝혀졌다. 양자역학은 인류 전체의 운명뿐만 아니라 개인의 운명도 결정한다. 이런 식으로 당신의 미래는 지금 이 순간에도 결정되고 있다!

당신의 의식이 하는 일과, 목적을 달성하기 위해 사용하는 에너지가 당신의 운명을 결정한다. 이것은 너무나 엄청난 진실이며, 이 진실을 깨닫는 순간부터 당신의 인생은 변하기 시작할 것이다. 당신이 미처 깨닫지 못했다 하더라도, 당신의 직장 생활과 재정 상태와 인간관계를 포함한 생활의 모든 측면이 우주로부터 끌어당기는 힘의 영향을 받는다.

양자역학에서 불확정성 이론은 자신이 만들어내는 무한한 가능성의 세계에 살고 있음을 의미한다. 이 세상은 계속해서 움직이고 있기 때문에, 에너지의 미세한 움직임이 실제로 즉각적이고 광범위한 변화를 일으킬 수 있다. 우주의 힘은 대부분 우리 눈에는 잘 보이지 않지만, 엄청난 결과를 만들어낸다. 한 가지 예를 들자면, 원자 알갱이는 눈에 보이지 않는다. 하지만 원자 폭탄의 효과는 분명하게 볼 수 있다. 마찬가지로, 당신이라는 개인이 만드는 눈에 보이지 않는 진동도 극적인 효과를 불러일으킬 수 있다. 그런데 그 우주의 힘을 제대로 사용하기 위해서는 새로운 분야를 탐구하고, 당신의 내면세계도 탐험해야 한다.

불행한 미래는 없다

많은 사람들이 다람쥐 쳇바퀴 같은 인생을 살고 있다고 느낀다. 계속 바쁘게 뛰어다니지만 종착지가 없다. 끝없이 계속되는 업무와 성취하지 못한 일을 짊어지고 직장에서 집으로, 이 약속에서 저 회의로 뛰어다니는 일에 지쳐 있다.

새로 시작하면 원하는 것을 얻을 수 있으리라는 희망으로 이 사람과 헤어져 다른 사람을 만나고, 하던 일을 그만두고 다른 일을 시작한다. 공허함을 느끼고, 갇힌 것처럼 답답함을 느끼면서 자유로워지고 싶어 한다. 애타게 변화를 원하지만 어떻게 변화할 수 있는지 그 방법을 모르는 채 예전의 생활을 계속 반복한다.

당신도 이런 느낌이 드는가? 번번이 실패할 때마다 생기는 새로운 실망감이 과거의 상처를 들춰내는가? 그렇다면 마음을 다잡고 용기를 내라. 당신에게는 인생을 바꿀 수 있는 힘이 있다. 양자역학에 따르면 당신은 무한한 힘과 가능성의 중심이다. 만족감 없이 그럭저럭 하루하루를 사는 인생을 이제는 더 이상 계속하지 않아도 된다. 우주의 법칙이 당신의 상황을 바꾸어 놓을 수 있기 때문이다.

나는 인생의 모든 측면에서 이 법칙을 사용하고 있다. 이 법칙 덕분에 고등학교 교사에서 카운슬러로, 세계를 순회 강연하는 강사로, 작가로 다시 태어날 수 있었다. 결혼에 두 번 실패하고 나서 사랑을 거의 포기하고 있다가, 이 성공의 우주 법칙을 사랑에도 적용하기로 결심했다. 그리고는 1년이 채 안 되어, 나를 격려해 주고 사랑과 지혜가 넘치는 지금의 남편을 만나 그야말로 행복이 넘치는 인생을 살고 있다.

하지만 이 우주의 교훈이 내게 준 가장 놀라운 경험은 나의 아이들이다. 러시아의 한 고아원에서 다 큰 두 아이를 입양하려 했을 때, 사람들은 나와 남편을 제정신이 아니라고 말했었다. 하지만 나는 에너지와 의식 법칙이 완전하다는 것을 믿었고, 만약 내가 이 힘들을 제대로 사용한다면 최고의 아이들을 얻을 수 있을 거라고 확신했다. 그리고 우리는 실제로 최고의 아이들을 입양했다!

입양 과정은 한 권의 책으로 쓸 수도 있을 만큼 엄청나고 '불가사의한' 사건들이 일어나면서 길고도 복잡한 여정이었다. 하지만 결국 모든 것이 잘 되었고, 지금 우리의 인생은 말로 표현할 수 없을 만큼 행복하다.

나는 20여 년 동안 나를 찾아오는 고객들과 전 세계적인 세미나를 통해 대중들에게 이 법칙을 설명해 왔다. 그리고 이 법칙을 사생활과 직장생활에 적용한 사람들이 많은 성공 사례를 보내 왔다. 어떤 사람은 자기 집 차고에서 시작한 소프트웨어 사업이 7백만 달러에 달하는 사업체로 발전했다. 음식업계에서 보잘것없는 일을 하며 우울증과 초조함에 시달리던 다른 사람은 식당과 출장요리 사업을 시작했는데, 사업이 성공하여 전국적인 체인점을 운영하라는 제안을 받기도 했다.

나는 강연을 하러 1~2년에 한 번씩 호주에 간다. 한번은 어떤 여성이 유

모차를 끌고 내게로 와서는 2년 전에도 나의 세미나를 들었다고 말했다. 사랑에 관한 세미나였는데, 그 당시 그녀는 싱글이었고 결혼해서 가정을 꾸미고 싶었다. 세미나에서 이 법칙들을 배우고 실제로 생활에 적용한 결과 인생의 반려자를 만났다고 말했다. 내게 고맙다는 인사를 하고, 자기 아기도 소개시켜 주려고 다시 왔다는 것이었다.

세계 각지로부터 이와 비슷한 내용의 편지와 이메일을 받는다. 그렇게 많은 사람들이 승진하거나, 새 직장을 얻거나, 사랑이나 사업에 성공했다는 이야기를 들으면 정말 큰 보람을 느낀다. 살 빼기에 성공해서 더 젊어 보이게 됐다는 사람도 있다!

원하는 것이 무엇이었건 이 사람들은 성공의 과학이 주는 능력으로 성공할 수 있었다. 이들은 에너지와 의식이 변하면 무슨 일이든 가능하다는 것을 자신들의 인생에서 목격했다. 이 책에서 언급되는 어떤 기술들은 이미 우리도 익히 알고 있는 것들이다. 하지만 언제든지 이용할 수 있는 우주의 힘과 에너지를 활용해서 인생의 문제들을 근본적으로 해결할 수 있다는 사실을 깨달아야 한다. 그리고 바로 당신도 이 에너지를 이용해서 꿈을 이룰 수 있다.

지금까지의 생활방식이 그다지 행복한 것이 아니었고 미래에도 큰 희망이 없다면, 이제는 그런 우울한 인생을 버려도 된다. 행복한 새로운 미래로 가는 길을 지금 바로 시작할 수 있기 때문이다.

성공으로 가는 여행

성공일지를 쓰는 것은 자기탐험의 아주 중요한 부분이다. 일지(journal)라는 말은 여행 중에 경험한 일을 쓴 기록이라는 뜻에서 원래 여행(journey)

이라는 말에서 왔다. 성공의 추구를 일종의 여행으로 생각하면, 일지를 기록하는 일은 궁극적인 목적지에 도달할 수 있도록 당신을 돕는 수단이 될 것이다. 여행을 하다보면 도중에 멈출 때가 많지 않은가. 그럴 때마다 일지는 당신이 여행을 계속하게 만들고, 목적지에 도달할 수 있도록 당신을 안내하는 개인적인 지도가 되어줄 것이다.

성공일지에 써야 하는 내용은 이 책에서도 몇 가지 소개하고 있다. 하지만 일지에 당신이 써야 할 첫 번째 내용은 당신의 종착지가 어디인가 하는 것이다.

시간을 내어 당신의 소망 목록을 작성하라. 당신이 원하는 것을 모두 적어라. 백만 달러든, 새 집이든, 행복한 로맨스든, 급여 인상이든, 아니면 완전히 새로운 직장이든, 당신이 진정으로 원하는 것들을 하나도 빠짐없이 써라. 그리고 또 다른 원하는 것이 생각날 때마다 이 목록에 추가하라.

계획

이렇게 해서 최초의 목록을 완성한 다음에는 모든 사항들에 구체적인 계획을 세워라. 예컨대, 만약 백만 달러를 버는 것이 소망 목록에 있다면 이렇게 써라. '나는 백만장자가 될 계획이다.' 새로운 사랑을 원한다면 이렇게 써라. '나는 멋지고 다정다감한 애인을 구할 계획이다. 바로 지금 진실하고 지속적인 사랑이 내게로 다가오고 있다.' 성공을 추구해 나가는 과정에서 당신은, 당신의 욕망이 계획이 되고 믿음이 확신으로 변하는 과정을 보게 될 것이다.

이 계획은 당신과 성공의 우주 법칙을 연결해 주는 매우 중요한 역할을 한다. 그리고 당신의 의식과 주파수와 결합하여 운명에 엄청난 영향력을 행사한다. 이렇게 중요하기 때문에, 우리는 자주 계획을 검토해야 한다. 새로운 일을 시작하거나 새로운 활동을 할 때마다 나는 그때그때의 계획을 고려한다. 그러면 내가 추구하는 것이 무엇인지 확실해질 뿐만 아니라, 주변에 긍정적인 에너지가 형성되는 것을 느낀다. 그것이 비록 하루를 시작하는 단순한 일일지라도 분명한 목표의식이 있으면 당신은 흔들리지 않고 목표를 향해 나아갈 수 있다.

다짐하기

어떤 사람들은 자기 자신에게 다짐하는 일을 중요하지 않게 생각한다. 하지만 다짐은 에너지 생산에 있어서 아주 역동적인 역할을 한다. 자신에게 다짐하는 일은 긍정적인 사고이고, 이런 긍정적인 사고를 하지 않는 것은 당신이 무의식적으로 부정적인 생각을 하고 있다는 말이 된다.

각 장의 끝 부분마다 그 장에 걸맞는 '다짐' 부분이 있다. 당신에게 가장 필요한 항목들을 골라서 자주 읽어라. 그리고 당신이 추구하는 것이 무엇이든 상관없이 스스로에게 감사하는 내용을 쓰는 것도 잊지 마라.

거울을 볼 때마다 이 다짐들을 되풀이해서 말하고, '당신은', '그녀는', '그는' 하는 식으로 주어를 2인칭과 3인칭으로 바꾸어서도 말해 보라. 이 다짐들을 크게 소리내어 말하면, 당신의 음향 에너지가 전자기 진동을 확대시켜 그 힘을 배로 증가시킨다.

목표를 바꿀 때마다 다짐도 바꾸고, 당신 자신과 목표와 당신의 세계에 관해 긍정적인 계획을 세우는 데 도움이 될 만한 새로운 다짐들을 계속 추가해 나가라. 스스로 다짐하며 인생의 하루하루를 확신 있게 살면, 우주가 다양한 방법으로 끊임없이 당신을 축복하며 도울 것이다.

즉각적인 변화

양자역학은 엄청난 에너지 변화가 순식간에 일어날 수 있음을 보여준다. 당신의 인생도 마찬가지이다. 매 순간 당신은 자신의 운명을 창조하고 있으며, 우주의 에너지장이 당신의 주파수에 반응하기 위해 기다리고 있다. 지금까지 당신이 소유했던 그 어떤 힘보다 더 강한 힘과 새로운 무기로 무장하고 미래를 향해 나아가라. 당신이 절대 놓칠 수 없는 과학 실험이 지금 시작되려고 한다!

내가 이 책의 제목을 《QUANTUM SUCCESS 성공의 양자역학(이 책의 원제)》이라고 한 이유는 단순히 과학 원리들과 관련되어 있기 때문만은 아니다. 바로 양자 세계가 상징하는 현실 때문이다. 양자 물리학의 세계는 세포 단위에서 시작하지만, 그 효과는 멀리 우주에 있는 사물에까지 영향을 미치고, 때로는 직선적인 시간 개념을 벗어나 아주 광범위하게 적용된다. 성공의 양자역학을 체험하면, 당신은 세포 하나하나에까지 젖어드는 행복감을 느끼고, 인생의 모든 순간에 즐거움이 넘치는 성취감을 경험할 수 있을 것이다.

이 책은 모두 7부로 구성되어 있는데, 다음 부로 넘어갈 때마다 장이 하나씩 줄어든다. 개인의 성공 경험에 가장 중요한 영향력을 미치는 7대 요소를 검토하는 데 있어 일종의 카운트다운 의미를 부여한 것이다. 7대 법칙에서 6가지 힘, 5대 에너지, 4단계, 3대 도우미, 2대 장애물을 거쳐 마지막의 성공으로 가는 1가지 길에 이르기까지 책 전체에서 논의되는 모든 기술들을 인생에 적용시킨다면 엄청난 탄력으로 당신의 목적을 추구할 수가 있다.

지금 당장 당신의 카운트다운을 시작하라. 이 원리들을 당신의 일상생활에 적극적으로 활용하면, 로켓 발사처럼 당신의 성공이 발사될 것이다! 라이프스타일과 직장생활, 개인적인 인간관계를 포함해 사실상 모든 것이 변하기 시작하는 것을 느끼게 될 것이다. 이 놀라운 과학을 사용하면 모든 것이 가능하다는 것을 발견할 수 있다. 당신의 영혼은 모든 창조물을 충전하는 발전소와 항상 연결되어 있다. 우주의 흐름은 당신의 운명을 결정하는 에너지이고, 지금이 바로 그 우주의 흐름에 당신을 맡길 시간이다. 그렇게 하면, 당신도 내가 깨달았던 것과 같이 상상할 수 없을 만큼 인생이 행복하다는 것을 깨닫게 될 것이다.

1부

성공의
7대 우주법칙

당신은 아주 놀라운 세계에 살고 있다. 정말 마술 같은 일들이 당신 주변에서 일어나고 있으며, 당신이 하는 일과 이루고 싶은 일에도 이런 마술을 적용할 수 있다!

만약 지금까지 당신의 소망이 요리조리 피해가며 뜻대로 이루어지지 않았다면, 당신의 꿈을 실현시키기 위해 존재하는 파워와 에너지의 실체에 대해서 먼저 알아야 한다. 마술 같아 보이는 일들이 사실은 에너지 세계의 작품이며, 불가사의하게 보이는 일들이 실제로는 과학 작용의 결과이다. 의식과 에너지는 영원히 운동하면서, 당신 내부와 주변에서 끊임없는 원인과 결과의 향연을 벌인다. 그 과정은 마술처럼 인간의 눈에는 보이지도 않는다. 하지만 이 보이지 않는 우주의 파워가 이제는 더 이상 불가사의한 것이 아니다. 이것은 과학적 진실이다.

이것이 바로 넘치는 파워와 무한한 가능성으로 요동치는 양자 세계의 본질이다! 당신이야말로 자신과 온 인류의 운명을 결정하는 창조적인 의식이며, 이 세계가 만들어낸 강력한 동력이다. 지금 이 순간도 당신은 개인적이자 전 세계적인 창조 행위에 동참하고 있다. 믿을 수 없을 만큼의 행복과 성공과 소중함의 원천인 우주의 보편적 법칙을 따를 때, 당신도 이 우주의 에너지를 통제할 수 있게 될 것이다.

드러남의 법칙

끌어당김의 법칙

순수 욕망의 법칙

모순 의도의 법칙

조화의 법칙

바른 행동의 법칙

효과 확대의 법칙

드러남의 법칙

성공의 첫 번째 법칙

"……근본 원인은 정신이다. 모든 것은 생각으로 시작해야 한다.
모든 사건과 모든 상황과 모든 존재는 머릿속에 있는 생각으로 시작한다……"

— 로버트 콜리어

정신 역학의 세계는 놀라운 가능성들을 보여준다. 정신은 단순히 복잡한 문제들을 해결하거나 새로운 정보를 배우는 것뿐만 아니라, 논리를 초월하여 우리를 물리적 창조의 영역으로 이동시켜 주는 능력이다. 정신은 당신 의식의 힘이자, 당신의 운명을 창조하는 자원이다.

❖ 성공의 첫 번째 법칙인 **드러남의 법칙**은 사물들의 존재 양식을 보여준다. 양자역학에서 의식이 현실을 창조하는 것처럼, 당신의 개인적인 인생에도 이 법칙이 적용된다.

의식이 현실을 창조한다는 가설을 탐구하는 여러 가지 이론들이 현대 과학에 존재한다. 어떻게 우주가 존재하게 되었는가를 설명하는 우주론도 그 중의 하나이다. 우주론은 오늘날의 이 복잡한 세계가 우연한 사건들이 임의로 계속되면서 만들어진 것이 아니라, 의식적인 계획의 결과라고 말한다. 어떤 이론은 우주에 존재하는 원재료가 우리의 물리적인 현실을 창조한다고 설명한다. 또 다른 이론은 우리의 주관적인 의식이 그때그때 우리에게 제공되는 제한된 가능성 중의 하나를 선택하면서 현재를 창조했다고 주장하기도 한다. 심지어는 분자와 진동을 측정하고 실험하는 창조자 이론(관찰자로서 창조자가 있다는 이론 — 역주)조차도 가장 진정한 동력은 인간의 목적과 의식이라고 말한다.

이 양자역학 이론의 과학적 배경도 흥미롭기는 하지만, 여기서 우리가 검토하고자 하는 바는 당신의 주관적인 현실이다. 창조자 이론을 개인들에게 적용시키면, 당신이 당신 자신을 판단한 결과가 당신이라는 사람이 된다는 사실을 깨달을 수 있다. 자, 이런 생각을 한번 해보자. 당신 자신을 어떻게 평가하고 싶은가? 당신의 자기평가는 부정적인가 아니면 긍정적인가? 이런 평가 결과를 기반으로 당신은 어떤 현실을 얻게 될 것인가?

이것은 아주 중요한 질문들이고, 인생을 살면서 이 질문들에 대답할 수 있다면 당신에게 큰 도움이 될 것이다. 하지만 당신의 현실을 창조하는 것은 당신의 의식이기 때문에, 이것은 당신의 운명이 드러나는 시초에 불과하다. 그 방법을 이해하기 위해서는 당신의 '의식'이 과연 무엇인지, 그리고 이 의식이 당신의 인생에 어떻게 창조력을 발휘할 것인지를 이해하는 것이 중요하다.

만약 이 의식의 힘을 체험하고 싶다면, 주변을 한번 돌아보라. 더 수준 높은 의식에 의해 창조된 현실을 무시하고 당신에게 보이는 자연 세계를 외면하면, 당신의 일상생활에 존재하는 주관적인 의식의 힘을 더 잘 볼 수 있다. 지금 당장 여기에서도 나는 이 힘을 사방에서 볼 수 있다. 내 방 벽에 걸려 있는 러시아 상트페테르부르크의 길거리 화가가 그린 그림에서 그의 영감을 느낄 수 있고, CD에서 연주되는 모차르트의 음악에서 그의 감정을 느낄 수 있으며, 밤마다 읽으면서 자는 찰스 디킨스의 작품에서 그의 에너지를 느낄 수 있다. 스테인드글라스 예술가인 친한 친구가 만들어 준 작품 사이로 햇볕이 쏟아지면 내 영혼이 밝아진다. 또한 가구를 만든 사람의 영감에 의해 안락함을 느끼고, 건축가 덕분에 집 안에서 안전함을 느낀다. 이런 수많은 방법으로 나는 다른 사람들의 창조력의 영향을 받고, 그들이 창조해낸 모든 사물의 목격자가 된다.

여기에 자연 세계를 집어넣고, 의식이 현실을 창조한다는 이론을 완전히 받아들이면, 우리는 의식의 진가와 힘을 온 사방에서 느낄 수 있다. 흙바닥에 놓인 아주 사소한 돌멩이에서부터 드넓게 펼쳐진 밤하늘에 이르기까지, 꼬마가 만든 종이비행기에서부터 전국적으로 자동화된 전력망에 이르기까지, 이 모든 것이 정신의 힘에서 비롯된다.

결국 보여지는 모든 사물의 근본적인 현실은 정신이다. 모든 것은 의식 안에 1차적으로 존재한다. 물론 이 모든 의식이 늘 긍정적인 결과를 낳는 것은 아니지만, 그래도 무엇인가는 만들어낸다. 세계무역센터(the World Trade Center)를 창조하고 파괴한 것도 바로 이 의식이었다.

❀ 인생의 개인적인 측면에서 볼 때, 당신의 성공이나 실패는 당신의 의식 속에 우선 반영된다. 인생에서 실패와 어려움을 느끼든, 풍요로움과 성취감을 느끼든, 그것은 모두 당신 의식의 산물이다. 당신이 드러내는 모든 것은 끓어넘치는 당신의 의식 에너지 안에 존재하고, 당신의 인생을 창조하는 것도 바로 이

의식 에너지이다. 드러남의 법칙은 간단명료하다. 당신의 의식이 당신의 현실을 창조하기 때문에, 당신 안에 우선 존재하지 않는 것은 절대로 드러날 수 없다. 성공이 무엇인지에 대한 사전 지식 없이는 성공을 경험할 수 없다는 것이다.

지금 당신의 의식은 무엇을 창조하고 있는가?

"의식이 운명을 창조한다."는 말은 "의식적으로 운명을 창조하라."는 말이 절대 아니다. 사실 우리는 대부분 자신이 처해 있는 상황을 어떻게 받아들이는지 전혀 의식하지 않는다. 그리고 대부분의 사람들은 자신이 스스로의 상황을 창조한다는 사실을 깨닫지 못한다. 그들은 인생이 임의적인 사건들의 연속으로 이루어지며, 대부분의 경우 자신들의 행동과는 상관없는 것이라고 생각한다. 지금 일어나는 일이 자기도 모르는 사이에 자신이 이미 결정한 일의 결과라는 사실을 깨닫지 못한다.

그래서 드러남의 법칙에 가장 필요한 조건 중의 하나가, 당신이 중심을 두는 일이 무엇인지를 정확히 파악하는 것이다. 아래의 질문들은 당신이 운명을 창조하는 데 도움이 될 만한 것들이다. 아울러 다음 장에서 여러 갈래의 드러남에 관해 검토하는 동안, 당신의 의식이 나아가는 방향을 더 잘 깨달을 수 있도록 도울 것이다.

❋ 성공일지

당신의 성공일지에 아래 질문들에 대한 답을 써라. 그리고 정기적으로 재검토하면서 당신의 의식 창조성을 연구하라.

- 전체적으로 당신이 가장 많이 신경 쓰는 것이 무엇인가? 당신이 가장 많이 생각하는 것은 무엇인가? 당신이 가진 것을 더 많이 의식하는가, 아니면 갖지 못한 것을 더 많이 의식하는가?

- 직장생활에서 당신의 가장 큰 목표는 무엇인가? 이 목표를 달성하기 위해 얼마나 많은 시간을 의식적으로 집중하는가?

- 당신은 어떤 버릇을 갖고 있는가? 어떤 식으로 행동하고, 어떤 일에 열중하는가? 하루에 몇 시간을 이 행위를 하는 데 사용하는가? 다른 일을 하고 있을 때, 얼마만큼 이 행위들을 생각하는가?

- 생활의 긍정적인 측면에 더 집중하는가, 아니면 문제에 더 많은 신경을 쓰는가? 당신은 긍정적인 사고방식을 갖고 있는가, 아니면 부정적인 사고방식을 갖고 있는가?

이 질문들에 대한 대답은 당신 의식의 방향을 보여주는 중요한 지표가 된다. 당신에게는 원하는 대로 운명을 설계할 수 있는 힘이 있고, 바로 지금도 그 운명을 설계하고 있다. 건축가가 눈을 감고는 훌륭한 건물을 설계할 수 없듯이, 당신도 당신에게 주어진 선택에 눈을 뜨기 전에는 당신의 꿈을 설계할 수 없다.

의식을 되찾아라

자신이 무슨 생각을 하고 있는지 깨닫기 위해 멈춰본 적이 있는가? 당신의 선택이 어떤 결과를 가져올 것인지 진지하게 생각한 후에 행동하는가? 많은 사람들이 왜, 무엇을 하는지도 모르면서 행동한다. 그들은 무의식적으로 아무 생각 없이 똑같은 방식으로 수십 년을 살아간다.

나는 이런 사람들을 매일매일 무의식 상태로 터벅거리며 살아가는 '산 송장'이라고 부른다. 그들은 해야 되는 일만 겨우 하면서 습관적이고 감정적으로 산다. 그러나 만약 당신이 지금까지 이런 식으로 살았다 해도 너무 걱정하지는 마라. 이 망자들의 대열에서 깨어날 수 있는 힘이 당신에게 있다. 더 높고 더 밝은 다른 종류의 의식을 선택하여 지금까지와는 다른, 더 나은 인생을 살 수 있다. 어쩌면 당신이 꿈꾸어 왔던 것보다 훨씬 나은 인생을 살 수 있을지도 모른다.

> ✻ 의식은 선택의 문제이다. 당신은 현재의 의식 상태를 선택하고, 정말 중요한 것이 무엇인지, 당신의 인생을 진정으로 명예롭고 가치있게 만드는 것이 무엇인지 우선 순위를 결정한다. 항상 스스로에게 이렇게 질문하라. "지금 내 의식은 어디에 집중되어 있는가?" 그리고 "이 의식은 무엇을 창조하고 있는가?"

내 상담 고객 중에, 하루의 대부분을 먹는 생각만 한다고 고백한 여성이 있었다. 다행히도 그렇게 살이 찌지는 않았지만, 그래도 매일 어디서 무엇을 어떻게 먹을까 고민한다고 솔직하게 이야기했다. 그녀는 이런 집착을 버리려고 노력하면서 규칙적으로 운동을 한 덕분에 진짜로 뚱뚱했던 적은 한 번도 없었다. 살이 조금 쪘다가 다시 빠지고 하는 상태였지만, 항상 몸무게에 신경 쓰느라 그다지 행복하지가 않았다.

그리고 자신의 직장생활에도 비슷한 불만을 가지고 있었다. 그녀는 먹고 살 만큼의 월급을 받는 그저 그런 직장에 다니면서, 부업으로는 프리랜서로 글을 조금 쓰고 있었다. 하지만 그녀는 먹는 일보다 직업에 더 의식을 집중하면, 체중 문제와 직장 문제를 동시에 해결할 수 있다는 사실을 깨닫지 못하고 있었다.

우리는 그녀가 음식에 집착하지 않고 정상적인 태도를 갖도록 하는 데 중점을 두어 훈련을 시작했다. 그녀도 몸무게가 얼마나 나가든지 상관없이 그것을 현실로 받아들이겠다고 스스로에게 다짐하면서, 직장생활에 우선적으로 의식을 집중시키기로 했다. 음식 생각이 날 때마다 직업에 관한 긍정적인 생각을 하거나 구체적인 행동계획에 의식적으로 몰두하도록 충고했다. 그렇게 함으로써 그녀는 새로운 동기를 갖고 관심의 초점을 바꾸어서 원하는 결과를 얻을 수 있었다. 이렇게 노력하는 동안 그녀의 몸무게가 줄었다. 뿐만 아니라 프리랜서로 글 쓰던 일이 점점 성공가도를 달리게 되어 직장을 그만두고 글만 쓸 수 있게 되었다. 원하는 일을 하면서 두 배나 많은 돈을 버는 일석이조의 성과를 거둔 것이다.

당신도 자신의 운명이 드러나는 방식을 통제할 수 있다. 당신의 의식 창조력을 변화시키기 위해서는 부정적 측면보다 긍정적 측면을 더 의식해야 하고, 스스로의 가치를 깨닫고 무엇이 중요한지를 생각해야 한다. 당신이 얻으려고 하는 것뿐만 아니라 당신이 이미 갖고 있는 좋은 것들도 생각해야 한다. 무의식적으로 반응하면서 산만해지지 말고, 당신이 목표하는 방향으로 나아가도록 항상 의도적으로 행동해야 한다.

지금은 우선 당신의 선택 가능성들을 확인하고, 다음 장에서 총체적인 의식의 변화를 가능하게 해주는 구체적인 기술들에 대해 논의하겠다. 당신이 처해 있는 현실이 마음에 들지 않는다면, 당신이 의식하는 것들을 바꾸어야 한다. 부정적인 생각을 하고 있으면, 결과 또한 부정적인 것이 된다는 사실을 명심하라. 모든 수단을 동원해서 이런 부정적인 의식을 바꾸어야 한다. 그러면 진정한 낙천주의 의식이 강력하고 긍정적인 성과를 창조하게 될 것이다.

드러남의 법칙을 강화하기 위한 다짐

• 무엇을 우선으로 할 것인지, 무엇에 초점을 둘 것인지 매일 더 의식적으로 생각한다. 나의 목표를 우선으로 하고, 가치 있는 모든 일에 집중한다.

• 내 인생에서 감사한 일들을 더 많이 의식하기 위해 노력한다.

• 나의 정신적 풍요와 창조성을 믿고, 위대한 운명을 창조할 수 있는 능력이 나에게 있음을 깨닫는다.

• 나는 의식이 현실을 창조한다는 것을 알고, 항상 긍정적인 사고방식을 선택한다.

• 일상생활에서 나는 의식적으로 희망과 기쁨과 평화를 선택한다.

끌어당김의법칙

성공의두번째법칙

> "우리를 둘러싸고 있는 대기는 의식으로 가득하고……
> 우리가 사물을 끌어당기고 밀어내는 힘도 이 의식에서 온다.
> 결국 비슷한 것들끼리 서로를 끌어당기고……
> 우리는 우리 머릿속에 있는 것들을 끌어당긴다."
>
> — 어니스트 홈스

성공의 첫 번째 법칙인 드러남의 법칙이 창조하는 것에 관한 것이었다면, 두 번째 법칙인 끌어당김의 법칙은 당신이 끌어당기는 것에 관한 것이다. 이 두 가지는 당신의 운명에 가장 큰 영향을 미치는 동력들로서, 전자가 의식의 힘에 관한 것이라면 후자는 에너지의 힘에 관한 이야기이다.

오늘날 이 세계에는 많은 종류의 에너지가 존재한다. 엄청난 파워를 갖고 있으면서도 보이지 않는 이 힘들은 실질적이고 예측 가능한 성과들로 만들어낸다. 예를 들어, 휴대전화의 버튼을 눌러서 신호를 보내면 수천 킬로미터 떨어진 곳에 있는 인공위성이 신호를 받아 다른 전화기로 보낸다. 그러면 그 사람의 전화벨이 울리고, 당신 목소리의 에너지가 앞뒤로 반동하면서 엄청나게 먼 거리에 있는 상대방과 깨끗한 음질로 통화할 수 있다. TV 리모컨 버튼을 누르면 방 한쪽에 놓여 있는 텔레비전으로 신호가 보내지고 텔레비전이 켜지면서 화면과 함께 소리까지 나오는데, 이것 또한 원격 장치에 의한 신호의 전달이다.

현대 의학에서 사용하는 CAT(computer axial tomography : 컴퓨터 X선 단층 촬영 — 역주)와 MRI(magnetic resonance imaging : 자기 공명 단층 촬영 — 역주)도 에너지를 사용해 인체의 이미지를 만들어낸다. 전자레인지로 요리를 하고, 탐지기를 사용해서 안전을 확보하고, 레이저로 암세포를 제거한다.

현대사회의 인간은 수많은 방법으로 이 에너지를 감독하고 이용한다. 이 모든 에너지 현상에는 눈에 보이는 분명한 물질적 결과가 있지만, 그 영향력이 의학이나 통신 수단, 기술적인 장치들에만 국한되는 것은 아니다. 우주의 에너지 작용은 대부분의 사람이 깨닫지 못하는 방식으로 우리 개개인의 삶에 영향을 미치고, 심지어는 우리의 행복과 성공도 이 에너지의 영향을 받는다.

❖ **끌어당김의 법칙**은 자신이 발산하는 에너지와 같은 종류의 에너지만을 우리가 끌어당긴다는 법칙이다. 양자물리학의 원리에 따르면, 모든 사물은 에너지를 발산하며 그것은 사람도 마찬가지이다. 사실상 우주는 과학자들이 에너지의 '끈'이라고 부르는 진동으로 가득하다. 이 진동은 우리 내부에서 움직이고 밖으로 발산되면서 말 그대로 항상 우리 주변에 존재한다. 우리가 의식하든 그렇지 않든, 우리 자신도 매일 매 순간 우주에서 일어나는 방대한 에너지 교류와 팽창의 한 부분이다.

우리의 개인적인 에너지가 밖으로 발산되어 비슷한 종류의 다른 공명

(共鳴)에 연결되면서, 어떤 종류의 사람과 사물을 우리 인생으로 끌어당길 것인가가 결정된다. 모든 개인은 작은 라디오 방송국과 같아서 우리 자신과 우리의 인생에 관한 신호를 계속 밖으로 보낸다. 그러면 그 신호에 맞는 사람들과 상황이 우리에게 주파수를 맞추면서 우리 인생에 들어오게 된다. 예를 들어, 연애나 직장생활에서 생리적으로 잘 통하는 사람들을 만나게 되는데, 이 말은 당신과 그 사람의 개인적인 신호와 주파수가 맞아서 공명이 이루어진다는 뜻이다. 따라서 성공하고 싶다면, 어떤 에너지를 창조할 것인가, 지금 이 순간에는 어떤 주파수의 에너지가 발산되고 있는가를 반드시 알아야 한다.

당신의 에너지 명함

빅토리아 시대에는 손님이나 친구로 남의 집을 방문할 때 명함을 사용해 자신의 도착을 알렸고, 비슷한 계층의 사람들에게 자신을 처음 소개할 때는 먼저 소개장을 보내어 미리 알리는 것이 정석이었다. 그것은 받는 사람에게 자신의 신분과 평판을 알리는 방법이기도 했다.

당신의 공명도 이 명함과 거의 똑같은 역할을 한다. 실제로 인생에 어떤 일이 생기기 훨씬 전, 당신의 에너지는 당신이 만나게 될 사람들에게 미리 메시지를 보낸다. 이 에너지는 무의식적이지만 엄청난 힘으로 다른 사람들에게 당신의 모습을 드러내면서 당신의 존재와 에너지 넘치는 당신의 본질을 알린다. 지금까지 당신이 만나 온 사람들과 경험한 상황들이 마음에 들지 않았다거나, 당신이 원하는 성공을 얻지 못했다고 생각하는가? 그렇다면 당신의 명함에 들어가는 에너지를 바꾸어야 한다.

다행히도 이 주파수를 만들어내는 사람은 당신이기 때문에 바꾸는 일도 당신이 할 수 있다. 당신의 진동 공명을 만드는 것이 무엇인지만 파악하면, 긍정적인 선택으로 당신의 자기(磁氣) 주파수를 향상시키고, 당신이 끌어당기는 모든 것을 바꿀 수 있다. 아래에 당신의 개인적인 공명을 창조할 수 있는 세 가지 방법이 있다.

1. 감정 에너지나 감정의 진동을 사용하는 방법
2. 인식 에너지나 인식의 진동을 사용하는 방법
3. 육체적 에너지나 육체의 진동을 사용하는 방법

먼저 첫 번째 감정의 힘을 사용하는 방법에 대해 자세히 살펴보자.

감정의 발산

감정적인 공명은 당신을 표현하는 가장 우선적인 방법이다. 일상생활에서 당신이 느끼는 감정은 당신이 어떤 사람인지, 세상으로부터 기대하는 것이 무엇인지를 큰 소리로 분명하게 말해 주는 신호이다.

예를 들어 보자. 만약 당신이 만성적인 두려움을 겪고 있다면, 그것이 자연스럽게 드러나면서 두려움을 느끼는 상황이 더욱 많아지게 된다. 만약 계속해서 화를 낸다면, 당신이 적대감을 기다리고 있다는 신호를 밖으로 내보내서 결국은 적대감을 얻게 된다.

하지만 즐겁고 행복한 태도를 선택하면, 당신이 세상을 즐겁게 생각한다는 메시지가 발신되면서 당신의 에너지와 기대로 인해 더 많은 즐거움이 생기게 된다. 만약 당신이 자신감 있고 평화롭다면, 자신감과 평화의 자기 진동이 발산되면서 당신의 인생에 깊은 평온함을 가져다줄 것이다. 이것이 바로 공명의 현실이다. 당신이 밖으로 내보내는 것이 다시 당신에게로 되돌아온다.

당신의 지배적인 감정이 당신의 마음과 정신에 강력한 영향력을 행사하면서 운명을 창조하는 에너지를 생성한다. 당신의 경험이나 문제에 감정을 많이 실을수록 발산되는 에너지도 커진다. 그렇기 때문에 끌어당김의 법칙은 우리에게 긍정적인 감정을 가져야 한다고 말한다. 당신이 갖는 감정의 질이 인생의 질을 결정한다. 이 법칙은 아주 엄격하게 적용된다. 당신의 즐거움과 사랑과 행복이 당신에게 돌아오고, 당신의 두려움과 분노와 불행도 역시 당신에게로 돌아온다.

하지만 이런 감정들은 어디에서 비롯되는가? 당신 곁을 떠나지 않는 이 강력한 에너지의 원천은 도대체 무엇인가? 모든 감정적 경험의 배후에는 감정을 자극하는 원천이 존재한다. 당신이 분노를 느끼든 사랑을 느끼든, 비참하든 기쁘든, 우울하든 들떠 있든, 지루하든 재미있든, 모든 감정의 희로애락에는 근본적인 씨앗이 있다. 당신의 생각이 바로 당신 감정의 씨앗이다.

생각은 물질이다

두 번째로, 인식의 힘을 사용해서도 에너지를 발산할 수 있다.

당신의 의식은 쉬지 않고 메시지를 에너지장에 쏟아 넣으면서 감정 에너지를 만들어내기 때문에, 목적을 추구해 나가는 과정에서 의식의 역할은 아주 중요하다.

자신감은 당신에게 희망적인 감정을 주지만, 자신감이 부족하면 절망감을 갖게 된다. 어떤 감정이 당신에게 더 훌륭한 성과를 가져오겠는가? 당신이 원하는 긍정적인 결과는 평온한 감정과 긍정적인 사고에서만 올 수 있다.

당신이 대부분의 사람들과 비슷한 사람이라면, 당신의 사고 과정도 다른 사람들의 경우처럼 임의적이고 즉흥적이면서, 의도적인 결정이라기보다 그냥 하는 무의식적인 행위일 것이다. 어쩌면 당신은 한 번도 긍정적으로 생각하는 법을 배운 적이 없었는지도 모르고, 당신이 처한 상황이나 함께 있는 사람들에게 의존해서 당신의 생각을 결정해 왔는지도 모른다. 하지만 한 가지는 분명하다. 만약 자기 주위를 돌아보고 인생이 만족스럽지 않게 느껴진다면, 당신은 자신의 생각부터 통제해야 한다!

가장 부정적인 생각은 다음의 세 가지 두려움에서 온다.

1. 미래에 대한 두려움
2. 거부당하는 것에 대한 두려움
3. 실패에 대한 두려움

미래에 대한 두려움은 무엇인가가 잘못될 것 같은 막연한 두려움에서부터 '회의가 잘못되면 어떡하나?' '이번 거래가 성사되지 않으면 어떡하나?' '병이 나거나 죽으면 어떡하나?' 와 같은 엄청난 개인적 재앙이 닥칠 것 같은 예감에 이르기까지 다양하다.

거부당하는 것에 대한 두려움은 다른 사람들이 자신을 어떻게 생각하는지 끊임없이 신경쓰는 것에서부터 버림받는 것에 대한 공포에까지 여러 가지가 해당된다. 이런 종류의 생각을 가진 사람들은 종종 자기비판적이거나 심지어는 자기혐오 증상을 보이기도 한다. '나는 일을 잘 못해, 나는 능력이 없어, 나는 그만한 가치가 없는 사람이야' 와 같은 생각은 '이혼당하면 어떡하지?' '회사에서 쫓겨나면 어떡하지?' 라는 종류의 두려움으로 이어진다.

모든 종류의 두려움은 성취 에너지를 중독시키기 때문에, 실패에 대한 두려움은 필연적으로 자기의 예언을 스스로 달성시키는 에너지를 만들어낸다. 성공하지 못했다고 생각하는 사람에게는 실패만 생긴다. 이런 부정적인 생각들은 진정한 행복을 이루는 데 가장 큰 걸림돌이 된다. 이들은 낙관주의를 파괴시키고 비참한 결과를 낳는 불행한 주파수를 만들어 걱정과 좌절을 증가시킨다. 흔히 인생은 자신의 지배적인 생각이 있는 방향으로 움직인다고 말한다. 이는 바로 당신의 에너지 때문이다.

　내 고객 중의 한 사람인 데이비드는 두려움으로 가득한 인생을 살았다. 다른 사람들이 자기를 어떻게 생각하는지 계속 걱정하고 스스로를 평가하면서 다른 사람들도 그럴 것이라고 생각했다. 직장생활은 그럭저럭 잘하기는 했지만, 이런 두려움은 항상 승진의 걸림돌이 되었다. 똑똑하고 창의적이었으며 좋은 아이디어들도 있었지만, 자신감이 없어서 한번도 그런 아이디어를 내놓고 말해본 적이 없었다. 20년 동안 같은 일을 한 덕분에 그는 먹고 살 만큼은 벌었다. 하지만 더 많은 돈을 벌기 위해서는 이런 감정을 바꾸어야만 했다.

　그는 뭔가를 해야 한다는 것을 깨달았다. 두려움이 그의 가장 지배적인 감정이었고, 다른 사람들의 평가와 거부에 대한 걱정이 그의 생각을 채우고 있었다. 그의 감정적이고 의식적인 에너지는 계속해서 우울하고 불행한 신호를 내보내면서 더 많은 우울함과 불행을 끌어당기고 있었다. 오랫동안 이런 상태로 살던 어느 날 데이비드는 깨달았다. 더 이상 이렇게 살고 싶지 않았다.

　그는 자기가 걱정하는 모든 것들의 목록을 만들고, 자신의 에너지와 감정 상태를 바꿀 수 있는 긍정적인 대안도 작성했다. 예전의 걱정하던 습관을 버리려고 노력하면서 의식적으로 평화와 신뢰와 자신감이라는 새로운 감정을 도입했다.

조금씩 두려움을 덜 느끼게 되면서 훨씬 느긋해졌고, 오랫동안 느껴보지 못했던 평화와 희망, 행복 같은 긍정적인 감정들을 느끼기 시작했다. 마음을 가라앉히기 위해 생각을 바꾸는 일이 하루아침에 되는 일은 아니었지만, 결국 그는 자기의 에너지가 바뀌는 것을 느낄 수 있었다. 자신감이 생겼고 일의 효율이 오르면서 모험을 해보기도 했다. 그리고 마침내 직장 상사도 그의 이런 변화를 눈치채기 시작했다.

에너지 창조의 역동성을 배운 지 18개월 만에 데이비드는 첫 승진의 쾌거를 올렸고, 그 이후로도 여러 차례 승진하게 되었다. 몇 년이 지난 후, 그가 몇 장의 사진과 편지를 보내 왔다. 회사의 공식 편지지에는 그의 이름이 부사장이라는 직함으로 찍혀 있었고, 보내 온 사진은 사우스캐롤라이나 힐턴 헤드 섬에 새로 산 그의 별장 사진이었다.

그는 수십 년 간의 에너지 정체를 4년도 안 되는 시간에 바꾸어 놓았다. 자신의 생각과 감정의 공명을 바꾸려는 의지로 열심히 노력한 결과, 그는 마침내 오랫동안 가슴 깊이 열망해 오던 라이프스타일을 성취할 수 있게 된 것이다.

생각과 감정이 에너지를 만든다

당신의 인생이 지금 어떤 상황에 놓여 있든, 이제는 더 이상 원하지 않는 상태에 얽매여 있을 필요가 없다. 이제 당신은 생각과 감정과 에너지의 연관성에 대해 배울 것이기 때문이다. 나는 이것을 TEE(Thought 생각, Emotion 감정, Energy 에너지) 방정식이라고 부른다. TEE 방정식은 초급 수준의 에너지 창조 방식을 보여주는데, 이렇게 공식화된다.

생각 + 감정 = 에너지

가장 지배적인 생각의 힘에 가장 자주 강하게 느끼는 감정의 힘을 더하면, 당신의 개인적인 에너지장이 만들어진다. 이 에너지장은 당신의 신호를 세상으로 내보내고, 당신이 무엇을 끌어당길 것인지를 결정하는 힘이 넘치는 진동이다. 개인생활이나 직장생활에서나 당신이 성취하는 것이 만족스럽지 못하다면, 당신의 에너지를 바꾸도록 노력해야 한다. 기초 수학을 배운 사람이면 누구나 알 수 있듯이, 방정식의 앞부분을 바꾸지 않고는 뒷부분을 바꿀 수 없다. 2 더하기 2를 하면 답이 반드시 4가 되는 것처럼, 부정적인 생각에 부정적인 감정을 더하면 그 답은 부정적인 에너지가 될 수밖에 없고, 그래서 결국 그 결과 또한 부정적인 것이 된다.

✽ 성공일지

운명 창조의 이런 측면을 통제하기 위해서 성공일지에 당신의 사고 유형을 기록하라. (만약 일지가 너무 커서 들고 다닐 수 없으면, 작은 공책을 대신 갖고 다녀라.) 가장 많이 하는 생각을 적다 보면, 계속해서 같은 생각을 하면서 항상 결론도 똑같다는 사실을 깨닫게 될 것이다.

당신을 채우고 있는 생각을 적은 후에는 감정도 묘사하라. 만약 당신의 생각과 감정을 지배하는 에너지가 부정적이라면, 최소한 그런 생각과 감정을 버리려는 계획 정도는 해야 한다. 부정적인 생각이 들 때마다 스스로 이렇게 다짐하라. "이젠 이런 생각을 버릴 수 있어. 더 이상 이런 식으로 생각할 필요 없어. 걱정이나 평가하는 태도를 버리고 대신 믿음을 선택하는 거야."

좋지 않은 감정이 느껴지면, 잠시 멈추어서 그 감정이 생기기 전에 무슨 생각을 하고 있었는지 돌이켜보라. 그런 다음에 문제의 원인으로 돌아가서 그 생각들을 버려라. 심호흡을 하거나 팔다리를 흔들면서 몸을 움직이면 감정의 영향력을 줄일 수 있다. 그리고 이렇게 다짐하라. "나쁜 생각을 버려, 버려, 버려" 할 수만 있다면, 이 부정적인 생각들을 낙관적인 생각들로 대체하면 더 좋다. 하지만 불가능하다면, 적어도 부정적인 생각들을 버리려는 노력만은 해야 한다.

　당신이 매일 방출하는 에너지의 주파수를 깨닫는 것도 정말 중요하다. 무의식적으로 반응하면서 당신의 에너지장에 갖고 싶지 않은 의식과 감정 에너지를 발산하지 말고, 당신이 선택할 수 있는 생각과 감정에 대해 항상 생각해야 한다. 처음에는 어려워 보이지만, 이것은 성공 에너지를 발산하는 데 반드시 필요한 아주 중요한 과정이다. 게다가 이것은 당신에 관한 정보와 당신이 세상으로부터 얻고자 하는 바가 무엇인지를 세상에 알리는 것이 바로 당신이라는 사실도 깨닫게 해준다. 어떤 상황에서든 에너지의 진동을 바꿀 수 있는 힘은 당신에게 있다. 단 한 가지의 지배적이고 부정적인 생각을 바꿈으로써 당신의 에너지를 엄청나게 바꿀 수 있다. 당신 내면에서 이런 에너지의 변화가 계속되면, 목표의 성과는 물론이고 주위의 모든 사물도 변하기 시작할 것이다.

역동적으로 끌어당기는 힘을 갖기 위한 다짐

- 기회가 있을 때마다 긍정적인 생각과 평화로운 감정으로 내 인생을 보강한다. 선택은 나의 몫이다.

- 내 자신과 인생과 미래를 위해 낙관적인 태도를 선택한다.

- 매일 내가 만들어내는 에너지의 종류에 대해 더 많이 생각한다. 모든 일을 생각하고 행동할 때, 항상 긍정적인 에너지를 선택한다.

- 더 나은 인생을 만드는 힘은 내 자신의 에너지에서 나온다. 더 건전하고 행복한 생각과 감정을 선택해서 창조하면 보다 즐거운 결과를 성취할 수 있다.

- 내가 원하는 모든 것을 얻을 수 있는 힘과 자원은 나에게 있다.

순수 욕망의 법칙

성공의 세 번째 법칙

> "욕구는 추구하는 것을 실현하고자 하는 가능성이다."
>
> — 랠프 왈도 에머슨

목적과 동기는 순수 욕망의 법칙과 모순 의도의 법칙을 추진하는 힘이다. 모든 욕망과 욕구의 배후에는 당신이 그것을 추구하는 진짜 이유가 있다. 그것이 무엇인지 미처 깨닫지 못했을지라도, 이 이유는 본질상 에너지로 가득차 있기 때문에 당신이 원하는 결과를 가속화시키기도 하고 가로막기도 한다.

이 세 번째 성공의 법칙이 주는 엄청난 파워를 얻기 위해서는 거짓도, 두려움도, 절망도 없는 순수한 목적을 가져야 한다. 달리 표현하자면, 당신의 동기가 진실하고 건전하며, 당신과 다른 사람들의 명예를 존중하는 것이라야 한다는 뜻이다. 순수 욕망의 법칙과 모순 의도의 법칙은 왜 목표가 있는 인생을 살아야 하는가에 관한 법칙이다. 한번도 당신이 하는 행동의 이유를 생각해본 적이 없다면, 지금이 바로 그렇게 해볼 시간이다.

❖ **순수 욕망의 법칙**은 두려움과 의심과 절망이 없는 순수한 목
적의식이 좋은 성과를 가져온다는 법칙이다. 두려움에서 벗어
나면, 동기가 갖는 에너지의 진동이 거부하는 부정적인 진동에
서 수용하는 긍정적인 진동으로 바뀌고, 갈구하는 절망적인 에
너지에서 기대하는 희망적인 에너지로 바뀐다. 희망과 기대는
이 법칙에서 가장 중요한 두 가지 요소이다.

두려움과 의심으로 가득한 동기는 당신의 욕구에 어두운 에너지를 생
성한다. 그런 감정들은 마음의 여유가 없어서 생기는 것으로 거부적인 에
너지 진동을 내보낸다. 두려움은 뚜렷한 부정적 신호와 더불어 이런 메시
지를 전송한다. "나는 무능력해. 나는 자격이 없어. 나는 끝났어." 이런 종
류의 공명이 당신에게 가져다주는 상황과, 이런 상황에서 당신이 만나는
사람들은 당신의 부정적인 생각들이 사실이었다는 것을 뼈저리게 증명해
줄 뿐이다.

두려움과 의심은 당신이 발산하는 모든 긍정적 에너지를 잠식하고, 순
수 욕망의 법칙에 필요한 중요한 요소들을 파괴한다. 순수한 욕구라는 엔
진은 정직하고 명예로운 목적의식에 의해 점화되고, 희망과 흥분과 정열
과 믿음이라는 긍정적인 에너지를 연료로 움직인다. 당신의 목적이 이런
긍정적인 감정들에 둘러싸이면 자유롭게 우주로 뻗어나가 원하는 대로
성취될 수 있다.

희망은 당신에게 힘을 준다. 당신의 영혼을 가볍게 하고, 마음의 문을 열
어주며, 당신을 정열적이고 흥분하게 만든다. 희망 없이는 당신의 욕구도

신이 나지 않고, 장애를 만나더라도 계속 나아갈 수 있을 만큼의 열정 또한 생기지 않는다.

열정과 흥분은 스테레오 시스템의 앰프와 같은 역할을 하면서 욕구 충족 과정에 에너지를 준다. 하지만 당신의 꿈이 실현될 수 있다는 믿음과 또 실현될 것이라는 진정한 희망이 없으면, 이 열정과 흥분을 계속 유지할 수 없다. 희망을 잃으면 우울과 절망의 늪에 빠질 수 있고, 밝고 아름다운 것은 전혀 이 늪을 통과할 수 없다.

나를 찾아왔던 프랜신에게도 이런 일이 일어났다. 그녀는 3대째 계속 운영되어 오고 있는 기업 수준의 꽃가게에서 일하고 있었다. 그녀는 수십 년 전에 이 가게를 시작한 두 형제의 손자들과 함께 일하고 있었는데, 꽃에 관한 한 그녀가 모르는 것은 아무것도 없었다. 그녀는 가게 최고의 꽃꽂이 전문가이자 책임자로, 영화배우와 정치가들을 포함한 많은 중요한 거래를 관리하고 있었다. 게다가 그녀는 매우 '사교적' 이어서 많은 손님들과 친구처럼 친하게 지냈다.

그녀는 두 번째 세대가 가게를 운영할 때부터 일하기 시작했는데, 자신의 뛰어난 능력으로 회사에서 더 높은 자리를 얻을 수 있게 되기를 바랐다. 하지만 손자 세대가 가게로 출근하기 시작했을 때, 그녀는 더 이상 갈 곳이 없다는 가슴 아픈 현실을 깨달아야만 했다. 기술과 경험 면에서 그녀보다 부족한 가게 설립자의 손자들이 그녀가 그렇게 고대하던 승진을 하면서 월급도 올랐다.

사실 그렇게 놀랄 일도 아니었지만, 그래도 프랜신은 마음에 큰 상처를 받았고 승진하게 될 것이라는 희망을 잃었다. 그러자 직업에 대한 열정도 식었고, 근무 실적과 생산성도 떨어지기 시작했다. 얼마 안 가서 그녀는 근무 실적을 다시 예전 수준으로 올리든지 아니면 회사를 그만두라는 말을 듣게 되었다.

나를 만나러 왔을 때, 프랜신은 깊은 우울증에 빠져 있었다. 나는 그녀가 언제부터 승진에 대한 희망을 잃으면서 절대로 승진하지 못할 것이라고 믿기 시작했는지 금방 알게 되었다. 우리는 우선 그녀의 부정적인 에너지를 바꾸는 일에 집중했고, 나는 어떻게 해서 그녀가 서로 모순되는 감정의 거미줄에 걸리게 되었는지 설명해 주었다.

서로 모순되는 감정을 정리하라

우리는 종종 한 가지 욕구에 대해 다른 두 가지 감정을 느낀다. 한편으로는 성공하고 싶은 가장 기본적인 감정을 느끼면서, 다른 한편으로는 불가능하다고 믿는 패배의식도 동시에 경험하는데, 이것도 역시 강한 목적의식이 될 수 있다.

이런 경우, 본질적으로는 다르지만(혹은 정반대이지만) 필사적이라는 공통점을 갖는 이 두 가지 의도들이 당신의 욕구라는 에너지장에서 서로 싸우게 된다. 당신의 지성이 "그걸 갖고 싶어. 정말 원한다고." 하고 말하는 동안, 당신의 감성 에너지는 "희망이 없어. 불가능한 일이야!"라고 외친다. 이럴 때 우주의 에너지가 어떤 의도에 부합할 거라고 생각하는가?

에너지적 측면에서 볼 때, 대개 부정적인 감정이 더 강하게 충전되고 더 강한 흡인력을 행사한다. 당신의 실망과 절망이 클수록, 우주는 당신의 이런 의도를 존중해서 더 많은 실망과 절망을 당신에게 가져다주기 위해 노력한다.

이것이 바로 프랜신에게 일어난 일이었다. 처음 꽃가게에서 일하기 시작했을 때, 그녀는 자신을 믿었고 미래에 대한 희망도 품었다. 하지만 시간이 지나면서 그녀가 통제할 수 없는 요인들이 이 희망을 바꾸어 놓았다. 그러면서 패배감을 느끼게 되었는데, 이 부정적인 감정이 너무 강해져서 그녀의 새로운 목적의식이 되어 버렸던 것이다.

하지만 프랜신은 결코 패배하지 않았다. 시간과 노력이 필요한 작업이었지만 결국 우리는 그녀가 원래 가졌던 자신과 자신의 능력에 대한 믿음을 되찾을 수 있었고, 그녀는 자신의 꽃가게를 개업한다는 새로운 목표와 희망을 갖게 되었다. 매월 월급에서 조금씩 돈을 모으고, 손님들 중에서 투자가를 물색하기도 했다. 처음에는 힘든 일 같아 보였지만, 그녀는 자신의 꽃가게를 생각하며 용기를 낼 수 있었다.

결단력과 인내 덕분에 프랜신은 마침내 자신의 꽃가게를 열 수 있었다. 지금 그녀는 세 개의 가게를 경영하고 있고, 엄청나게 많은 최고급 수준의 단골손님들을 갖고 있다.

실패했다는 느낌이 들면, 다시 희망의 불을 지피고 당신의 믿음을 재정비하라. 성공할 것이라는 긍정적인 기대와 자신감 없이는 당신도 이런 모순된 감정의 거미줄에 걸려 에너지와 운동의 관성에 갇히게 되고, 공허한 결과만 얻게 될 것이다. 이것은 그냥 상투적인 표현이 아니라 에너지 세계의 진실이다. 원하는 것이 무엇이든 그와는 상관없이, 당신이 실패했다고 생각하면 진짜 실패하게 된다.

원하기만 하지 말고 자격이 있다고 믿어라

어떤 것을 갖고자 하는 욕구만으로는 충분하지 않다. 그것을 얻을 자격이 당신에게 있다는 사실도 알아야 한다. 이것이 순수 욕망의 법칙에서 희망과 기대 다음으로 중요한 요소이다. 당신의 소망을 순수하게 만들기 위해서는 당신이 그 소망을 이룰 자격이 있다고 진심으로 믿어야 한다.

스스로를 자격이 있는 사람이라고 믿는 습관은, 사실 어릴 때 형성된다. 이는 칭찬받은 방식과 야단맞은 방식에 따라 결정되며, 당신이라는 사람이 만들어지는 과정에서 얼마나 많은 칭찬과 사랑을 받았는가에 전적으로 달려 있다. 지금도 당신은 예전에 내린 결론에 의존해서 무엇을, 왜 원하는지 결정하고, 그 결정은 현재 당신에게 일어나는 모든 일에 영향을 미친다.

※ 성공일지

자신이 가치 있고 자격이 있는 사람이라는 믿음의 근본을 더 잘 이해하기 위해서 아래의 질문에 대한 답을 당신의 성공일지에 써라.

- 당신의 부모나 다른 사람들이 어떤 식으로 당신에게 가치 없다고 말했는가?

- 능력이 없어서 얻지 못하는 것이 있거나 뭔가가 부족하다고 느끼는가? 만약 그렇다면 그것이 무엇인가?

- 가치 있는 사람이 되기 위해서 무언가 자신을 증명하거나 뭔가 특별한 것을 해야 한다고 느끼는가? 만약 그렇다면 무엇을 해야 하는가?

당신의 대답이 당신의 내면을 솔직하게 보여주고 있는가? 만약 이 답들이 당신은 자격이 없다고 말한다면, 그것은 진정한 당신을 보여주는 답이 아니다. 당신을 가치 없는 사람이라고 느끼게 만드는 요인은 다른 사람들의 현실이나 두려움 또는 역량 부족에서 온다. 그 다른 사람이 부모든, 선생님이든, 사회적 영향력을 가진 어떤 사람이든, 그 누구든 간에 그들의 말을 진실로 받아들일 필요는 없다. 당신이 버는 돈이나 대학 학위, 나이, 몸무게가 당신의 가치를 결정하는 것이 아니다. 당신의 가치는 신이 부여하는 것이다.

✽ 최고의 것을 얻을 자격이 있다고 스스로에게 다짐하라. 당신의 가치와 자격은 태어나면서부터 물려받은 신의 선물이며, 부모에게서 받은 무조건적인 사랑의 에너지이다. 이것은 절대로 변하지도 퇴색하지도 않는 당신의 자원이다. 이것을 얻기 위한 특별한 조건도 없고 해야 할 일도 없다. 신의 자녀로서 당신은 언제나 이 우주에 가득한 모든 놀라운 것들을 받을 충분한 자격이 있다.

최근에 직장 문제가 있는 한 고객을 상담한 적이 있다. 그녀는 과중한 업무와 책임에 시달리면서, 받아야 한다고 생각하는 만큼의 인정도 보수도 받지 못하고 있었다. 나는 그녀에게 매일 몇 가지 사항을 반복적으로 다짐하면서 자신을 세뇌시키라고 말했다. 아울러 다음과 같이 자신에게 말하라고 했다. "난 존경받을 자격이 있어. 행복해질 자격도 있고, 좋은 대우를 받을 자격도 있어."

몇 주 후, 그녀가 전화를 걸어 왔다. 그녀는 상황이 훨씬 좋아졌다고 전하면서 즐거워했다. 직장에서 근무평가를 잘 받아 표창장을 받았고, 월급도 올랐다는 것이다.

당신은 신의 영원히 사랑스런 자녀이다. 이 근본적인 진실을 바탕으로 당신과 당신의 가치를 재정의해야 한다. 앞에서의 질문에 대한 답이 당신에게 독이 되었다면, 이제는 해독제로서 그 답을 반격하는 내용을 쓰고, 무조건적으로 당신에게 주어진 자격에 대해 스스로를 격려하고 다짐하는 글도 써라. 이 새로운 깨달음에 도움이 되지 않는 낡고 오래된 상황들은 모두 버려라. 이들은 당신의 목표 달성을 제한하는 감옥이다. 감옥으로부터 자유로워질 때 비로소 어디든지 가고 싶은 대로 갈 수 있고, 당신이 원하는 모든 것을 성취할 수 있다.

진정으로 원한다면 버려라

상투적인 말로 들리겠지만, 원하는 것에 필사적으로 매달린다고 해서 그것을 가질 수 있는 것은 결코 아니다. 필사적인 매달림은 당신의 에너지를 심각하게 제한시키고, 결국은 이것을 부수고 나와야 하는 것도 당신 몫이다. 이런 절망적인 매달림에서 벗어나고, 당신의 가치가 조건지어져 있다는 믿음에서 벗어나는 것이 궁극적인 자유를 성취하는 데 필요한 가장 기본적인 단계이다. 집착에서 벗어나 자유로워지는 것이 순수 욕망의 법칙에 필요한 마지막 요소인데, 이것은 항복의 행위를 통해 이루어질 수 있다.

하지만 이런 항복은 당신의 목표나 욕구를 포기한다는 뜻이 아니라, 원하는 것을 이루고 싶어하는 당신의 필사적인 욕망을 버린다는 뜻이다. 절망적으로 매달리면 당신의 욕구를 순수하게 유지할 수가 없다. 믿음이 아닌 두려움이 당신에게 동기를 부여하기 때문이다. 하지만 절대적인 믿음이 있으면, 당신 자신과 미래에 대한 고삐를 조금 늦추는 여유를 가질 수 있다. 무슨 일이 일어나든 상관없이 믿음은 당신에게 행복을 만들 수 있는 능력을 준다. 다음 장에서 성공의 다음 법칙에 대해 연구할 때, 이 신뢰의 태도가 절대적으로 필요하다는 것을 더욱 확실히 알 수 있을 것이다.

욕구를 순수하게 만들기 위한 다짐

- 나는 가치 있고 소중한 사람이다. 나는 부와 풍요와 진정한 행복을 누릴 자격이 있다.

- 매일매일 더 행복한 인생을 사는 것을 나의 목표로 추구한다.

- 내가 원하는 것이 무엇인지 알고, 그것을 가질 수 있다는 것도 안다. 지금 이 순간 내가 만들어내고 있는 행복한 미래를 생각하면 저절로 신이 난다.

- 나는 좋은 경험을 할 자격이 있다.

- 거울을 볼 때마다, 내가 가치 있고 자격이 있는 사람이라고 스스로 다짐한다.

모순 의도의 법칙

성공의 네 번째 법칙

"양자장은 순수 의식의 장이나 순수 가능성의 장이라고도 부를 수 있다.
이것은 인간의 의도와 욕구의 영향을 받는다."

— 디팩 초프라

포기는 순수 욕망 법칙의 부분이 되는 동시에, 모순 의도 법칙의 회전 축도 된다. 모순 의도의 법칙은 절박한 필요성이 우리의 동기가 될 때 어떤 일이 일어나게 되는지를 정확히 보여준다. 성공하고자 하는 욕구는 자연스럽고 건전한 노력이지만, 성공하고 싶은 진짜 이유가 이 욕구의 에너지의 본질을 결정한다.

신뢰는 성과를 가져다주는 편안하고 유동적인 진동인 반면, 필사적인 초조함은 결과를 가로막는 동요되고 불완전한 진동이다. 우리가 목적을 추구할 때 생기는 두려움은 어디에서 오는가? 이것은 우리 자신과 우리가 가진 것에 대한 불만족에서 나온다. 우리는 '반드시 가져야' 하는 사회에 살고 있다. 어떤 물건이 광고에 나오면 그것을 사야 한다. 친구가 처음

보는 물건을 갖고 있으면 우리도 가져야 한다. 원하는 것을 갖지 못하면 불만에 휩싸여서 더 많이 소유하기 위해 기꺼이 빚을 내기도 하고, 가족들과 보내는 시간을 희생하면서까지 더 많은 시간을 일한다.

하지만 원하는 것을 갖기 위해 안절부절 못하는 동안 우리의 에너지에는 어떤 일이 생길까? 당연히 그다지 매력적이지 못한 에너지가 발산되는데, 이것은 단순한 불만 때문이 아니라 상대적 박탈감 때문이기도 하다. 우리는 갖지 못한 것에 끊임없이 집착하면서, 더 많이 가진 사람들을 부러워하며 그들처럼 되고 싶어한다. 10만 달러짜리 집을 가진 사람은 30만 달러짜리 집을 가진 사람을 보며 가난하다고 느끼는 반면, 30만 달러짜리 집을 가진 사람은 60만 달러짜리 집을 가진 사람을 보며 그다지 행복하지 않다.

이런 식으로 되풀이하면서 반드시 가져야 하는 사다리를 올라간다. 이런 부정적인 감정이 만들어낼 에너지를 생각해 보라! 당신의 주관적인 에너지장이 뚜렷한 동요와 갈망과 절망으로 진동한다. 우주가 도저히 긍정적으로 반응할 수 없는 불안정하고 불쾌한 주파수를 내보낸다. 이것이 바로 네 번째 법칙의 너무도 명백한 진실이다. 당신이 간절히 갖고 싶어하는 바로 그것을 당신이 밀어내고 있는 것이다.

❖ **모순 의도의 법칙**은 당신의 부정적인 에너지가 결국은 당신에게 되돌아올 것이라는 끌어당김의 법칙을 반영하기도 한다. 어떤 일을 초조하게 갈망하면, 그로 인해 유쾌하지 못한 진동이 발생해서 당신이 원하는 사람이나 상황을 오히려 밀어내게 된다. 절망은 당신을 성공이 아닌 실패로 인도하면서 처음의 의도와 모순되는 혹은 정반대되는 결과를 창출한다.

우주는 당신이 원하는 모든 것들을 이루어주고 싶어한다. 당신이 성공의 법칙을 따르기만 하면, 당신의 소망을 이루어주기 위해 모든 힘을 다해 당신을 도울 것이다. 하지만 필사적인 절망과 절박함이 이를 방해한다. 우주는 당신의 소망이 성취되는 것을 뒤로 미루려 하지 않는다. 오히려 그 반대이다. 당신이 먼 미래의 불투명한 행복을 기다리지 않고, 더 수준 높은 진동을 경험하면서 즐거운 인생을 살기를 바란다. 절박함을 버리고 믿음을 가질 때, 절망을 버리고 현재의 평화를 선택할 때, 당신은 최선의 에너지를 창조할 수 있다.

불만족스러운 삶 속에서는 절대 행복할 수 없다. 갖지 못한 것에 집착하면 부족함만 더 커지게 되고, 미래의 행복을 위해서 이루어야 하는 목표들 때문에 현재의 행복을 보류한다.

사실, 그 목표들을 달성하기 전까지는 계속해서 불행하다고 느낀다. 뭔가가 빠진 것 같고 그 빈틈을 채울 때까지는 마음을 놓지 못한다. 인생을 즐기지 못하고 당신이 가진 것의 가치를 판단하면서 더 많이 소유하기 위해 몸부림치며 인생을 보낸다.

에너지와 의식의 법칙에서 볼 때, 이것은 아주 심각한 오류이다. 내일의 불확실함을 걱정하느라 오늘의 행복을 희생하면, 의식이 차단되어서 우주가 주는 혜택을 제대로 받을 수 없다. 감사의 의식에서 부족함의 의식으로 에너지가 대체된다. 이런 선택은 성공할 수 있는 힘을 앗아간다.

이것은 간단한 문제가 아니다. 당신이 가진 모든 것을 더 많은 것을 원하는 필터에 걸러서 본다고 생각해 보라. 어떤 일이 생기겠는가? 불행이라는 매력적이지 못한 에너지가 발산되어 실패를 끌어당기게 된다. 행복해지기 위해서 무엇인가가 더 필요하다고 느끼게 되면, 결국 현재 상황이 만족스럽지 못하다는 느낌을 갖는다.

문제에 집착할 때 생기는 감정들에 대해서 생각해 보라. 절망과 슬픔, 갈망은 강렬한 감정들로서 감당하기 힘든 결과들을 끌어당긴다. 이 불쾌한 에너지는 당신의 성공을 방해하고, 저항할 수 없는 이 에너지에 부딪히면 모순 의도의 법칙도 힘을 발휘할 수 없게 된다. 절망이 전송되면, 절망적인 상황과 감정만 끌어당기게 되기 때문이다.

　당신의 감정은 긍정적 진동이나 부정적 진동으로 가득 차 있다. 행복한 감정은 유동적이고 행복한 결과를 만들어내지만, 불행한 감정은 정체되고 불행한 결과를 만들어낸다. 하지만 그래도 다행스러운 것은 생각과 집중의 대상을 바꿈으로써 당신 스스로 감정과 공명을 바꿀 수 있다는 사실이다! 절박함 대신에 믿음을 가지면 끌어당기는 힘의 문을 열 수 있다. 갖지 못한 것을 갈구하는 대신 가진 것에 감사하는 마음으로 당신의 집중력을 옮기면 성공적인 의식을 창조할 수 있다.

　삶에서 기회를 놓쳐 버린 것에 집착하면 당신의 에너지가 그 방향으로 몰리면서 더 많은 것을 놓치게 되고, 갖지 못한 것을 계속 불평하면 불평거리만 더 많아지게 된다.

　현재 경험하는 감정의 종류에 당신의 열정을 투자하면, 미래에 더 많은 정열적인 감정을 끌어당길 수 있다. 이것은 에너지 진동에 합류하는 것으로, 모순 의도의 법칙에 조화를 이루기 위해 반드시 필요한 요소이다. 목적을 달성하게 되었을 때 느낄 감사함을 생각해 보라. 그리고 지금 당장 당신이 가진 것에 대해 감사하는 마음을 가져라.

모순을 극복하라

많은 사람들이 빨리 목적을 달성하고자 하는 마음을 쉽게 버리지 못하는데, 이것은 결과를 기대하면서 감정적으로 너무 집착하기 때문이다. 꿈이 실현되지 않았을 때의 상황을 감당할 수 있을지 걱정하고, 목적을 이루지 못할까봐 두려워하면서 실패하면 그 사실을 현실로 받아들이지 못한다. 이런 모순적인 의식 에너지에 갇히면, 당신의 목표에 대해 다음과 같은 생각이 들게 된다. "이 목표를 달성하지 못하면 난 행복해질 수 없어." 그리고 이것이 중심 생각으로 자리잡으면, 실제로 행복하지 못한 현실이 실현되어도 당신은 무력할 수밖에 없다.

나의 처녀작《매력의 비밀》을 출판해 줄 출판사를 찾는 동안 나도 이런 모순을 경험했다. 몇 년 동안 애정 문제가 있는 고객들에게 사랑의 매력과 양자역학의 원리에 대해 상담하면서 놀라운 성과를 얻었다. 그러다 마침내 세미나를 열게 되었는데, 만나는 사람들마다 이런 주제에 관한 책을 어디에서 살 수 있느냐고 내게 물었다. 하지만 자연의 법칙을 남녀의 애정관계에 적용시킨 책은 어디에도 없었고, 그래서 결국 내가 직접 쓰기로 했다.

처음에는 상담 고객들에게 나누어주고 세미나에서 팔 생각으로 자비로 작은 책자를 출판하였는데, 사람들이 친구들에게 선물하려고 책을 사기 시작하면서 서점에서도 살 수 있는지 물었다. 이렇게 주문이 많아지자, 책을 출판해야겠다는 생각이 들었다.

이 결정은 오랫동안 간직해 왔던 나의 욕망에 불을 붙이며 엄청난 감정적 소용돌이를 일으켰다. 사실 나는 12살 때부터 글을 쓰고 싶었다. 세계 2차대전 직후인 12살 때, 동베를린에 살던 10대 청소년이 쓴 책을 읽은 적이 있었다. 슬픈 내용이었지만 군데군데 유머가 있는 책이었다. 웃기도 하고 울기도 하면서 그 책을 읽었는데, 활자화된 말들이 나를 그렇게 감동시킨 것은 그 책이 처음이었다. 그러면서 나도 사람들의 인생을 변화시킬 수 있는 글을 쓰고 싶다고 생각했다.

그런 이유 때문인지 내 책을 출판한다는 생각에 몹시 흥분했지만, 그 흥분이 내가 느낀 유일한 감정은 아니었다. 책을 꼭 출판하고 싶은 초조함과 절박함 또한 느꼈다. 그러면서 책의 내용을 다시 쓰고, 편집하고, 장을 대여섯 개 더 늘리는 것에 관해 기획안을 작성했다. 사실 출판 에이전트를 구하는 데는 어려움이 없었지만, 에이전트들이 출판사를 구하는 일은 쉽지 않았다.

첫 번째 에이전트는 아주 열성적이었다. 그녀는 금방 출판 계약을 맺을 수 있다고 확신하면서 뉴욕의 '큰' 출판사들에게 원고를 보냈다. 하지만 이 출판사들의 반응은 대부분 비슷했다. 내 책이 사랑에 관한 그렇고 그런 이야기 중의 하나라고 생각하면서, "애정 관계에 관한 책은 이미 셀 수도 없이 많이 나와 있다."고 거절했다.

사랑에 관한 책이 아무리 많아도 매력적인 양자역학에 대해 이야기한 책은 하나도 없었기 때문에 나는 상당히 실망스러웠다. 거의 매주 출판사들로부터 퇴짜를 맞으면서 점점 절망하기 시작했다. 열대여섯 군데에서 거절당한 후, 에이전트는 더 이상 알아볼 출판사가 없다면서 포기했다. 두 번째 에이전트 역시 다른 여러 개의 출판사를 시도했는데 그 결과는 똑같았고, 마침내 그도 포기했다.

나도 처음에는 우울증의 소용돌이에 빠져들었다. 내 책을 출판하겠다던 어린 시절의 꿈이 물거품이 되는 것 같았다. 그래서 잠깐 동안 자기연민의 수렁에 빠지기도 했지만, 마침내 내가 모순되는 두 의도의 에너지에 간혀 있다는 것을 깨달았다. 희망에도 불구하고, 나도 모르는 사이에 책이 출판되지 못하면 행복해지지 못할 것이라고 믿고 있었다. 나는 두 개의 상반되는 의식에 갇혀 있었고, 출판사를 구하지 못하자 매일매일 점점 더 비참해졌다. 이대로는 안 되겠다는 생각이 들었다!

이 모순적인 감정에서 벗어나기 위해 매일 명상을 했다. 필사적인 욕망을 버려야 했다. 책이 출판되지 않아도 괜찮다고 스스로에게 다짐하면서, 나는 울기 시작했다. 꿈을 포기해야 할지도 모른다는 사실 때문에 슬펐다. 하지만 나는 현재에 만족하며 행복해야 했다. 그래서 급한 마음을 느긋하게 먹고 슬픔을 달래면서 몇 주일을 명상에 몰두했다.

그리고 시간이 지나자, 마음을 완전히 비울 수 있었다. 에이전트 없이 내가 직접 출판사를 알아보기로 결정했다. 만약 자비로 책을 출판하여 세미나에서 팔아야 한다면 기꺼이 그렇게 하고, 그것도 가치 있는 경험으로 생각하겠다고 결심했다. 내 꿈을 실현하고 기쁘게 살겠다고 다짐했다. 이렇게 마음을 비우자 더 이상 울지 않게 되었다.

모순 의도 법칙의 정말 재미있는 점은 초조함을 버리면 곧 결과가 나타나기 시작한다는 것이다. 내 경우도 예외가 아니었다. 완전히 마음을 비우고 몇 달이 지나서 어떤 사람을 만나게 되었는데, 헤이하우스 출판사로 원고를 보내보라고 했다. 그곳에도 원고를 보냈었다고 생각하면서 처음에는 그냥 흘려들었다. 여기저기서 퇴짜를 맞다보니 내가 착각했던 것이다. 하지만 그 출판사로는 원고를 보내지 않았다는 사실을 깨닫자 괜찮은 아이디어라는 생각이 들었다. 왜냐하면 출판사 설립자이자 사장인 루이스 헤이는 내 인생에 큰 영향을 끼친 사람이었기 때문이다. 그녀의 책들 덕분에 어려운 시기를 넘겼었고, 아버지가 돌아가신 후에는 그녀의 확신에 넘치는 말들이 내 생명의 끈이 되어주었다. 그래서 한번 시도해 보기로 결심했다.

여러 달이 걸리는 과정이었지만, 일단 초조함을 버리자 예전처럼 그렇게 애타게 기다리지는 않게 되었다. 아주 마음이 느긋해져서 원고를 보냈다는 사실조차도 잊고 있었다. 그러다가 내 원고가 채택되었다는 소식을 들었고, 나는 완전한 황홀경에 빠졌다!

책을 출판하는 내 꿈이 이루어진 것이었다. 하지만 그것은 시작에 불과했다. 지금 생각하면 헤이하우스는 내가 함께 일할 바로 그 출판사였고, 나와 공명이 가장 잘 맞는 출판사였다. 다른 출판사에서 거절당하면서 내가 우울해했던 것만큼 우주가 나를 지켜주고 있었던 것이다.

내가 수 년 동안 만났던 사람들 중에는 책을 낸 사람들도 많은데, 헤이하우스가 나를 신경써 주고 챙겨주는 만큼 진정으로 그 사람들을 돌봐주는 출판사는 거의 없다. 나는 출판계에서 가장 뛰어난 사람들과 함께 일하고 있다. 그들은 진심으로 희망과 목적과 평화의 메시지를 세상에 전하려는 사람들이다. 출판사의 모든 직원들과 개인적인 친분이 있는 것처럼 느껴진다.

게다가 헤이하우스는 내 책들을 전 세계에서 출판한다. 미국과 호주, 영국, 아일랜드, 싱가포르, 독일, 인도, 심지어는 러시아와 알바니아에서도 사람들이 편지와 이메일을 보내 온다. 그들은 모두 양자역학의 원리가 어떻게 그들의 인생을 바꾸어 놓았는지 이야기하고 싶어한다. 그 사람들의 메시지는 내가 말로 표현할 수 있는 이상의 것을 의미한다. 그들이야말로 내가 12살 때부터 가져왔던 꿈을 이루게 해준 사람들이다. 하지만 만약 내가 다른 출판사들로부터 그 많은 거절을 당하지 않았더라면 이 일은 결코 일어나지 못했을 것이다.

원고를 보내고 거절당하는 일이 거의 2년 동안 계속되었고, 마음을 비우기 전까지는 정말 비참했었다. 하지만 지금은 그것이 정말 엄청난 축복이었다는 것을 깨닫는다. 때로는 우주가 우리가 원하는 것을 원하는 시간에 주지 않을 때도 있다. 하지만 그것은 더 나은 것이 우리를 기다리고 있기 때문이다. 더 행복한 성과가 될 수도 있고, 우리가 내적으로 더 성장할 수 있도록 돕는 일이 될 수도 있고, 믿음을 가지고 집착을 버리는 방법을 배우는 일이 될 수도 있다.

나의 경우에는 이 모든 것을 다 얻었다. 첫 해에 출판사를 얻지 못한 것이 더 큰 직업적 성공을 가져다주었고, 더 중요하게는 나 자신의 집착과 초조함에 대처하는 방법을 배울 수 있는 기회를 주었다. 나는 모순적인 감정들에 정면충돌해야 했고, 스스로가 구축한 행복과 믿음으로 사는 방법을 배워야 했다. 현재를 즐겁게 삶으로써 내가 원하는 결과를 얻는 것이지, 반대로 원하는 결과를 얻어야 현재가 즐거워지는 것이 아니었다!

❖ **모순 의도의 법칙**은 개인적인 목표 달성의 숨은 모순을 지적한다. 행복해지기 위해서 목표를 달성해야 하는 것이 아니라는 것을 깨달을 때, 당신이 원하는 것을 얻을 수 있다. 초조하게 집착하지 말고 부드럽게 추구해야 한다. 목표를 기다리고, 행복해지길 기다린다는 에너지를 절대로 발산하지 마라. 평화롭고 즐겁게 살기 위해 특정한 목표를 달성해야 한다는 욕망은 성공의 공명에 독이 되는 절망적인 에너지를 생성한다. 목표를 분명하게 하고 두려움 없는 동기를 가져라. 목표를 달성하지 못하면 불행해지기 때문이 아니라, 이미 행복한 인생을 더 풍요롭게 하기 위해 목표를 추구해야 한다.

책이 출간될 무렵에는, 나도 모르는 사이에 필사적인 욕구를 갖게 되었다. 만약 책이 출간되지 않으면 엄청난 재앙이 닥칠 것이라고 생각하면서, 나의 가치와 정체성마저 책 출간에 쏟아부었다. 어린 시절의 꿈이 산산조각나는 것 같았고, 내가 느끼는 직업적 만족감이 잠재적인 사형선고를 받는 듯했다. 다시는 나 자신을 작가라고 말할 수 없을 것 같았다. 하지만 이런 생각은 정말 생각일 뿐 사실이 아니었다. 왜냐하면 나는 이미 작가였고, 어린 시절의 꿈인 글 쓰는 일을 하고 있었으며, 목표를 추구하면서 행복할 수도 있었기 때문이다. 나의 가치도 안전했고, 스스로를 완전히 책임지고 있었다.

나는 성공이란 어느 한 가지 사건에 달려 있지 않다는 것을 스스로에게 상기시키고, 다른 사람들의 인생에 도움이 될 만한 정보를 그들과 나누기 위해 책을 쓴다는 순수한 목적으로 돌아가야 했다. 그러자 그렇게 중요하게 보이던 다른 것들은 전혀 문제가 되지 않았고, 집착을 버리자마자 모두 해결되었다.

� 성공일지

당신의 소망 목록을 조사하기 위해 성공일지를 사용하라. 다음 질문에 대답하면 당신의 진정한 목적을 파악하는 데 도움이 될 것이다.

- 당신의 노력을 중독시키는 숨은 욕망이 무엇인가? 목표에 너무 집착하면, 당신의 에너지와 의식을 당신이 갖지 못한 것에 집중하게 된다.

- 당신의 목표가 진정으로 의미하는 것은 무엇인가? 당신이라는 사람을 정의하거나 구제하거나 행복해지는 것을 목표로 하지 마라. 목표 그 자체를 위해 목표를 추구하라. 현재를 행복하게 살며 당신이라는

사람을 정의하고 구제하는 선택을 하라.

인내를 가지고 신의 시간개념을 믿어라. 당신은 자신의 에너지와 의식과 목적이라는 색실로 당신의 운명을 짜 넣는 우주라는 엄청난 태피스트리(색실로 다채로운 그림을 짜 넣은 직물 — 역주)에 살고 있다. 매사에 긍정적인 에너지와 창조적인 의식과 순수하고 모순이 없는 목적으로 당신의 운명을 짜 나가라. 한 가지 방법이나 해결책에 매달리지 말고 집착을 버려라. 믿음을 갖고 낙관적으로 사는 것을 목표로 삼으면, 다른 원하는 것들도 모두 이룰 수 있다.

모순되는 감정을 버리기 위한 다짐

- 우주의 자원이 풍요롭다는 것을 안다. 내가 원하는 것은 단지 그 풍요로움을 사용할 수 있게 되는 것이다.

- 집착을 버린다. 인내와 꾸준함과 마음의 평화를 가지고 느긋해진다.

- 지금부터 내게 부족한 것에는 마음을 비우고, 내 인생의 가치와 축복만을 바라보면서 산다.

- 마음을 느긋하게 먹고 믿음을 가지고 산다. 절박한 욕구를 버리면, 내가 원하는 것을 얻을 수 있다.

- 포기의 예술을 배운다. 믿음을 가지고 진심으로 포기한다.

조화의 법칙

성공의 다섯 번째 법칙

> 생각과 감정을 행동과 조화시켜야 한다.
> 당신의 목적을 깨달을 수 있는 가장 확실한 방법은
> 당신이 생각하고 느끼는 것과 당신이 살아가는 방법 사이에 존재하는
> 모든 대립과 부조화를 제거하는 것이다.
>
> — 웨인 W. 다이어 박사

양자물리학에서, 벨의 비국소성(nonlocality) 법칙은 한 입자의 운동이 멀리 떨어져 있는 다른 입자의 운동에 영향을 미치는 방법에 대해 설명한다. 이 법칙은 개인 간에도 적용되는데, 우리가 살고 있는 이 우주라는 공간에서는 모든 것이 서로 연결되어 있기 때문이다. 멈추지 않는 에너지가 우리를 서로 지속적인 우주의 에너지와 사건의 흐름에 연결시키면서 우리 내부와 주변에서 끊임없이 진동하고 있다. 우리가 이 에너지와 조화를 이루면, 세상의 모든 곳을 흐르는 마르지 않는 축복과 풍요로움의 강물에 합류하게 된다. 하지만 조화를 이루지 못하면, 이 풍부한 조류를 타지 못하고 강바닥에 가라앉은 채 축복이 떠내려가는 것을 바라보기만 해야 할 것이다.

이렇게 해서, 조화의 에너지는 동시성(synchronicity)이라는 마법세계의 문을 여는 열쇠가 되고, 이 세계에서는 에너지들의 완벽한 조화를 통해 환상적인 가능성의 문이 열린다. 그리고 우리는 놀라운 우연의 일치가 현실적인 결과를 만들어내는 것을 목격한다. 이런 우연의 일치를 통해, 우리는 원하는 것을 완벽한 시간에 완벽한 장소에서 발견하게 된다.

우리를 도울 수 있는 사람들이 나타나고, 필요한 때에 정보가 주어지며, 문득 영감이 떠오르기도 한다. 조화가 이루어지면, 여러 갈래의 강물이 한 곳에 모이듯이 신기하게 우리의 목적이 이루어진다. 하지만 이것은 마술도 아니고, 우연도 아니다. 조화가 이루어지면, 에너지와 의식과 심지어는 목적까지도 서로 맞아떨어진다.

❖ **조화의 법칙**은 의식적으로 균형을 맞추고 자신을 우주의 흐름에 맞추면, 목적과 에너지가 우주의 풍요로움을 향해 수문을 연다고 설명한다. 그러면 당신은 세상이 당신에게 제공하는 통찰과 힘과 축복에 가까워질 수 있다. 이런 최고의 상태에 도달하기 위해서는 당신 내부와 주변에서 진동하는 모든 원천의 흐름에 당신의 에너지를 맞추어야 한다. 당신의 에너지를 당신 자신은 물론 다른 사람들의 흐름과 우주의 흐름에 맞추어라.

자신과의 조화

모든 법칙, 말하자면 모든 해결책은 자기 자신에게서 시작된다. 자신과의 조화를 이루는 가장 중요한 방법은 균형 있는 사고와 감정과 행동을 수립하는 것인데, 매일의 일상적인 선택을 통해서 이 균형을 맞출 수 있다. 사소해 보이는 생각에서부터 가장 중요한 결정에 이르기까지 인생을 사는 방법이 당신의 개인적인 에너지에서 조화의 정도를 결정한다.

균형 있는 생각은 산만해지거나 걱정을 하지 않는다. 차분하고 중심이 있으며 현재 손에 잡은 일에 집중한다. 이런 정신 상태는 자기를 받아들이는 마음에서 비롯되어 예측할 수 없는 인생을 차분하게 만든다. 이상하게 들릴지도 모르지만, 조화를 만들어내는 이런 종류의 차분함은 정반대로 보이는 두 가지의 의도가 무게중심을 유지함으로써 가능하다. 완전히 책임은 지면서 통제는 하지 않는 것이다.

스스로를 책임진다는 것은 자기 인생의 질을 100% 책임진다는 뜻이다. 당신의 사고와 감정을 책임지고, 당신이 이룩한 성과도 책임져야 한다. 어려운 일처럼 보이지만 하나의 과정으로 생각해야 한다. 우리는 항상 숨쉬고, 창조하고, 끌어당긴다. 일상생활에서 더 바람직한 생각과 행동을 선택할 때, 우리의 주파수가 향상되고 의식이 바뀐다. 시간이 지나면서 당신의 선택은 더 자발적이 되고, 더 많은 조화를 창조하게 된다.

조화의 과정을 활성화하는 가장 좋은 방법은 자기비판을 삼가는 것이다. 균형 잡힌 사고는 그 대상이 당신 자신이라 할지라도 사랑의 진동을 발산한다. 자기를 수용하는 마음은 더 높은 의식과 더 매력적인 에너지의 문을 여는 중요한 열쇠이다. 망설이지 말고 자기비판을 멈추어라. 자신을 미워하면서 자신과 조화를 이룰 수는 없다.

신의 창조물인 자신을 미워하면서 신의 흐름을 따를 수 없고, 다른 사람을 두려워하거나 통제하려는 생각이 있는 한 그들과 조화를 이룰 수 없다. 조화는 의식과 에너지를 바꾸는 데 있어서 필수적인 요소이다. 세상과 균형을 맞추고 풍요로움이라는 마법의 강물에 합류하려면, 우선 당신 자신과 조화를 이루어야 한다.

마음의 평화를 우선으로 하라

평화로운 정신과 마음을 추구하는 것으로 모든 것을 시작해야 한다. 모든 축복이 여기에서 비롯되기 때문이다. 이것은 단순한 '긍정적 사고' 이론이 아니라, 에너지로 가득한 완벽한 진리이다. 생각과 감정에 모순과 대립이 많을수록 당신이 외부세계에서 끌어당기는 부조화도 더 많아진다.

사랑과 평화와 수용과 자신의 인생에 대한 정열이 우리가 갖는 가장 조화롭고, 가장 성공적인 감정들이다. 이 핵심적인 감정들이 일상적인 자아의 중심 감정이 되지 못하면, 이런 감정들이 발현되지도 않고 당신도 계속해서 몸부림치게 될 것이다. 이렇게 되지 않기 위해서는 균형으로 돌아가야 한다. 자기를 수용하는 마음을 반드시 당신 의식의 중심으로 삼아야 하고, 사랑이 당신 감정의 중심이 되어야 한다.

이런 종류의 평화가 기본 감정이 되면, 시간을 계획하고 우선순위를 결정하는 데 있어서 훨씬 균형감을 가질 수 있다. 직업이나 가족 같은 여러 가지 일들을 모두 챙기며 사는 것이 인생이지만, 때로는 한 가지 걱정에 대부분의 에너지를 쏟아붓고 나머지 일들은 방치할 때도 있다.

자연스럽게 보이는 일일지라도 균형이 맞지 않게 일의 우선순위를 정하다 보면 본질적인 에너지 문제가 발생한다. 중요한 다른 일을 기꺼이 포기하겠다는 신호가 밖으로 보내지기 때문이다. 이렇게 되면 더 많은 것을 포기해야 하는 상황을 끌어당기는 진동 메시지가 전송된다. 그리고 계속해서 당신을 제일 나중으로 미루면, 욕구 성취의 관점에서도 당신은 제일 마지막이 될 것이다. 다른 방법이 없다. 당신이 자기연민에 빠져 있으면, 우주는 그것을 다시 당신에게 되돌려줄 것이다.

조화로운 행위는 당신 자신과 당신이 사랑하는 사람들, 당신의 직업, 당신의 개인적인 목표에 대한 건전한 존경심을 보여준다. 이것은 균형 있는 행위이며, 노력할 만한 확실한 가치가 있다. 최고로 조화로운 공명을 창조하기 위해서는 당신이 육체적·감정적 에너지를 어떻게 사용하고 있는지 진정으로 깨달아야 한다.

많은 일로 당신의 인생이 너무 벅차고 여기저기 약속 장소를 따라 뛰어다녀야 한다면, 당신의 진동이 동요되어서 어려움과 혼란을 끌어당기게 될 것이다. 제어되지 않은 행위로 제멋대로 생활하면, 조화로운 공명이 파괴되고 당신의 이상을 실현하고자 하는 유동적인 움직임도 방해를 받는다. 균형을 이루지 못하면 조화도 이루지 못하고, 당신의 진동 또한 우주의 흐름에서 비껴나게 된다.

조화의 선택은 평온함의 선택이다. 평화로 혼란을 극복하고, 믿음으로 두려움을 극복하고, 소중하게 여기는 마음으로 심판하는 자세를 극복하는 것이다. 모든 상황에서 이런 선택이 가능하다. 혼란스러운 정신을 정리하고 두려운 마음을 버려라. 평화와 믿음과 소중함을 선택하라. 눈을 감고 마음을 비워라. 심호흡을 하면서…… 지금 이 순간에 일어나는 의식의 변화를 체험하라.

❀ 성공일지

일지를 사용해서 부정적인 생각들을 버려라. 우울하게 느껴지면, 당신이 하고 있는 생각을 일지에 적고 다음에는 긍정적인 가정도 적어 보라. 두려움을 느끼면, 믿음 쪽으로 방향이 바뀌고 있다고 스스로에게 다짐하라. 분노를 느끼면, 일지에 그 분노에 대해서 써라. 이렇게 함으로써 당신은 의식적으로 더 큰 감정적 평화를 창조할 수 있다. 상처받은 당신의 에너지에 숨통을 열어주고, 우주에 상황을 떠맡겨라. 축복하는 마음으로 진정으로 상황을 떠나보내라.

다른 사람들과의 조화

조화의 공명은 우선 자신과의 조화에서 시작해 다른 모든 살아 있는 것들과 연결되면서 외부로 진동한다. 사람들이 서로서로 조화를 이룰 때, 아름다운 진동 시스템이 발생한다. 당신은 그 시스템의 중심에 서 있고, 그것을 통해 당신 인생의 모든 부분에 아름다운 음악을 만들어낸다. 하지만 관중석에 앉아 있지 않고, 이 영광스러운 음악의 한 부분이 되기 위해서는 당신의 에너지를 바꾸어서 다른 사람들의 에너지와 조화를 이루어야 한다.

진정한 조화를 달성하기 위해서는 당신과 다른 사람들을 똑같이 수용하는 단계에 이르러야 한다. 그들에게 인정받으려고도 하지 말고 그들을 인정하지 않으려고도 하지 말아야 한다. 그렇게 해야만 모순적이고 파괴적인 에너지로부터 탈출할 수 있다. 우주의 흐름에 역행하면서 그 도움을 바랄 수는 없다. 분리가 아닌 통합을 추구하고, 차이점이 아닌 공통점을 찾는 것을 목적으로 해야 한다. 이것은 단순히 이상적인 세계관이 아니라, 당신이 진정으로 성공하는 에너지를 창조하고 싶다면 반드시 가져야 할 기본 태도이다.

다른 사람들에 대한 견해와 당신 스스로에 대한 견해는 서로 분리될 수 없다. 이것이 당신의 주관적인 현실과 의식의 기본이다. 세상을 끝없는 경쟁의 장으로 생각하면, 두려움에 떨면서 목표를 달성하려고 시도하게 된다. 다른 사람들을 당신의 행복에 대한 잠재적인 위협으로 생각하는 동안 당신은 절망과 초조함의 공포 속에서 살게 된다.

하지만 모든 문제의 해결책이 당신에게 있다는 것을 깨닫게 되면, 아무도 당신을 위협할 수 없다. 사랑과 수용의 더 높은 에너지 안에서 살면, 당신을 위협하기보다 지지하는 사람들을 끌어당기게 된다. 다른 사람들을 거부하면, 당신의 힘을 그들에게 빼앗기게 된다. 당신의 에너지가 이렇게 말한다. "당신은 나를 화나게 하고 두렵게 만들 수 있는 능력이 있다. 나는 당신의 의지에 달려 있다."

하지만 다른 사람들을 받아들이면, 당신의 힘을 되찾을 수 있다. 우주의 흐름과 맞는 더 높고 더 평화로운 의식을 창조하면서 당신의 감정과 에너지를 통제할 수 있다. 다른 사람들을 수용하는 자세는 당신 자신과 다른 사람들과 이 세상과 조화를 이루려는 노력이다. 더 큰 수용력을 가질수록 당신은 더 큰 영향력을 지닌 에너지를 행사하게 된다. 다른 사람들을 받아들이지 않으면 당신의 힘이 줄어들게 되고, 이렇게 되면 더 도전적인 사람들과 상황을 불러들이는 셈이 된다.

미움은 적대적이고 날카로운 에너지를 발산하며, 다른 사람들에게 상처를 주는 공명을 만든다. 이 부정적인 진동의 갈고리는 여기에서 멈추지 않고 우주로부터 더 부정적인 것들을 걸어 올리고, 타성을 얻어서 더 큰 적대감을 당신에게 되돌려 준다. 당신 자신을 위해서라도 사랑과 수용을 선택하면서 평가 비판하는 태도를 버리고 두려움을 극복해야 한다.

애정을 가지고 다른 사람들을 받아들일 때, 진정한 조화가 이루어진다. 자신의 경험에서 벗어나 그들의 경우가 되었다고 상상해 보라. 더 많은 사람들이 인간애를 나누고 서로의 의식을 연결하면, 그들의 공감이 조화의 흐름을 확대시킨다. 이렇게 해서 완전하고 즐거운 에너지의 통일이 이루어지고, 당신의 진동도 높아져서 모든 사람들을 아우르는 이해의 조화를 형성하게 된다.

우주와의 조화

당신의 에너지는 아무 제한 없이 언제 어디에서나 진동할 수 있다. 당신의 영향력은 우주의 모든 시간과 장소에 미친다. 당신이 하는 모든 행위와 말과 생각이 주파수가 되어 당신의 이름표를 붙이고 밖으로 발산된다. 그러면 이 주파수는 비슷한 진동을 가진 다른 주파수와 합류하고, 그렇게 해서 축적된 진동이 당신에게로 다시 돌아온다. 좋은 주파수를 끌어당길 것인지 나쁜 주파수를 끌어당길 것인지는 당신이 내보내는 에너지의 주파수에 달려 있다.

우주와의 조화는 모든 현실을 창조하는 위대한 의식인 우주의 원천과 연결될 때 시작된다. 당신의 에너지가 세상의 모든 긍정적인 에너지와 조화를 이루기를 진정으로 원한다면, 당신이 해야 할 일은 바로 이것이다. 당신의 의식을 신의 의식과 결합하라. 신의 의식은 항상 존재하고, 당신이 생각하는 것보다 훨씬 가까운 곳에 있다.

하지만 이 강력한 힘을 자신의 개인적인 목적 추구에 적용시킬 때, 이 힘을 부정하거나 심지어는 거부하려고 하는 흥미로운 현상이 생긴다. 어쩌면 신의 실재가 낯선 개념이거나, 두려운 기억을 되살리거나, 혹은 너무 추상적이거나 종교적이기 때문일지도 모른다. 그 이유가 무엇이든, 많은 사람들이 이 힘에 의지하는 것에 실질적으로 저항하고, 그 결과 문제의 근본적인 해결책으로부터 스스로를 단절시키게 된다. 이 위대한 창조적 의식을 신이라 부르든, 사랑의 원천이라고 부르든, 창조적 동력이라고 부르든, 아니면 그냥 우주라고 부르든 그것은 당신 마음이다. 중요한 것은 이것을 부정하지 말고 여기에 연결되어야 한다는 것이다.

❀ 당신은 신의 목적이 발현되어 존재하는 신성한 영혼이요 마음이다. 모든 창조물 중에서 가장 높은 지성이 당신의 내부와 주변에서 진동한다. 이 강력한 심장박동에 더 많이 합류할수록, 당신의 에너지가 더 많이 우주의 축복 안으로 들어가게 된다. 신의 뜻으로 당신이 존재한다는 것을 의식과 에너지의 수준에서 더욱 진실되게 믿을수록 당신이 하는 모든 일들이 더 분명해진다. 우주의 애정어린 목적에 부합해 살면 분명하게 볼 수 있으며, 순수한 목적을 갖게 되고, 창조적으로 행동할 수 있다.

스스로 다짐하면서 당신 내부에 있는 이 힘을 체험하라. "나는 사랑의 원천에 존재한다. 나는 모든 것에서 신의 존재와 연결되어 있다. 내 자신과 모든 사람들에게 존재하는 신성함을 믿는다. 나는 이 강력하고 사랑이 넘치는 원천으로부터 끝없는 축복을 받고 있으며, 그것에 감사한다."

명상 : 당신은 신과 연결되어 있다

모든 일에서 당신의 에너지와 우주를 조화시킬 수 있다. 잠자리에 들 때나 하루 중에 잠깐 틈을 내서 긴장을 풀고, 당신의 삶 안에 있는 이 사랑으로 가득한 동력을 스스로에게 상기시켜라. 이렇게 할 수 있으면, 당신 마음속에 있는 테이프의 내용을 읽을 수 있다. 잠들기 전에 이 테이프를 틀어서 들어라. 만약 집중력이 약해지면, 가슴 깊은 곳에 있는 신성을 느낄 수 있도록 정신을 가다듬어라.

태양의 빛과 따스함이 차분히 당신을 관통해 흐르면서 긴장이 풀리고 마음이 가라앉는 것을 상상하라. 당신은 찬란한 빛의 원천을 가진 강력한 존재를 깊은 곳에서부터 깨닫기 시작한다. 이것은 당신에게 고요하고 안전한 느낌을 주며, 당신의 마음을 순화된 평화로 채워주는 신성한 사랑의 신호이다. 이것은 마음속의 평화의 장소이며, 신의 애정어린 영혼이 무조건적이고 완벽한 사랑의 빛으로 당신을 포옹하고 감싸안는 곳이다.

이 빛을 체험하고, 호흡하고, 그 빛이 되라. 신의 사랑이 당신을 가득 채우는 것을 경험하라. 마르지 않는 샘물처럼, 끝없는 빛의 분수처럼, 지혜와 기쁨으로 당신을 채워라. 샘의 물방울 하나하나가 뚜렷함과 차분함을 가져다주고, 빛의 모든 진동이 용기와 사랑을 가져다준다.

완벽하고 영원한 원천으로부터 받는 영속적인 선물인 신의 존재를 깨닫는 축복을 누리는 것이다. 항상 이 완벽한 빛을 느낄 수 있고, 항상 신의 능력과 실재에 도움을 청할 수 있다. 당신의 신성한 가슴에서 빛나는 에너지의 진동을 자신과 맞추어라. 당신의 마음을 신의 마음과 맞추고, 당신의 사랑을 신의 사랑과 맞추고, 당신의 목적을 신의 목적과 맞추어라. 이 신성한 결합이…… 언제, 어디에서, 무엇을 하든지 당신이 이용할 수 있도록 기쁜 마음으로 기다리고 있다. 이 놀라운 에너지를 받아들여라. 이 사랑이 넘치는 존재가 매일 당신과 함께 한다.

당신 자신과 다른 사람과 신의 에너지와 조화를 이루려는 것은 당신의 인생 전체가 마법에 걸리는 것과 같다. 이것은 동시성의 핵심이며, 혼란을 평화로 바꾸고 역경을 행복으로 바꾸는 기적적인 에너지의 원천이다. 가능한 한 자주 이런 마음의 평정을 찾도록 노력하라.

조화로운 생활을 위한 다짐

- 내 생각과 감정과 내 인생의 질에 대한 책임은 내가 진다.

- 균형 있고 행복한 삶을 산다. 이 순간 나는 조화를 선택한다.

- 나 자신과 다른 사람들을 받아들인다. 신의 빛이 우리와 함께 한다는 것을 안다.

- 풍요로운 부와 행복이 자유롭게 우주를 흐르고, 나는 내가 원하는 것을 모두 얻을 자격이 있다.

- 나는 우주와 함께 한다. 내 주변을 흐르는 사랑과 축복의 물결에 자신을 맡긴다.

바른 행동의 법칙

성공의 여섯 번째 법칙

세상이 변하기를 바라면, 우리 자신이 먼저 그 변화가 되어야 한다.

— 모한다스 K. 간디

바른 행동의 법칙은 끌어당김의 법칙과 밀접하게 연결되어 있다. 에너지의 교환을 기본으로 한다는 점에서는 비슷하지만, 미묘한 차이점도 있다. 끌어당김의 법칙이 대부분 자신에 관한 이야기인 반면, 이 장에서 탐구하게 될 바른 행동의 법칙은 자신을 넘어서 다른 사람들에게 어떻게 행동할 것인가에까지 확장된다. 이는 흥미로운 딜레마가 될 수도 있다. 왜냐하면 많은 사람들이 이 두 가지를 효과적으로 병행할 수 없다고 믿기 때문이다. 그들은 자신을 잘 돌보기 위해서는 이기적이 되어야 하고, 다른 사람들에게 잘 하기 위해서는 자신을 희생해야 한다고 생각한다. 하지만 바른 행동의 법칙은 사실이 그렇지 않다는 것을 보여준다.

당신의 에너지 성과가 증가하고, 이 성과는 당신과 다른 사람들에게 운명이라는 은행 계좌를 개설해 준다. 당신이 하는 모든 생각과 행동, 그리고 좋은 것이든 나쁜 것이든 다른 사람들과의 모든 상호작용이 당신의 투자인 셈이다. 부정적인 것을 사들이면, 부정적인 것을 지불해야 한다. 자신에게 하는 행동이든 다른 사람에게 하는 행동이든, 당신이 취하는 모든 행동에 이 진실이 적용된다.

✣ **바른 행동의 법칙**은 당신의 에너지가 영속적이라고 말한다. 당신이 주위에서 가치와 명예와 존엄을 만들어내는 만큼 당신의 인생에서도 이것들이 증가될 것이다. 반대로 당신의 행동이 다른 사람들의 가치와 명예와 존엄을 훼손하면, 얼마 지나지 않아 이것이 당신에게로 돌아온다. 이 원리에 따라서, 우리는 어떤 행동을 하든 항상 "이 행동이 나 자신과 다른 사람을 명예롭게 하는가?" 하고 스스로에게 물어야 한다.

이것이 우리가 하는 모든 선택의 요점이다. 인생을 살면서 당신이 하는 모든 행위는 당신의 명예를 향상시키거나 실추시킨다. 일상적인 선택이나 흔히 하는 혼잣말, 다른 사람들과의 상호작용에서도 마찬가지이다. 당신의 하루하루는 끝없는 선택이며, 이 선택에 의해서 당신 운명의 행복과 불행이 결정된다.

명예의 에너지는 당신이 발산하는 주파수 중에서 가장 끌어당기는 힘이 강한 주파수 중의 하나이다. 명예를 선택하면 당신의 마음과 감정에서 그것을 느낄 수 있고, 불명예를 선택하면 뭔가가 잘못되었다는 느낌을 갖게 된다. 일시적으로는 일이 잘 되어가는 것처럼 느낄 수도 있지만, 그것은 진실이 아니다. 그 차이를 정확하게 빨리 설명할 수는 없지만, 마음으로는 느낄 수 있다. 생각을 할 때마다, 결정을 할 때마다, 말을 할 때마다, 행동을 할 때마다 당신의 인생을 가치있게 해줄 명예로운 에너지가 발산되는지 아닌지 당신 스스로 느끼게 될 것이다.

케이시라는 고객이 있었는데, 그녀는 큰 컴퓨터 프로그래밍 회사에서 중간 간부로 일하고 있었다. 일곱 명의 부하 직원들로부터 매일 보고를 받아서 팀 성과를 상관에게 보고하면, 그 상관은 다시 사장에게 보고했다. 케이시는 팀장으로서 아주 열심히 일했지만, 그녀의 목표는 승진해서 더 높은 지휘권을 갖는 것이었다.

팀장이 된 지 얼마 지나지 않았을 때, 그녀는 상관이 사장에게 보고하기 전에 보고 자료의 일부를 바꾼다는 사실을 알았다. 처음에는 대수롭지 않게 보여서 아무 말 하지 않고 넘겼지만, 그래도 마음은 석연치 않았다. 상관에게 정면대결하는 것도 싫었지만, 상관이 자주 그녀의 업무를 비판하거나 불만스러워했기 때문에 이야기를 꺼내기가 힘들었다.

하지만 결국은 상관에게 따져야 했는데, 상관은 일을 시끄럽게 만들지 말라고만 했다. 그저 사소한 몇 가지를 바꾸는 것이었으므로, 케이시도 다시는 언급하지 않겠다고 맹세하면서 다시 거론할 필요가 없게 되기를 바란다고 말했다.

그리고 한동안은 괜찮았는데, 몇 달 후 케이시는 다시 이 상관이 예산을 더 확보하거나 시간을 벌기 위해서 보고 자료를 조작하는 것을 발견했다. 이번에도 상관은 케이시에게 입 다물고 있으라고 했다. 1년이 이런 식으로 지나가면서 회사 내에서 두 번의 승진 기회가 있었다. 케이시도 모두 응시했지만 두 번 다 떨어졌다. 그녀의 상관이 그녀를 추천하지 않았기 때문인데, 케이시를 자기 마음대로 할 수 있다는 것을 알고 자기 밑에 두고 싶어했던 것이다.

케이시는 이제 직장 생활이 만족스럽지 않았다. 상관의 태도와 부정직함에 화가 났고 승진의 희망도 잃었다. 그 결과 우울증이 생겨서 치료를 받기 위해 나를 찾아왔다. 하지만 그녀는 가장 우선적으로 해야 할 일이 불명예를 처리하는 일이라는 것을 깨닫지 못하고 있었다. 이 사건의 모든 측면에 불명예가 존재하고, 우울증도 이 불명예에서 비롯되었던 것이다.

케이시가 가장 잘못한 일은 상관의 잘못을 묻어 둔 것이었다. 많은 사람들이 같은 실수를 하는데, 그 이유는 상관의 권위에 맞서지 못하기 때문이다. 하지만 이런 일은 어려운 만큼 고쳐져야 할 필요도 있다. 자기부정은 무거운 에너지이며, 그 결과 또한 심각하다. 케이시는 비참했고 승진할 길도 없었다. 하지만 가장 중요한 것이, 그녀는 해고당할까봐 두려워 자신의 청렴함을 희생하면서 상관의 잘못된 보고를 모른 척하고 있었다는 것이다. 자신과 사장과 고객들과 자신의 직업을 불명예스럽게 만들었고, 처음에는 그렇게 보이지 않았지만 결국은 이 사건의 원인인 상관마저도 불명예스럽게 만들었다.

우주의 법칙과 자신의 에너지에 관한 이야기를 듣고 나서, 케이시는 무엇을 해야 하는지 깨닫게 되었다. 출근해서 그녀의 상관에게 상황이 달라질 것이라고 경고했다. 어려운 일이었지만, 그녀는 상관에게 자신은 승진할 자격이 있다면서 사장도 틀린 보고에 대해서 알아야 한다고 말했다. 그러면서 사장한테 이야기하자고 제의했는데, 놀랍게도 상관이 그 제의를 받아들였다.

마침내 케이시의 명예가 회복되었다. 사장이 그녀의 용기와 정직함을 높이 평가했고, 심지어는 이 모든 문제를 일으킨 상관마저도 용서했다. 왜냐하면 관리해야 할 팀이 너무 많아서 이 상관도 궁지에 몰린 상황이었기 때문이었다. 사장은 즉각적인 해결책을 제시했다. 케이시를 책임자로 승진시키고 월급을 올려 주면서, 그녀의 상관이 관리하던 몇 개의 팀을 그녀에게 나누어 주었다.

모두에게 잘 된 일이었다. 케이시는 월급도 올랐고, 원하던 대로 능력을 인정받게 되었으며, 그녀의 상관은 스트레스를 덜 받게 되었다. 회사의 효율성이 높아졌고, 사장 또한 이제 모든 것이 제대로 돌아간다는 확신을 갖게 되었다.

케이시의 경우는 문제가 뚜렷했지만, 해결책을 발견하기가 쉽지 않은 경우도 많다. 마음의 소리에 귀를 기울이고, 당신의 존엄함에 공명하는 올바른 선택을 해야 한다. 올바르게 행동하는 것이 항상 가장 쉬운 선택을 의미하는 것은 아니지만, 관여된 모든 사람들을 위한 최선의 에너지임에는 분명하다. 확신이 없을 때는 다음의 지침을 참고하라.

바른 행동을 하기 위한 지침

- 항상 자신과 자신의 결정, 감정, 에너지, 행동에 대해 책임져라.

- 당신의 정신적·육체적·감정적 건강을 증진시킬 수 있는 선택을 하라. 어떤 상황에서든지 어떤 것이 명예로운지 스스로에게 질문하라.

- 외부로부터 조종되거나 통제되지 말고, 자기 내부에서 진정한 권위를 찾아라.

- 스스로를 존경하고, 다른 사람들도 당신을 존경할 것을 요구하라.

- 다른 사람들을 존경하고, 평가 비판하는 태도를 버리고 측은지심과 연민으로 생활하라.

- 자신에게 진실하되 혹독하지는 마라.

- 존엄성을 유지하고, 자아를 실현할 수 있는 용기를 가져라. 자신을 비난하지도 변명하지도 마라.

바른 행동을 하면 스스로 알게 된다. 스스로에 대한 가치가 당신의 마음에 흔적을 남기고, 당신의 아름다운 노래를 전송하면 끌어당기는 힘이 메아리가 되어 울려 퍼진다. 그러면 조화가 시작되고, 우주의 바른 행동이 당신에게로 돌아온다. 이것이 바로 사랑이 진정으로 의도하는 길이다.

사랑의 의도

바른 행동의 뒷면에는 가치를 창조하고 사랑을 확장시키려는 근본적인 의도가 숨어 있다. 사실, 사랑은 모든 창조적인 발현을 성공시키는 에너지의 촉매제이다. 우리의 생각을 이 동력의 진동에 맞추면 우리의 주파수를 만물의 창조주인 더 높은 의식에 연결시킬 수 있으며, 우리가 이상을 추구하기 위해서 사용할 수 있는 힘 중에 그보다 더 위대한 힘은 없다.

우리에게 사랑하려는 의지가 있으면, 자신의 인생과 다른 사람들의 인생에 가치를 창조하는 행동을 하게 된다. 그리고 '옳은' 일을 하는 것에 대해 이야기할 때 존경, 가치, 애정을 선택한다. 이렇게 해서 우리는 모든 상호작용과 경험의 진동을 높이는 선택을 한다.

비난하는 대신 받아들이고, 자신감을 잃게 하는 대신 용기를 주며, 무산시키는 대신 우선순위를 결정해 주고, 통제하는 대신 권력을 부여하라. 그냥 지나가는 인삿말이든 공식적인 관찰 평가이든 우리는 매일 수십 개의 이런 선택에 직면한다. 당신이 어떤 사람인가 하는 것은 다른 사람과의 상호작용 방식에 의해서 결정된다. 다른 사람들을 존경하고 명예롭게 하는 선택을 하면, 당신의 에너지가 바른 행동과 함께 진동한다.

우리는 모두 특별하다. 우리 개개인이 사물의 영원한 계획에서 아주 중요한 역할을 한다는 것은 어떤 증거로도 부인할 수 없다. 많은 사람들이 특별해지기 위해서는 위대한 행위를 하거나, 엄청난 부를 갖거나, 특별한 미모나 재능이 있어야 한다고 생각한다. 하지만 우주의 움직임은 거대하고 정교한 시계의 움직임과 같다. 시계에는 화려한 종도 있고, 움직이는 아름다운 형상이나 금으로 도금된 바늘도 있지만, 겉으로 보이지 않고 하찮아 보이는 수많은 부품들도 있다. 하지만 매우 작고 보잘것없어 보이는 그 부품들도 모두 중요하고 특별하다.

우리의 사회 구조도 수많은 다른 기능들이 서로 긴밀하게 연결되어 복잡한 네트워크를 형성하고 있다. 우리가 알든 모르든, 우리 개개인들은 우주라는 복잡하고 위대한 기계장치에 각자의 독특한 에너지를 제공하고 있는 특별한 부품들이다.

만약 우리가 이 특별함을 부정하고 자신이나 다른 사람의 가치를 무시하려 한다면, 전 세계적인 목표라는 시계의 원활한 움직임을 방해하는 것이 된다. 우리가 스스로를 특별하게 생각하고, 다른 사람들을 그들이 처한 상황에 관계없이 신성한 시계 장치의 소중한 기계로 받아들인다면, 우주를 완전한 하나로 볼 수 있고 존경하는 마음으로 사방에서 더 많은 바른 행동을 선택할 수 있다.

여기서 바른 행동이란 도덕성이 아니라 에너지의 원인과 결과를 말하는 것이다. 그래서 이 법칙을 원인과 결과의 법칙이라고도 부를 수 있다. 바른 행동이든 원인과 결과이든, 에너지의 진리는 부정할 수 없다. 당신이 다른 사람들에게 발산하는 것과 똑같은 에너지가 당신에게로 돌아올 것이다. 당신이 다른 사람들을 증오하고 조종하면, 당신도 똑같은 대접을 받게 될 것이다. 다른 사람을 기만하고 부정직하게 행동하면, 머지않아 다른 사람들도 당신을 그렇게 대우하게 될 것이다.

끌어당김의 법칙이 당신 자신의 명예에 집중해야 한다고 말하면, 바른 행동의 법칙은 다른 사람에게 집중해야 한다고 말한다. 모순되어 보이지만, 조화로운 인생을 살면 당신을 희생시키지 않고도 다른 사람을 우선으로 생각할 수 있으며, 일상생활의 모든 부분에서 명예로운 바른 행동을 취할 수 있다.

명예로워지려는 것은 주관적인 문제이지만, 이렇게 하려는 의도는 사랑에서 비롯된다. 사랑을 선택하면 당신의 존엄성을 증진시킬 수 있고, 거짓이 없는 진정한 힘을 얻을 수 있다. 더 이상 거만함이나 적대감, 심지어는 두려움 같은 유해한 에너지를 통해서 권위를 얻고자 애쓸 필요가 없다. 행위의 결과가 가져오는 에너지의 무게를 결정할 수 있는 당신의 능력이 당신에게 권위를 가져다줄 것이기 때문이다. 의심이 생길 때는 사랑과 명예의 선택을 상기하라. 이상의 내용이 바른 행동에 관한 모든 것이며, 그 선택은 항상 바른 결과를 가져올 것이다.

바른 행동을 선택하기 위한 다짐

- 행동하고 생각하는 모든 것에서 나는 항상 내 자신의 명예를 선택한다.

- 다른 사람을 더 많이 존경하고, 비난하지 않으며, 사랑하는 마음으로 대한다.

- 나 자신의 행동이 다시 내게로 돌아온다. 나는 항상 바른 행동을 선택한다.

- 경쟁심을 버리고 다른 시각으로 사람들을 볼 것이다. 모든 사람들이 나에게 축복이다.

- 다른 사람들의 에너지를 더 많이 의식하기 시작한다. 지금부터 나는 다른 사람들을 사랑하고 수용하는 태도를 선택한다.

효과확대의 법칙

성공의 일곱 번째 법칙

> "만물을 창조해내는 사유물질은 그 초기 상태에서부터 우주 공간에
> 침투하고 관통하면서 공간을 가득 채운다."
>
> — W. D. 와틀스

  일곱 번째 법칙은 당신과 다른 사람들의 공명이 어떻게 서로에게 영향을 미치는지를 설명한다. 모든 생명체는 에너지를 교환하며, 그것은 우리 주위의 모든 곳에서 항상 이루어지고 있다. 계속되는 에너지의 축적 과정은 우리 모두의 인생에 감정적인 진동 기류를 만들어낸다.

  이 과정이 진행되는 방식을 설명하는 양자물리학적 현상들이 당연히 존재하는데, 첫 번째로 얽힘(entanglement) 현상이 있다. 자연계에서 입자들은 끊임없이 만나고 헤어진다. 두 입자가 붙었다가 떨어질 때는 상대방의 일부를 가지고 떨어지게 된다. 이것이 얽힘 현상의 본질이다. 두 개의 존재가 만나면 서로의 에너지가 상대방에게 달라붙게 되고, 헤어질 때는 자기의 일부를 상대방에게 남기고 떠난다.

인간이 경험하는 감정에서도 이런 얽힘 현상이 일어나는데, 우리 모두에게 일상적으로 일어난다. 우리는 다른 사람들을 만나면서 그들의 진동을 수용하고 우리의 진동을 전달한다. 예를 들어, 잔뜩 짜증이 나 있는 사춘기 아이와 말다툼을 하고 나면, 우리 자신도 짜증이 날 수 있다. 우울한 사람과 시간을 보내고 나면, 한참이 지난 후에도 우리 기분마저 저조해지는 것을 느낄 수 있다. 명랑하고 활기찬 사람이 주위에 있으면 우리 자신도 명랑해지는 기분이다. 감정은 전염되는 것이고, 모든 사람의 감정은 다른 사람의 감정에 영향을 미친다.

우리가 성공을 추구할 때, 이 효과 확대의 법칙이 결정적인 역할을 한다. 에너지의 상호작용이 미치는 영향은 아주 복잡하기 때문에, 개인적인 생활에서뿐만 아니라 사회적 · 직업적 생활에서도 우리가 형성하는 인간관계를 정확히 파악해야 한다. 다른 사람들의 감정은 우리의 생각과 기분, 정신 건강에만 영향을 주는 것이 아니라, 우리의 선택에도 영향을 미친다.

기업을 소유하거나 운영할 때 이 법칙은 매우 중요한 고려 대상이 될 수 있는데, 특히 성실하고 정직한 사람을 고용하는 것이 중요하다. 에너지의 영향이 다른 사람들에게까지 확장되는 상황에서 태만하고 기만적인 사람을 당신 회사에 고용하고 싶지는 않을 것이다. 그렇기 때문에, 당신도 직장에서 성실하고 정직한 태도로 일하는 것이 중요하다.

옛말에 "임금은 만백성의 거울이다."라는 말이 있다. 임금이 발산하는 태도와 행동의 공명이 백성들에게 영향을 미치면서 온 나라에 퍼진다는 뜻인데, 오늘날에도 세계 곳곳에서 이 말의 진실성을 목격할 수 있다. 이것은 국가, 지역공동체, 회사, 가정, 어디에서나 모두 마찬가지이다.

❖ **효과 확대의 법칙**에 따르면 당신의 에너지가 세계로 확대되

어, 당신의 개인적인 생활뿐만 아니라 크게는 전 세계에까지 영향을 미친다. 직장의 생산성과 가정의 행복에서부터 세계 평화에 이르기까지 모든 것에 영향을 줄 수 있다. 이 법칙에 의해 당신의 개인적인 진동이 전 세계의 진동이 될 수 있다. 마음에서 우러나오는 존경심으로 생활하고 이것을 당신 주위로 확대시킬 때, 그 긍정적인 에너지가 당신 주변에 영향을 미치고, 조화를 이루고자 하는 당신의 의도가 결국은 모든 인류의 의식에까지 확대되는 것이다.

당신의 가정생활이 더 평화롭기를 바란다면, 먼저 당신 내부에 이런 의도를 만들어야 한다. 회사 직원들이 좀더 부지런하기를 바란다면, 당신이 먼저 그 에너지를 발산해야 한다. 모든 사람이 자신들의 힘의 영향력과 범위를 이해해야 한다. 성공하려면 정직과 정열과 격려와 지지가 필요하다. 잘 돌아가는 회사든, 행복한 애정 관계든, 가장 바람직한 결과를 만들어내는 필수적이고 개인적인 진동이 바로 이것들이다.

행동반경의 확대

앞에서 보았듯이, 벨의 비국소성 이론은 한 장소에서 일어난 사건이 멀리 떨어진 다른 장소에까지 영향을 미친다는 이론인데, 당신의 개인적인 에너지와 행동에도 적용된다. 우리가 살고 있는 이 놀라운 세상에서는 어디서 어떤 일이 생길지 아무도 모른다. 우리 모두가 공유하고 있는 양자의 결합으로 인해, 우리의 행동과 목적은 뜻밖의 사람과 뜻밖의 장소에서 도움을 얻을 수 있는 놀랍고도 즉각적인 결과를 가져올 수 있다. 가장 작은 입자에서부터 가장 큰 물체에 이르기까지, 우주는 진동하는 잠재력과 풍부한 가능성의 세계이다. 이 방대한 기회와 우리의 비국소성의 에너지를 통해서 우리는 계속해서 목표를 향해 나아갈 수 있어야 한다. 우리가 기대했던 것과 다른 결과가 나올 수도 있지만, 제대로 된 에너지를 사용하면 결국은 원하는 결과를 얻을 수 있다.

내 친구 중 하나인 메건이 아기를 입양하려는 과정에서 이 현상을 경험했다. 국내 입양기관을 통해서 입양할 아기를 알아보고 있었는데, 이 기관에서 출산을 앞둔 엄마들을 찾아내면, 그 엄마들이 아기를 원하는 몇몇 부부들 중 한 쌍을 선택해서 아기를 보냈다.

입양기관을 통해 약 1년을 알아보다가 메건이 거의 포기할 무렵, 그녀의 변호사가 그 지역의 산부인과 의사들에게 편지를 보내보라고 제안했다. 원하지 않는 임신을 해서 아기를 입양가정에 보내려고 하는 엄마들이 있을지도 모른다는 것이었다. 그래서 메건은 수백 통의 편지를 보내고 여러 사람들을 만났지만, 여전히 좋은 소식이 없었다.

그러는 동안 메건은 나한테 전화를 해서 하소연했는데, 나는 모든 방면으로 노력하라고만 말했다. 목적이라는 씨앗을 심으면, 언제 어디서 싹이 터서 꽃이 필지 모르는 법이다. 메건은 할 수 있는 모든 방향으로 계속 노력했고, 그리고 몇 달 후 오래 전에 포기했던 입양기관에서 전화가 걸려왔다. 1월에 출산할 예비 엄마가 있는데, 다른 두 부부와 함께 메건과 샘을 양부모로 고려하고 있다는 연락이었다.

이제 메건과 샘은 양부모로 결정되기 위해서 아기의 친부모와 많은 인터뷰를 해야 했다. 그래서 편지를 보내고 다른 가능성을 알아보는 일을 그만두려고 했는데, 내가 그만두지 못하도록 말렸다. 그리고 계속해서 여러 방면으로 찾아보는 것이 입양이라는 그녀의 목표를 달성하는 데 도움이 될 것이라고 말해 주었다.

행동반경의 확대라는 말은 모든 방면으로 가능한 방법을 다 시도한다는 뜻인데, 이렇게 함으로써 모순 의도가 가져오는 부정적인 영향을 배제하여 초조감을 감소시킬 수 있다. 메건의 경우가 바로 그랬다. 다른 방법들을 꾸준히 계속해서 생각하는 동안, 양부모로 선택되고 싶은 절박함을 절제할 수 있었다. 이전에도 거의 다 이루어진 것 같았던 입양이 여러 번 수포로 돌아간 적이 있었기 때문에, 궁극적인 목표를 달성하기 위해서는 결과에 대해서 마음을 비워야 했다. 여러 가지 모든 시도를 계속하는 동안, 그녀는 자신의 목표는 결국 아기를 입양하는 것이지, 꼭 이번 아기를 입양하는 것이 아니라는 사실을 항상 염두에 둘 수 있었다. 또한 원하는 결과를 방해할 수도 있는 부정적 에너지인 초조함과 집착도 버릴 수 있었다.

❋ 멈추지 않고 계속 행동하면서 노력하는 것은 초조감을 줄여줄 뿐만 아니라, 의도를 확장시켜 주기도 한다. 더 많이 행동할수록 더 많은 에너지가 당신의 목적을 향해 전송되기 때문이다. 각각의 모든 행동은 우주에 더 많은 주문을 추가하는 것과 같고, 언제 어떻게 이 주문이 받아들여질지는 아무도 모른다. 씨앗을 심은 장소가 아닌 완전히 다른 곳에서 싹이 틀 수도 있다.

메건의 경우도 그랬다. 입양기관에 대한 희망은 포기했지만, 계속 다른 방면으로 알아보면서 노력하자, 결국 입양기관에서 좋은 결과를 가져왔다. 그리고 친부모와 인터뷰를 하는 동안에도 계속해서 다른 경로들을 알아보면서 마음을 가라앉힐 수 있었을 뿐만 아니라, 입양의 꿈을 실현하고자 하는 메건의 의도도 재확인할 수 있었다.

결국 그녀의 모든 노력은 대가를 얻었다. 느리기는 했지만 그래도 확실하게, 다른 후보들이 떨어져 나가면서 메건과 샘이 어린 남자아기의 양부모로 선택되었다. 그녀의 꿈이 실현되었고, 이것은 메건이 멈추지 않고 계속 행동한 덕분이었다.

우리가 말하는 비국소성의 에너지는 심오한 영향력을 가지고 있다. 우리의 모든 사고와 행동은 우리의 운명이라는 정원에 새로운 씨앗을 심는다. 어쩌면 즉각적인 결과를 얻지 못했다고 생각할지도 모르지만, 우리의 의도에는 끝없는 영향력이 내재되어 있다는 사실을 잊지 말아야 한다. 이 영향력으로 인해 어떤 방법으로든 항상 결과가 생기고, 우리는 최선의 결과를 기대하면서 모든 방면에서 긍정적으로 행동해야 한다. 이런 식으로 우주가 갖고 있는 모든 가능성, 심지어는 전혀 예상치 못했던 가능성에도 우리를 내맡겨야 한다.

❀ 성공일지

더 많은 방면으로 당신의 개인적인 의도들을 확장시킬 방법을 조사하기 위해서 일지를 사용해라. 각각의 구체적인 목표나 욕구를 고려하면서, 정통에서 벗어난 다른 방법들도 찾아보라. 필요하다면 조사도 하고 친구들에게도 좋은 아이디어가 있는지 물어보라. 그 아이디어들을 적어놓고 다른 아이디어들이 떠오를 때마다 추가하라. 머릿속에 괜찮은 계획들이 있으면 실행하기를 두려워하지 마라. 뜻밖의 아이디어에서 최선의 결과를 얻을 때도 있다.

세계적인 확장

우리가 갖는 영향력의 진동은 우리의 개인적인 목표 추구에만 한정되지 않는다. 사실 이것은 의식 창조의 작은 부분일 뿐이다. 그리고 설사 우리가 깨닫지 못하고 있다 하더라도, 우리의 영향력은 지구의 먼 다른 구석에까지 미친다. 성공의 일곱 번째 법칙은 당신의 에너지가 전송되어서 다른 사람의 비슷한 에너지와 결합한다고 설명한다. 이렇게 결합된 진동의 구름이 의식의 장을 만들고, 우리 인류의 경험에 측정할 수 없는 막대한 영향을 미친다.

이 세계적인 의식의 장은 형태형성장(morphogenetic field), 혹은 M-장이라고 불린다. 전자기장이나 중력장처럼 이 M-장도 우리 인생의 본질을 흔들어 놓을 수 있는 강력한 동력이다. 감정과 정보의 에너지가 이 장 안에서 만들어져 인류의 중요한 변화에 영향을 미친다. 의식의 결집소인 이 엄청난 저장소는 당신의 에너지를 포함한 모든 개인들의 에너지를 저장하고, 이렇게 축적된 힘이 밖으로 발산되어 다른 힘들에 영향을 미친다.

감정적 의식에는 사랑의 장과 두려움 또는 증오의 장이라는 두 가지 중요한 장이 있다. 개인으로서 우리가 하는 모든 생각과 믿음, 선택, 행동이 이 장의 확장에 도움을 준다. 우리를 위해서든 다른 사람들을 위해서든, 사랑을 선택할 때마다 사랑의 장이 확장된다. 그러나 반대로 증오를 선택할 때는 우리 내부로 향하는 것이든, 외부로 향하는 것이든 두려움의 장이 확장된다. 에너지가 이 장들에 축적되면, 우주에서 그 에너지가 갖는 공명도 증가하고, 이 감정들의 의식이 발산되어 다른 사람들의 선택과 경험에 영향을 준다. 가장 많은 에너지가 가장 큰 파워를 갖게 된다.

이것은 모든 개인들의 책임이다. 우리의 마음과 생활에서뿐만 아니라, 다른 사람들과의 생활에서도 사랑을 선택하면 사랑의 에너지를 이 세상에 가속화시킬 수 있다. 하지만 그렇지 않을 때는 증오와 두려움이 가속화될 것이다. 이 장들은 매우 공정하기 때문에 특정한 의도를 갖지 않는다. 중력이 우리 행위의 옳고 그름에 감정적으로 개입하지 않는 것처럼 이 두 장들도 우리가 사랑과 증오의 영향을 이 세상에서 행사하는 방식에는 전혀 관심이 없다.

각 개인들이 갖는 의도가 전 인류의 나아갈 길을 결정한다. 모든 개인들의 감정과 행동이 당신이 주변에서 보는 에너지와 파워를 충전시킨다. 만약 당신의 인간관계와 사업 또는 이 세상에 미움이 아닌 사랑을 확대시키고 싶다면, 자신과 다른 사람들을 더 많이 사랑하는 에너지에 몰두해야 한다. 다음 장에서 보게 되겠지만, 사랑의 힘은 항상 당신에게 달려 있다. 당신의 의식과 에너지와 목적에 사랑을 선택하면, 자신의 인생에만 축복이 생기는 것이 아니라 전세계로 그 축복을 확대시킬 수 있다.

효과를 확대시키기 위한 다짐

- 나의 에너지가 세계로 확대된다는 것을 안다. 목표를 위해 더 많이 행동할수록 우주가 그 목표를 더 많이 포용한다.

- 느긋하게 걷고 움직인다. 여유 있는 템포로 모든 일을 한다. 긴장을 풀고 차분하고 조용한 에너지를 다른 사람들에게 전달한다.

- 내 에너지가 내 인생과 전 우주에 확대된다는 것을 안다. 내가 하는 모든 평화로운 생각이 평화의 힘을 확대시킨다.

- 다른 사람들에게 즐거움을 가져다주려고 노력한다. 다른 사람들을 도울 수 있는 것은 내가 받은 축복이다.

- 주위의 모든 사람들 속에서 가치를 발견한다. 모두 함께 이 세상의 에너지를 공유하는 것이다. 나는 모순이 없는 에너지를 선택한다.

2부

성공에 필요한 6가지 힘

성공의 7대 우주 법칙에 의하면, 성공의 책임은 당신 어깨에 걸려 있다. 꿈을 현실로 만들기 위해서는 이 엄청난 법칙의 동력들을 어떻게 이용할 것인가를 터득해야 한다. 단순한 이상주의여서가 아니라, 진동하는 당신의 본질적 특성 때문에 이 법칙들이 당신의 행동방식과 사고방식을 바꾼다.

사람들은 가끔 변화를 열망하면서도 실제로 그 변화를 이루기 위해서는 거의 아무것도 하지 않는다. 그들은 '시간적으로나 경제적으로 형편이 나아지면 그때는 모든 것이 다 잘될 거야.' 하는 식으로 생각하면서, 변화를 미래의 일로만 여긴다. 하지만 이것은 적극적인 기대에 소극적으로 접근하는 것으로, 바람직한 결과를 얻을 가능성은 아주 희박하다. 되기를 기다리지 말고 나서서 되게 만들어라!

변화는 미래에 일어나는 사건이 아니다. 현재의 행동이 미래를 결정한다. 변화는 목표가 아니라, 목표를 향해 나아가는 끊임없는 과정이다. 당신 인생의 질은 당신에게 달려 있다. 현재의 생활에 만족하지 않는다면, 더 나은 내일을 위해 지금 새로운 선택을 해야 한다. 그럼으로써, 당신은 성공을 끌어당기는 힘을 가질 수가 있다!

사실, 당신에게 필요한 모든 것은 이미 당신 안에 있다. 언제든지 이용할 수 있는 역동적인 6가지 힘이 당신에게 필요한 전부인데, 이 힘들은 당신의 본질의 일부이다. 이 힘들을 의식적으로 사용함으로써 당신의 인생에서 일어나는 모든 일들을 바꿀 수 있다. 왜냐하면, 궁극적으로 성공은 통제권을 갖는 것을 의미하기 때문이다. 있는지도 모르고 가끔은 그냥 지나치는 당신의 본질적인 힘들을 사용하기 시작할 때, 당신의 인생은 완전히 새로운 방향으로 나아갈 수 있다.

이 각각의 파워들을 사용하려면 당신이 깨어 있어야 하고, 어쩌면 큰 변화를 겪을 수도 있다. 하지만 저항하지 마라. 오래된 격언 하나를 염두에 두고 실천해 나가라. "당신이 변하지 않으면, 아무것도 변하지 않는다."

포기의 힘

의식의 힘

에너지의 힘

의도의 힘

선택의 힘

사랑의 힘

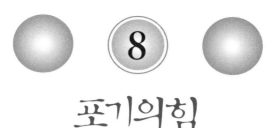

8

포기의힘

성공에필요한첫번째힘

변화에 필요한 첫 번째 단계가 포기하는 것이므로, 포기 즉 무엇인가를 버릴 수 있는 힘이 가장 우선이 된다. 멋진 운명을 창조하는 것은 정원을 설계하는 것과 같다. 잡초로 우거진 정원에 예쁜 꽃이 피는 꽃씨를 심는 것은 의미가 없다. 원하지 않는 잡초들을 우선 뽑아내야 한다. 그렇지 않으면 꽃이 피기도 전에 잡초들이 새싹을 질식시키고 말 것이기 때문이다. 성공의 씨앗도 마찬가지이다. 당신이 원하는 결과를 거두어들일 수 있는 창조적인 의식과 끌어당기는 힘의 에너지를 생산하기 위해서는 건전하지 못한 과거의 생활양식을 파헤쳐낸 다음 폐기해야 한다. 당신의 에너지와 의식을 바꾸기 위해 필요한 아주 중요한 단계이다. 진정한 성공을 원한다면, 도움이 되지 않는 과거의 생활양식들을 바꾸어라.

버리기에는 여러 단계가 있는데, 그 중에서 가장 우선적이고 명백한 버리기가 신체적인 해소이다. 이 장에서는 집착을 버리는 것을 비롯해 정신적 해소와 감정적 해소, 행동적 해소에 대해서 살펴보자.

신체적 해소

규칙적으로 운동하거나 몸을 움직이는 것은 낡은 에너지를 일소하고, 새로운 에너지를 생성해내는 데 중요한 역할을 한다. 이것은 여러 가지 이유로 도움이 된다. 우선은 당신의 세포와 몸속에 갇혀 있던 모든 감정적인 충격이나 행복하지 못한 기억들을 해소시켜 준다. 신체적인 운동과 심호흡은 정체된 에너지를 당신의 공명 밖으로 몰아낸다.

그 다음으로, 규칙적인 운동은 당신 인생에 항상 존재하는 만성적 긴장을 해소해 준다. 스트레스는 건강하지 못하고 매력적이지 못한 에너지이기 때문에 시간이 지나면서 더 많은 긴장된 상황과 모난 사람들을 당신에게로 불러들인다. 반면, 차분하고 평화롭고 자신감 있는 마음은 당신의 가장 매력적인 진동을 발산한다.

몸의 긴장을 풀기 위해서는 심호흡을 하고 규칙적인 근육 운동도 해야한다. 스트레칭과 맛사지도 도움이 될 것이다. 하지만 정신적·감정적인 긴장을 푸는 것도 역시 중요하다. 정신적 해소는 당신의 오래된 부정적인 생각들을 버리는 것으로 시작되는데, 신체적인 진동과 감정적인 진동에도 막대한 영향을 미친다. 이 모든 부분이 서로 연결되어서 완전한 당신의 존재를 만들기 때문이다.

정신적 해소

우리의 정신은 끊임없이 에너지를 만들고, 우리의 심오한 믿음과 가장 지배적인 생각을 전달하는 신호들을 내보낸다. 우리가 생각하고 행동하는 모든 것들이 실제로 물리적인 세계에 나타나는 데는 약간의 시간이 걸리지만, 에너지 효과는 즉각적으로 일어난다. 좋은 것이든 나쁜 것이든, 당신 머릿속에 있는 생각이 당신 인생의 가장 큰 결과를 만들어낸다. 당신이 원하건 원하지 않건 간에……

7장에서 보았듯이, 당신의 생각들은 정신 에너지와 감정 에너지의 원천이기 때문에 두 배로 더 강력한 동력이다. 부정적인 혼잣말을 하면 우울함과 두려움 같은 어려운 감정들이 생성되고, 이런 감정들은 당신의 에너지장을 심각하게 훼손시킨다. 성공을 원한다면, 이런 종류의 감정들을 해소해야 한다.

수많은 사람들이 하루를, 심지어는 인생 전체를 자신들의 생각이나 그런 생각이 갖는 효과에 대해 전혀 생각하지 않고 무의식적으로 반응하면서 산다. 하지만 당신의 에너지와 의식을 바꾸기 위해서는 이런 부정적인 생각들의 실마리를 찾아야 한다.

가장 큰 단서는 당신의 감정에 있다. 마음이 불편해질 때마다 항상 부정적인 생각들이 그 이면에 깔려 있다. 두려움이나 우울함, 죄책감, 당황함을 느끼거나 심지어는 긴장해서 마음이 떨릴 때도 자신이 하고 있는 생각이 무엇인지 스스로에게 물어라. 당신을 걱정하게 만드는 부정적인 생각들이 무엇인지 마음 깊은 곳에서 찾아라. 낡은 사고방식을 버림으로써 당신의 에너지를 바꿀 수 있다. 그리고 그렇게 하기 위해서는 정보가 필요하다.

가장 일반적인 부정적 사고방식이 두 가지 있는데, 그것은 바로 평가 비판과 걱정이다. 부정적인 에너지의 근원을 모르고서는 그것을 바꿀 수도 없기 때문에, 이 두 가지의 부정적 사고방식을 이해하는 것이 필수이다. 당신을 가장 괴롭히는 치명적인 믿음들을 파악해서 해소해야 한다. 당신의 가장 지배적인 생각이 있는 방향으로 인생이 움직인다는 것을 명심하라. 이것은 저항할 수 없는 에너지의 진실이다. 당신의 근본적인 생각들이 부정적이라면, 우선 그것들을 버려야 한다. 그렇지 않으면 당신의 인생은 결코 긍정적인 방향으로 나아갈 수 없다.

평가 비판

평가 비판은 가장 일반적인 부정적 사고 중의 하나이며, 주로 자신에 대한 비판, 다른 사람에 대한 비판, 경험에 대한 비판의 세 가지 형태가 있다. 이 세 가지 모두 당신이 발산하는 에너지에 치명적인 손상을 준다.

지속적인 자기비판은 낮은 자존감의 신호를 발산하고, 외부 세계로부터 거부당할 것이 분명한 주파수를 내보낸다. 게다가 바른 행동의 법칙에 의하면, 다른 사람에 대한 비판은 성공적인 관계를 추구하는 당신에게 방해물이 되는 적대적 에너지를 발산하고 결국은 그것이 당신에게로 되돌아온다. 그리고 미움의 영향이 세계로 확산되어, 당신에게뿐만 아니라 다른 사람들에게까지도 불행을 가져다준다.

마지막으로, 당신 인생을 비판하면 당신이 즐기는 개인적인 활동들이 점점 더 줄어들게 된다. 그리고 결국은 어떤 좋고 특별한 일도 당신을 행복하게 만들지 못한다. 그러면 깊은 불만의 강이 생겨, 즐거운 에너지를 발산할 수 있는 경우에도 결국은 당신이 끌어당길 수 있는 모든 즐거움에 저항하면서 물에 잠기게 된다.

아래에 열거된 평가 비판의 타입을 이용해서 일반적인 부정적 생각들을 파악함으로써 이런 유해한 사고방식들을 우리에게서 몰아낼 수 있다. 당신이 하는 생각의 종류를 가장 잘 대변하는 항목에 표시하라. 솔직하게 해야 한다!

1. 자기 자신에 대한 비판

_____ 나는 너무 경험이 없어서(배운 게 없어서, 돈이 없어서 등등) 성공할 수가 없어.

_____ 나는 실패했어. 나는 항상 실패자야.

_____ 나는 제대로 하는 것이 하나도 없어. 뭐가 잘못돼서 이런 걸까?

_____ 나는 낙오자잖아. 이번에는 정말 운이 좋았던 거야!

_____ 나는 점점 나이 먹고 있어(추해지고 있어, 살이 찌고 있어, 둔해지고 있어 등등).

2. 다른 사람에 대한 비판

_____ 저런 바보!

_____ 저렇게 멍청한(게으른, 나약한 등등) 사람은 승진할 자격이 없어.

_____ 그 사람은 제대로 하는 일이 하나도 없다니까.

_____ 저렇게 오래된 옷을 입고 다니다니 믿을 수 없군. 정말 황당해!

_____ 그녀는 나이가 너무 많아(추해, 뚱뚱해, 둔해 등등).

_____ 저 멍청한 정치인들(보수주의자들, 민주주의자들, 공화주의자들, 흑인들, 백인들, 히스패닉들 등등)! 자기가 무슨 얘기를 떠드는지도 모른다니까.

3. 경험에 대한 비판

_____ 정말 형편없는 영화야. 완전히 시간 낭비였어.

_____ 이 곳을(이 날씨를, 이 사람을 등등) 정말 견딜 수가 없어.

_____ 내가 하는 일이 제대로 돌아가지 않아.

_____ 정말 지루한 파티야.

_____ 정말 끔찍한 상황이야. 이런 상황에서는 좋은 일이 절대 생길 수가 없어.

_____ 나는 집안 일이(정원 일이, 회사 업무가 등등) 정말 싫어.

걱정

부정적인 사고방식의 두 번째 주요 타입은 걱정이다. 당신은 다른 사람들이 어떻게 생각하는지에 대해 초조해하고, 미래와 심지어는 과거에 대해서도 불안해할 수 있다. 앞날에 대해 걱정하는 것이 보기 드문 일은 아니지만, 당신은 스스로에게 이렇게 물어야 한다. "이렇게 걱정하는 것이 무슨 도움이 되지?" 이것은 당신이 걱정하는 대로 당신의 미래를 부정적으로 만들면서 걱정의 구름이 가득한 세계로 당신을 인도하는 초조한 에너지를 생성할 뿐이다.

사람들의 비위를 맞추려고 애쓰는 것도 도움이 안 되는 정신활동 중의 하나이다. 다른 사람들에게 인정받으려고 애쓰는 것은 결국 당신이 스스로를 믿지 않는다는 뜻이고, 그런 공명은 성공을 가로막는 막강한 걸림돌이 된다.

마지막으로, 과거에 연연하는 것도 미래를 두려워하는 것만큼이나 비생산적인 활동이다. 왜냐하면 과거에 연연하면 현재의 에너지가 완전히 파괴되기 때문이다. 걱정을 버리고 당신의 힘을 되찾을 때가 되었다. 이제 분석은 그만하고 믿음을 가져라.

아래의 사항 중에서 당신의 사고방식을 가장 잘 대표하는 항목들을 표시해 보라. 모두 당신의 에너지를 동요시키는 생각들이기 때문에, 정말 성공하고 싶다면 이것들을 전부 버려야 한다.

1. '이렇게 되면 어쩌지?' 하는 걱정

_____그 직장을 구하지 못하면 어쩌지?

_____실패하면 어쩌지?

_____그 사람이 나를 좋아하지 않으면 어쩌지?

_____말을(행동을, 복장을 등등) 실수하면 어쩌지?

_____다치거나 병이 나면 어쩌지?

_____좋은 평가를 받지 못하면 어쩌지?

_____해고되면 어쩌지?

2. 다른 사람들이 어떻게 생각할까에 대한 걱정

_____그는 절대 나를 좋아하지 않을 거야. 나한테 데이트를 신청하는 그런 일은 절대로 없을 걸.

_____틀림없이 그녀는 나를 바보로 생각하는 거야.

_____그 사람들은 내가 이 일을 할 수 있다는 걸 몰라.

_____사장이 나를 속수무책이라고 생각하는 게 틀림없어. 나를 싫어한다는 걸 알 수 있잖아.

_____만약 내가 밥을 더 먹으면, 사람들이 나를 돼지로 생각하겠지.

_____자기들이 원하는 대로 하지 않으면 나를 좋아하지 않을 거야.

3. 전전긍긍과 지나친 분석

______ 내가 그런 말을 했다는 사실을 믿을 수가 없어!

______ 만약 다르게 행동했더라면, 모든 것이 다 잘 되었을 텐데.

______ 상황을 고치려면 어떻게 해야 하지? 정말 고쳐야 하는데!

______ 나한테는 왜 항상 이런 일이 생기는 거야? 왜 다른 식으로는 안 되는 거지?

______ 내가 얼마나 부당한 대우를 받았는지 아직도 기억이 생생해. 절대로 잊어버릴 수 없을 거야!

______ 왜 그런 결정을 했을까? 정말 엄청난 실수였어!

어떤 종류의 생각에 가장 많은 표시가 되어 있는가? 당신 자신을 더 많이 비판하는가, 다른 사람들을 더 많이 비판하는가? 당신은 미래를 걱정하고, 다른 사람들이 어떻게 생각하는지 불안해하고, 모든 것을 지나치게 생각하는 걱정꾸러기인가? 아니면 모든 부문에 다 표시를 했는가? 표시가 가장 많은 부문이 무엇이든지 간에, 당신은 이것들을 버리기 위해 노력해야 한다.

❀ 성공일지

당신의 성공일지에 당신이 표시한 모든 사항들을 적고, 그것들을 더 긍정적이고 낙관적인 결론으로 바꾸어라. 예를 들면, '이 일을 얻지 못하면 어쩌지?' 를 '이 일을 맡게 되면 어떻게 할까?' 또는 '이번에는 안 되더라도 다른 자리가 또 생길 거고, 그때는 될 거야.' 로 바꾸어라. 이렇게 쓰는 것에 처음에는 확신이 서지 않는다 해도, 중요한 변화를 시작하기 위해서는 반드시 그렇게 써야 한다.

이런 의식 패턴을 계속 시도해 나가는 동안 부정적인 생각이 떠오르면 그것도 일지에 적어라. 그때마다 긍정적인 대안을 쓰는 것도 잊지 마라. 당신의 정신 활동과 감정에 변화가 생기고, 완전히 다른 결과가 생길 때까지 이 과정을 계속하라.

이 변화를 이루어가는 과정에서 걱정하거나 비판하는 자신에게 너무 가혹하게 대하지 마라. 그렇게 하면 결국 당신이 버리려고 애쓰는 그 에너지를 더 보태는 셈이 되기 때문이다! 부정적인 생각을 하는 자신을 비난하지 말고 용서하고, 당신의 의도를 계속 실천할 수 있도록 다짐하라. 너무 급하게 덤비지 말고, 차분하고 평화롭고 결단력 있게 추진하라. 그러다 보면 강인한 태도가 당신의 새로운 생활방식이 될 수 있다.

성공적인 의도에는 걱정과 평가 비판이 들어설 여지가 없다는 것을 알게 되었다. 이런 부정적인 생각들을 버리고, 더 긍정적이고 역동적인 에너지를 발산하는 다른 대안을 선택해야 한다. 아무리 어려워 보일지라도 낡은 부정주의를 계속해서 버리고, 새로운 긍정주의적 사고방식에 마음의 문을 열어야 한다.

성공의 법칙을 따르기 위해서는 부정적인 생각들을 반드시 해소해야 하는데, 이것이 당신의 운명을 바꿀 수 있는 가장 중요한 방법 중의 하나이다. 당신이 갖는 에너지의 가장 중요한 원천은 당신의 생각과 감정과 믿음이라는 사실을 항상 명심하라. 당신이 하는 모든 생각은 정보의 공명이라는 진동이 되어 당신 밖으로 나온다.

성공할 수 없다고 당신 스스로 믿으면, 당신의 의식이 그것을 결과로 만들어낸다. 당신의 부정적인 생각을 더 이상 반복해서는 안 된다. 부정적인 생각들을 버리고 자신과 다른 사람들에게 새로운 언어로 이야기하라. 그렇게 하면 더 긍정적인 감정들이 생성되고, 무한한 성공을 향해 강렬한 에너지를 더욱 빠르게 내보낼 것이다.

감정적 해소

감정은 가장 강력한 진동을 만들어내고, 아주 분명한 메시지를 전달한다. 당신의 감정을 환기시키지 않으면, 그것을 스스로 깨닫든 깨닫지 못하든 간에 당신의 에너지장을 서성이고 있는 슬픔과 분노와 거부와 다른 부정적인 감정들이 여전히 신호를 전송한다.

많은 사람들이 자신의 감정을 표현하고, 심지어는 파악하는 일에 어려움을 겪는다. 그들은 자주 충격이나 실망을 경험하고, 이런 복잡한 감정을 전혀 해소하지 않은 채 부정적인 에너지 구름을 쌓아서 불쾌한 공명을 사방으로 퍼뜨린다. 찰리 브라운과 스누피가 주인공인 어린이 만화 《피너츠》에 나오는 피그펜(Pigpen 항상 지저분하고 먼지 구름을 몰고 다니는 캐릭터 — 역주)처럼 당신도 어두운 진동의 소용돌이와 함께 항상 이 구름을 달고 다닌다. 사람들은 그 에너지를 느끼고 불쾌해 한다.

이 검은 안개를 제거하기 위해서는 드러나지 않고 잠재되어 있는 과거의 감정들을 내보내야 한다. 이것은 마치 안 쓰는 집안의 잡동사니들을 깨끗하게 치움으로서 좋은 새 물건들을 들여놓을 공간을 마련하는 것과 같다. 예전에 힘든 일을 겪었다 해도, 이제는 그 오래된 감정들을 깨끗이 해소해야 한다. 이런 감정들을 방출할 기회를 갖지 못하면, 과거의 경험에서 나오는 그 감정들이 새로운 성취를 방해하고 고통스러운 신호를 전송하면서 당신의 에너지장에서 강력한 신호를 만들어낼 수도 있다.

이 말은 과거로 돌아가서 예전에 겪었던 모든 충격과 어려움을 해소하라는 것이 아니다. 당신을 따라다니며 괴롭히는 기억이 있으면, 일지를 꺼내 그것에 대해서 쓰기 시작하라. 당신이 해소해야 할 모든 감정들을 적어라. 강박관념을 갖지 말고 차분하게 감정을 환기시켜라.

힘들었던 경험에 대한 당신의 생각들을 특히 의식하라. 그리고 일지의 마지막마다 항상 스스로에게 이렇게 물어라. "이 경험에서 생긴 결과 중에 바꾸고 싶은 것은 무엇인가?" 모든 부정적인 생각이나 믿음을 다 적은 다음에는 그것들을 긍정적인 새로운 것들로 대체시켜 나가라.

예를 들어, 만약 해고되어서 분노와 두려움과 거부감과 같은 감정들을 경험했다면 당신은 이런 생각을 할지도 모른다. '나는 절대로 인정받지 못할 거야. 절대로 성공하지 못할 거라구.' 감정을 환기시켜서 이 생각을 바꾼 다음, 이런 식의 건강한 믿음을 써라. "내게는 아직도 성공할 수 있는 능력이 있어. 난 내 자신을 믿을 자격이 있어. 그리고 지금 바로 그렇게 할 거야." 이런 식으로 계속 과거의 부정적인 생각과 어려운 감정들을 버리고, 자신의 현재 역량과 밝고 행복한 미래에 대한 기대를 항상 다짐하라.

지난 날들의 묵은 감정을 해소하는 것뿐만 아니라, 이런 감정이 생길 때마다 버리는 것도 중요하다. 여기에서도 일지를 사용할 수 있다. 매일 할 필요는 없지만, 규칙적으로 이렇게 하다보면 더 쉽게 당신의 사고와 진동을 바꿀 수 있다. 격분이나 분노나 두려움 같은 부정적인 감정에 매달리면, 당신의 에너지가 가로막히고 당신이 얻는 성과도 막대한 영향을 받는다. 대신 그런 감정들을 버리면, 당신의 에너지가 맑아지고 열리면서 우주로부터 받을 준비가 된다.

행위적 해소

불건전하고 해로운 행동들, 특히 탐닉과 중독 같은 행동들을 버리는 것도 매력적인 에너지와 생산적인 의식을 창조하는 데 중요한 역할을 한다. 사람들은 술, 담배, 약물, 음식, TV, 운동, 컴퓨터, 험담, 섹스, 일, 인간관계, 드라마와 같은 모든 종류의 것들을 탐닉한다. 기분전환 혹은 탈출구를 찾기 위해서 이런 것들에 마음을 돌린다. 술을 마시거나, 특정한 음식을 많이 먹거나, 약물을 복용하면, 우리의 감정이 마비되어서 잠시 동안은 기분이 좋을 수도 있다. TV를 보고 있는 동안 현실을 잊을 수도 있고, 감자튀김이나 과자를 먹으면서 마음이 편해진다고 믿는다.

심지어는 다른 사람을 조종하거나 기만하고 그들에게 인색하게 구는 것도 상당히 매력적으로 느껴진다. 왜냐하면 그렇게 하는 동안 기분이 좋아지는 것처럼 느껴지기 때문이다. 하지만 이것은 거짓된 위안이다. 궁극적으로는 우리의 나쁜 행동으로 인해 더 기분이 나빠지고, 시간이 지나면 더 해로운 행동에 중독될 수도 있다.

무엇으로부터 도망치려고 이런 행동들을 하는가? 어떤 괴로움을 잊으려는 것인가? 가슴 깊은 곳을 들여다보면, 결국 공허함이라는 것을 알 수 있다. 이것은 신성과 결합되고 신으로부터 받은 고유한 가치를 지닌 더 높고 숭고한 당신의 진정한 모습을 잊었을 때 오는 공허함이다. 설사 그것을 깨닫지 못했을지라도, 당신이 불안한 진짜 이유는 신과의 연결고리가 끊어진 것처럼 보이기 때문이다.

하지만 당신의 신성함은 항상 그대로 존재하고, 당신이 외부에서 찾는 힘도 사실은 당신 내부에서 숨쉬고 있다. 다른 사람들이 뭐라고 하든 간에, 당신의 가치는 세포 하나하나에 이르기까지 항상 당신 존재의 본질인 진동으로 빛나고 있다. 어떤 힘든 경험이나 상처로 인해 건전하지 못한 행동양식을 갖게 되었다면, 이제 당신의 감정을 표현하고 부정적인 결과들을 파악해서 더 건전하고 새로운 진정한 결론들로 옮겨갈 때이다.

당신의 신성한 빛으로 당신이 느끼는 공허함을 채울 시간이다. 이것이 당신의 피난처이며, 진정한 해결책이다. 도피와 탐닉과 중독의 행위는 파워와 위로의 진정한 원천으로부터 당신을 더 먼 곳으로 몰고 가 더욱 큰 공허를 느끼게 할 뿐이다. 이 행위들은 빈곤과 두려움과 탐닉의 진동으로 당신을 더 깊은 절망 속에 밀어넣고, 더 좋지 못한 결과를 끌어당기면서 당신의 에너지를 파괴한다.

이런 습관들을 버리는 것이 물론 어려운 일이긴 하지만, 한 번에 10분씩 이런 습관들을 멈추는 연습 정도는 할 수 있다. 이 습관들을 대체할 다른 행동 체계를 고안해서 일지에 적어라. 믿을 수 있는 사람으로부터 지지를 얻고, 필요하다면 전문적인 도움도 구하라. 그냥 방치해서는 안 되는 아주 중요한 일이다.

탐닉적이고 해로운 행동을 하는 자신을 발견하면, 당신의 모든 선택이 당신의 에너지를 창조한다는 에너지의 진실을 상기하라. 진정으로 도피의 진동을 발산하고 싶은가? 만약 그렇지 않다면, 이 버릇을 버리기로 결심해야 한다.

앞에서와 마찬가지로, 오래 되고 불건전한 행동양식에 빠져드는 자신을 절대 비판하지 말아야 한다. 왜냐하면, 그것은 부정적인 화로에 기름을 부어 당신의 도피 욕구를 더욱 증가시키기 때문이다. 다른 모든 것을 버리듯이, 버려야 할 부정적인 것에 빠져드는 자신에 대한 비난도 버려라.

❀ 버리는 것을 배우는 일은 평생 과정이다. 매일 새롭게 과거를 떠나보내고, 걱정을 버리려고 결심해야 한다. 부정적인 것들을 버리면, 당신의 인생을 빛나게 해줄 새롭고 건전한 선택을 할 수 있는 길이 열린다. 당신을 과거에 붙잡아 놓는 생각과 감정

과 행동들을 포기하면, 당신에게 필요한 에너지를 개발할 수 있으며, 온 세상이 볼 수 있는 눈부시게 아름다운 진동을 공명할 수 있게 된다.

집착의 포기

마지막으로 버려야 할 것은 집착이다. 우리 주위를 돌아보면, 우리가 애착을 갖는 온갖 종류의 사물들을 볼 수 있다. 벽에 걸려 있는 그림들, 우리 목이나 손에 걸려 있는 보석들, 방 안의 가구들, 집 앞에 세워져 있는 자동차 등은 우리가 아끼는 물건들이다. 하지만 소유는 집착이라는 대가를 치르고, 이것은 '물질'을 소유하는 일에 너무 투자하는 경향을 만들기 쉽다. 아주 미묘한 방법으로 이것은 궁핍과 탐욕의 에너지를 발산하고, 우리가 더 많이 가질수록 더 많은 것이 필요한 것처럼 보인다.

물질적인 것들을 절대로 원해서는 안 된다는 말이 아니라, 우리가 물건에 대해 집착하는 것을 조심해야 한다는 뜻이다. '이게 있어야 나는 행복할 수 있어.' '이 차와 이 보석이 있어야 나는 행복할 수 있어.' '이런 것들을 다 가져야 나는 만족할 수 있어.' 와 같은 생각들을 이야기하는 것이다. 이런 생각들은 중요한 두 가지 방법에서 아주 위험하다.

우선은, 물질이 우리를 행복하게 만들 수 있다는 생각을 부추긴다. 불행하게도, 우리 외부의 무엇인가가 우리에게 기쁨을 준다고 생각할 때마다 실제로 그렇게 되기 위해 우리의 동력이 작용한다. 또한 우리를 절망의 에너지에 위험스러울 정도로 가까이 끌고 가면서 계속 힘들게 하는 선례를 만들기도 한다. 더 많이 가지려고 하면, 다른 사람들을 따라잡기 위해 끝없이 노력해야 한다.

물건들이 기쁨을 주는 열쇠라고 믿으면 아주 위험한 상황에 빠지게 되는 또 다른 이유는, 만약 우리가 가진 것을 잃으면 어떻게 될 것인가 하는 두려움이다. 이런 생각은 우리에게 끊임없는 걱정거리를 제공한다. 우리는 항상 안정적인 상황을 추구하면서 겉으로는 드러나지 않은 두려움과 함께 살고 있으며, 일어날 가능성이 있는 상실을 계속해서 걱정한다.

집착을 버리는 연습

집착을 버리기 위해서는 주위에 있는 사물들을 돌아볼 필요가 있다. 여러 가지 중요한 물품들을 둘러보며 심호흡을 한 다음, 이렇게 다짐하라. "이걸 좋아하긴 하지만, 이것이 있어야만 행복할 수 있는 건 아니야."

당신이 가지고 있는 보석과 가구, 자동차, 심지어는 집도 쳐다보라. 그리고는 그것들에 대해서도 차례로 똑같이 말하라. 처음에는 매우 두렵게 느껴지겠지만, 사실 여러 가지로 당신을 상당히 자유롭게 만든다. 그리고 시간이 지나면, 물질을 훨씬 능가하는 마음의 평화가 찾아올 것이다. 행복은 당신이 가진 물건이 아니라, 마음의 평화에서 오는 것이라는 사실을 깨닫게 될 것이다.

당신이 가진 물건과 당신이 하는 선택에 이 과정을 날마다 적용하라. 그러면 그것이 주는 자유로운 느낌에 우선 놀랄 것이고, 당신의 에너지 또한 순수해질 것이다. 포기의 마술은 놀라운 것들을 되돌려준다. 당신이 소중하게 여기는 것들을 포기하는 항복의 기술을 연습하라. 완전히 마음을 비우고, 우아하고 관대하게 다른 사람에게 줘라. 이 연습은 순수 욕망의 법칙과 모순 의도의 법칙을 따르는 데도 큰 도움이 된다. 집착을 버릴 때 비로소 모든 것을 얻게 된다는 역설적인 법칙을 기억하라.

버리기 위한 다짐

- 점점 더 마음 편하게 버릴 수 있다. 나의 과거를 버리고, 모든 두려움도 버린다. 이제 나는 자유롭다.

- 부정적인 생각이 떠오를 때마다 버린다. 나는 지금 더 나은 에너지를 선택한다.

- 불건전하고 명예롭지 못한 습관은 버린다. 그리고 건전한 새로운 라이프스타일을 창조한다.

- 집착을 버린다. 나에게 행복을 가져다주는 것은 다름아닌 바로 나의 태도라는 것을 안다.

- 평화로운 태도를 선택한다. 걱정과 조급함과 통제하려는 욕구를 버린다.

의식의힘

성공에 필요한 두 번째 힘

> "의식은 우주에 존재하는 창조적인 요소이다.
> 의식이 없으면, 아무것도 발현되지 않는다."
> — 프레드 앨런 울프 박사

　얼마 전까지만 해도 물리학과 의식이라는 두 단어는 서로 모순되는 것으로 생각되었다. 물리학은 엄밀한 과학이었고, 의식은 심리학이나 철학 분야에서 다루는 단순히 추상적인 개념이었다. 하지만 지금은 전세계의 과학자들이 의식의 물리학을 연구하고 있고, 의식이 현실을 창조한다는 이론이 광범위하게 받아들여지고 있다.

　물리학은 가능성의 과학이고, 의식의 힘은 그 물리학의 원천이다. 그런데 발현의 과정이란 무엇일까? 어떻게 사물들이 세상에 존재하게 되는가? 더 중요하게는, 어떻게 우리의 의식이 운명을 결정하는가?

　우리는 양자물리학을 통해서, 우리가 보는 현실이 실제 현실과 다르지 않다는 것을 발견하게 되었고, 우리의 인생도 마찬가지라는 것을 알게 되었다. 우리가 실제로 경험하는 세상과 우리가 지각하는 세상은 서로 다르지 않다. 사실 생체역학 연구에 의하면, 우리의 뇌는 현실과 기억을 구분하지 못한다. 우리가 뭔가를 단지 기억할 때 자극되는 뉴런과 아주 똑같은 뉴런이 어떤 것을 볼 때도 자극되기 때문이다.

❖ 의식을 창조하는 열쇠는 당신의 지각 안에 있다. 당신 자신과 자신의 현실에 대한 지각, 그리고 그 지각에 대한 당신의 느낌이 바로 의식의 열쇠가 된다. 사실 지각은 당신의 몸에 많은 화학적·감정적 반응을 일으키며, 계속되는 원인과 결과의 과정을 창조한다. 지각은 반응을 자극하고, 반응은 지각을 자극한다. 의식은 인생의 감정적인 질을 결정할 뿐 아니라, 중요한 생리학적 반응도 자극하는 아주 강력한 에너지이다.

한 가지 감정이나 생각이 뇌에 있는 시상하부 샘을 자극해 특정한 펩티드(peptide, 펩타이드라고도 함. 단백질분자와 구조적으로 비슷하면서 보다 작은 유기물질로, 생물체의 물질대사 과정에 관여하는 여러 화합물들이 여기에 포함된다. — 역주)를 분비하면서 이 과정이 시작된다. 펩티드가 감각기관에 분비되어서 화학적 반응을 일으키면, 이 반응은 원래의 감정 상태와 조화를 이루고 이 감정을 지속시키며 세포 안에 결합된다. 긍정적인 것이든 부정적인 것이든, 비슷한 생각들이 비슷한 펩티드와 비슷한 감정을 생산한다.

이런 과정이 반복되면, 감정 상태를 바꿀 수 있는 펩티드를 수용하는 다른 종류의 감각이 폐쇄된다. 이런 식으로 당신의 지각이 고정되고, 똑같은 예전의 감정을 영구화시키는 생화학적 반응이 반복적으로 촉발된다. 이렇게 해서 습관적인 감정이 만들어지고, 심지어는 중독되기도 한다. 복잡하게 들릴지도 모르지만, 상대적으로 간단하고 지극히 자연발생적인 과정이다. 그리고 이 과정은 의식적·감정적·생화학적으로 광범위하게 관련되어 있기 때문에 의식과 에너지 생산에 막대한 영향을 미친다.

어떻게 이 과정이 진행되는지 예를 들어보자. 동네에 있는 어떤 건물 앞을 아무런 감정적·의식적 반응 없이 여러 번 지나다닌다. 그냥 그 건물이 거기 있다는 것만 볼 뿐이다. 그러던 어느 날, 당신이 일자리를 찾기 시작한 인생의 어느 시점에 건물 앞을 지나가다가 문 앞에 걸려 있는 사무실 개업 안내문과 전화번호를 보게 된다. 당신은 흥분을 느끼고, 당신의 시상하부는 그 흥분에 적합하며 그것을 지속시키는 펩티드를 분비한다. 집에 와서 그 번호로 전화를 하고 면접 날짜와 시간을 정한다. 그리고 매일 그 건물 앞을 지나갈 때마다, 혹은 그 건물에 대해서 생각할 때조차도 당신은 똑같은 생화학적 반응을 하고 흥분하게 된다. 마침내 당신은 일자리를 얻고, 처음 몇 달 동안은 같은 반응이 지속된다.

하지만, 시간이 지남에 따라 그 일에 대해서 천천히 그러나 확실히 다르게 느끼기 시작한다. 어떤 사람이나 업무가 당신을 불행하게 하고, 당신은 부정적인 지각을 갖게 된다. 이 지각은 그 느낌에 맞는 펩티드를 생산한다. 심지어는 출근 준비를 하거나 직장 생각만 해도 기분나쁜 감정을 느끼고, 그 느낌에 맞는 신경 펩티드가 자극된다.

이런 식으로 몇 해가 지난 뒤, 당신은 시내 다른 곳에 생긴 새로운 일자리에 대해 듣는다. 그리고 입사 지원서를 내고 직장을 옮긴다. 그러면 당신은 다시 흥분에 어울리는 펩티드를 생산하기 시작한다. 새 직장은 낙관적인 감정들을 계속해서 자극한다. 그러나 2년 후 회사가 멕시코로 이전하게 된다.

이제 당신은 실업자가 되었고, 실직으로 인해 재정적으로 힘들어지자 다시 한번 지각이 바뀌게 된다. 이전에 그만둔 회사가 그다지 나쁘게 생각되지 않는다. 그 건물 앞을 지나갈 때마다, 더 솔직히는 그 건물을 생각할 때마다 다시 돌아갈 수 있기를 바란다. 나름대로 문제가 있는 직장이기는 하지만, 그래도 없는 것보다는 낫다. 모든 추억과 동경으로 당신의 생각과 감정과 생리학적 · 화학적 반응들이 상실감과 후회의 의식을 창조하면서 발현의 필터 역할을 한다. 이렇게 해서, 상황과 창조가 순환되는 과정이 생긴다. 당신의 경험이 감정을 창조하고, 그 감정은 다시 경험을 지속화시킨다.

마치 생각과 감정이 자연적으로 연속되는 것처럼 보이지만, 사실은 당신의 정신과 감정 패턴을 형성하는 주요 원인은 화학적 성질이라는 사실을 이해해야 한다. 이 생화학적 자기 방해에서 빠져 나오려면, 당신의 결과와 지각을 바꾸려고 의식적으로 의도해야 한다. 당신의 감정적인 반응과 조화를 이루고, 그것을 영구화시키는 화학적 성질은 당신의 에너지 발산에 매우 중요한 역할을 한다. 그리고 당신의 의식은 이 내부의 생물학적 원천과 외부 생활의 결과에 중요한 요인이 된다.

다음의 두 가지 구체적인 단계를 통해, 당신의 부정적인 지각과 관련된 신경 펩티드를 바꿀 수 있다.

- 부정적인 감정이 생기는 것이 느껴지면, 멈추고 심호흡을 하라. 그리고 이렇게 다짐하라. '내 몸에는 지금 평화와 고요함의 신경 펩티드가 분비되고 있고, 평온하고 느긋하고 차분한 진동이 나에게로 밀려오고 있다."

- 부정적인 반응을 촉발시키는 어떤 것을 보거나 경험하면, 이렇게 다짐하라. "이걸 보낼 수 있다. 부정적인 것을 해소하고 느긋해지자. 평

화를 선택하자."

더 긍정적인 의식에 몰두하면, 희망과 흥분과 행복에 어울리는 신경 펩티드가 생산된다. 이 펩티드는 당신의 정신과 감정을 바꾸고, 육체의 화학반응까지 바꾼다. 그리고 그 결과로 당신 의식의 에너지까지 바뀌게 된다. 이 과정에서 당신의 의식은 당신의 운명을 창조하는 가장 강력한 동력이된다.

의식 파이(PIE)

지각(perception)과 상상력(imagination)과 기대(expectation)는 우리 의식의 힘을 가동시키는 세 가지 중요한 요인들인데, 나는 이것들을 의식 파이(PIE)라고 부른다. 성공을 추구하기 위해서는 당신의 정신적·감정적 경험들이 절대적으로 긍정적이어야 한다. 사실, 긍정적이든 아니든 이 세 가지는 의식 창조의 중요한 부분들이며, 엄청난 통제력으로 당신의 인생을 결정하는 역동적인 과정에 강력하게 서로 결합되어 있다. 이 각각의 부분들이 어떻게 작용하는지 살펴보자.

지각의 힘

당신의 지각이 감정적인 경험을 영구화시키는 신경 펩티드의 생산을 자극한다는 사실을 이미 살펴보았다. 부정적인 어떤 사물을 보면, 당신의 지각은 불리한 감정 상태를 강화시키는 생화학적 반응을 일으키는데, 이것은 반대의 상황에서도 마찬가지이다. 이 하나만으로도 긍정적인 가능성을 의식적으로 창조해야 하는 충분한 동기가 되겠지만, 더 나아가 지각이 에너지에 영향을 미치는 방법에 대해서도 검토해 보자.

당신이 세상을 보는 방식은 과거의 경험을 통해서 형성되었지만, 그것은 당신의 미래를 창조할 만큼 강력하기도 하다. 실제로, 이 방식은 당신의 생리학적 현실에 이르기까지 철저하게 당신이라는 사람을 결정한다. 당신 자신과 당신의 세계와 당신의 미래를 지각하는 방식이 당신의 모든 감정에 내재하는 의식의 기초이다. 자아 인식과 자기 독백이 세로토닌(혈관을 수축시키는 작용을 하는 호르몬—역주)과 엔도르핀 수치에 영향을 미치고, 그래서 우울함이나 즐거움 같은 지속적인 감정이 영구화된다는 연구 결과들이 있다.

하지만 의식 파이(PIE)의 한 부분인 지각은 그 힘이 너무 강력해서 거기에서 멈추지 않는다. 다중인격장애를 가진 사람들은 어느 특정 성격이 지배적인 것이 되면 진단 가능한 여러 가지 신체적 문제들을 드러낸다는 사례들이 발표되었다. 보통 때에는 전혀 그런 문제가 없었던 사람이 어느 특정한 성격이 우세해지면 당뇨병이나 시력 장애와 같은 생리학적인 문제가 생긴다. 우세해진 성격의 지각 안에 이 문제가 존재하면, 현실적으로 신체적인 문제로 나타나는 것이다.

이것만이 의식이 생리학을 변화시키는 유일한 경우는 아니다. 지각을 옮김으로써 불에 타는 뜨거운 석탄 위를 걷고도 사람들이 다치지 않는다. 나도 수년 전에 이 현상을 경험했다. 불 위를 걷는 강의를 들었는데, 수강생이 거의 백 명이나 되었다. 뜨거운 석탄 위를 걷는 눈앞의 현실에서 스릴 넘치고 행복한 감정을 유발하는 다른 기억으로 집중력을 옮김으로써 우리 정신의 상태를 바꾸는 것에 대해 배우는 수업이었다.

나는 내가 제일 좋아하는 콜로라도의 스키 슬로프를 신나게 스키를 타고 내려오는 모습을 상상하면서, 아름다운 산에서 차갑고 상쾌한 공기를 가르며 스키를 타는 내 모습을 시각적·감정적으로 느꼈다. 이것이 나의 신경 펩티드와 생리학을 변화시켰고, 수 백도의 불타는 뜨거운 석탄 길을 45미터나 걸을 수 있었다.

나는 전혀 다치지 않았지만, 예상 기대라는 자신들의 틀에 갇히는 바람에 화상을 입은 사람들도 있었다. 그들은 불 붙은 석탄을 위험으로 생각했기 때문에 실제로 그것을 경험하게 된 것이다. 하지만 지각을 완전히 바꾼 나 같은 사람들은 우리의 육체적 현실을 완벽하게 전환할 수 있었다.

당신에게도 당신의 환경을 바꿀 수 있는 힘이 있다. 지금까지 무슨 일이 일어났건 간에, 이제는 더 이상 예전과 같은 방식으로 세상을 지각할 필요가 없다. 대신, 당신의 낡고 제한된 가능성을 해소하는 포기의 힘을 사용할 수 있다. 어떤 일을 경험하게 되더라도, 항상 새로운 선택을 할 수 있다는 것을 기억하라.

이것이 현실적으로 의식을 창조하는 열쇠이다. 당신이 사실이라고 보는 것이 당신의 의식을 형성한다. 사물을 보는 과거의 관점에 얽매여 있지 않고, 이제는 당신의 인생을 깨끗한 새 캔버스로 생각할 수 있다. 당신은 새 그림을 시작할 수 있고, 사물을 다르게 볼 수 있으며, 당신 주위의 모든 것을 완전히 새로운 방식으로 상상할 수 있다. 사실 이 상상력은 의식 파이에서 두 번째로 중요한 부분이다.

상상력이 전부이다

당신은 자신의 지각을 긍정적으로 바꿈으로써, 점점 더 쉽게 상상력을 발휘할 수 있다는 것을 알게 될 것이다. 그것은 단순한 백일몽을 꾸는 능력이 아니라, 미래를 공상하는 능력을 말한다. 미래의 모습을 실제로 마음의 이미지로 창조하여 살아 있는 그림으로 만들 수 있는 능력이며, 이것은 구체적인 성공 시나리오를 추구하는 데 필요한 강력한 기술이다.

정신이 상상이라는 활동에 관여하는 동안 두뇌는 현재의 사건과 과거의 기억을 구분하지 못할 뿐만 아니라, 생생한 상상과 실재의 다른 점도 눈치채지 못한다. 사실 일부 물리학자들은 손톱만큼의 실재도 존재하지 않는다고 믿는다. 다중우주해석(Many-Worlds Interpretation 양자이론의 모순을 해결하기 위한 우주 해석 방법 — 역주)에 의하면, 여러 개의 현실이 동시에 진행되고 있으며, 일부 과학자들은 그 중에서 당신이 원하는 하나를 선택할 수 있다고 믿는다. 공상과학소설처럼 들리겠지만, 이런 해석은 당신 인생의 무한한 가능성을 보여준다. 당신은 자신이 경험할 수 있는 모든 것을 상상해야 한다! 자기 자신을 제한하지 마라. 사물을 창조해내기 위해서는 우선 눈으로, 마음으로 봐야 한다.

❇ 성공을 생생하게 상상하는 능력은 당신의 에너지와 의식에서 먼저 그 현실을 만들어내고, 당신은 상상에서 본 이미지를 현실에서 보게 될 것이다. 만약 지금 당장 머리에 떠오르는 그림들이 미래에 경험하고 싶은 것이 아니라면, 얼른 다른 새로운 그림들을 그려야 한다. 성공하기 위해서는 성공적인 이미지를 창조해야 한다.

의식이 창조하는 이미지는 두 가지 단계로 형성된다. 강력하고 새로운 성공 인식을 확립하기 위해서 다음 두 단계를 자주 실행하라.

1. 성공적인 자아 이미지 : 당신이 원하는 자신의 존재와 모습과 감정과 행동의 그림을 그려야 한다. 당신이 원하는 대로 이 전체적인 생생한 이미지를 창조해서 마음속에 잘 간직하라. 그 이미지와 함께 움직이고, 생

활하고, 느끼고, 그것을 믿어라. 하루에도 몇 번씩 이것을 상상하고 경험하면, 머지않아 그 이미지대로 될 것이다.

2. 구체적인 목표의 성공적인 이미지 : 당신이 원하는 것이 정확하게 무엇인지 분명하고 밝은 그림을 그려라. 마치 당신이 이미 그 그림의 가운데에 있는 것처럼 생생하게 상상하라. 각 목표의 행복한 결과를 상상하고, 그 미래 사건을 마음의 사진으로 찍어서 기억함에 보관하라. 이미 앨범에 꽂아 두고 몇 번이고 다시 들춰보는 가장 좋았던 기억으로 그 사건을 생각하라. 이런 식으로 미래의 그 이미지가 이미 일어난 일이라고 당신의 두뇌가 믿도록 할 수 있다. 그러면 그 현실이 존재하게 된다. 스스로에게 동기를 부여하거나 당신의 목표에 대한 분명한 의식을 창조할 필요가 있을 때마다 자주 이것을 기억하라.

당신이 성공하는 그림을 분명하게 완성한 다음에는, 그 이미지들에만 집중하면서 어떤 식으로든 이 이미지를 부정하거나 축소시키는 모든 생각들을 버려야 한다. 각 이미지를 구체적으로 생각할 때 그림을 확대시켜서 명확하게 보라. 먼 거리에서 보거나 오른쪽, 왼쪽으로 그림을 움직이지 마라. 그렇게 하면 그림이 갖는 현실의 힘과 에너지의 타이밍을 변하게 만들 수 있기 때문이다. 다른 것은 보이지 않도록 당신 마음의 한가운데에 아주 가까이 그림을 놓아라. 이 그림을 현실로 만들고자 하면, 현실이 될 것이다.

당신이 상상하는 좋은 결과를 조심스럽게 더 많이 살펴보고 경험할수록 당신의 두뇌와 의식이 이것을 더욱더 현실로 받아들일 것이다. 계속해서 각 그림을 당신의 중심 생각에 가깝게 명백히 재생산해낼 때, 당신은 창조성 높은 의식과 자력 에너지를 충전해 주는 긍정적인 감정을 더 많이 창조하게 될 것이다. 그리고 의식 파이(PIE)의 마지막 부분인 당신의 기대를 조율하는 데도 도움이 될 것이다.

최선을 기대하라

만약 당신이 현실을 이해할 수 없다면, 성공의 이미지를 창조하는 것도 소용없는 일이다. 당신이 원하는 것과 예상하는 것에는 엄청난 차이가 있기 때문에 의식적이고 영구적으로 최선의 결과를 기대하는 것이 중요하다. 이것을 돕기 위해서 당신의 숨은 기대들이 무엇인지 알아내야 한다.

당신은 매일매일을 구체적인 가정으로 시작하기 때문에, 당신의 '일상적인' 패턴이 미래에로 투영되는 것은 아주 당연한 일이다. 문제는 당신이 자주 현재에 만족하지 못하게 되면, 미래에 대한 긍정적인 기대를 갖기가 어렵다는 것이다.

결국 당신이 스스로의 일상생활을 어떻게 생각하는가 하는 그 이면의 심리가 중요하다. 당신은 받아들여지기를 바라면서 여전히 거부당할 것을 예상하는가? 성공을 갈구하면서 실패를 예상하는가? 행복을 소망하면서, 아직도 지루함과 고된 일과 실망에 자신을 내맡겨 두는가? 만약 오늘이 힘들고 성공적이지 못할 것이라고 기대하면, 더 많은 이런 상황을 기다리는 꼴이 된다. 하지만 당신은 새로운 기대를 선택할 수 있고, 성취할 수 있는 능력이 항상 자신에게 있다는 믿음을 얼마든지 선택할 수 있다.

원하는 것과 기대하는 것이 싸우면, 우주는 당신이 기대하는 것을 이루어 주려고 한다. 왜 그렇게 될까? 욕구는 당신의 소망에 있고, 기대는 당신의 믿음에 있기 때문이다. 그리고 운명 창조 공식에 있어서 당신의 믿음보다 더 강한 것은 아무것도 없다.

당신은 가치 있는 결과를 산출할 수 있는 가정의 근원이 되는 긍정적인 예상을 믿고 지지해야 한다. 최악을 기대하면서 최선을 원할 수는 없다. 왜 냐하면 이렇게 상반되게 쪼개어진 의식은 우주도 화해시킬 수 없기 때문 이다. 그래서 당신은 매일매일의 인생과 이상을 실현함에 있어서 최선을 다 해야 하며, 최고의 가장 행복한 의식을 당신이 기대하는 모든 것에 도 입해야 한다는 사실을 깨달아야 한다. 다시 힘을 되찾고, 이상적인 하루와 이상적인 미래를 위해 의식적인 지각을 창조하라. 이 지각이 어떤 모습이 며 어떻게 느껴지는지 이해하고, 당신이 그것을 가능하게 할 수 있다는 것 을 믿어라.

당신의 일상적인 기대가 당신의 에너지 타성을 가속화시키기 때문에, 현재의 일상적인 관점을 미래의 관점과 동일하게 만들어야 한다. 성공하 고 싶으면, 더 이상 당신의 욕구를 서랍 속에 넣거나 제한하거나 뒤로 미 루어서는 안 된다. 그것들을 끌어내어 더 원대한 시야 안으로 옮겨야 한 다. 무제한적인 기대가 성공적인 의식을 창조하는 전체 조리법의 일부가 되면서 끝없는 결과를 수확해 줄 것이다.

- 긍정적인 지각
- 생생하고 창조적인 상상력
- 흥분되고 낙관적인 기대

이런 태도 중의 어느 하나에 조금이라도 변화가 생기면 당신의 현실에 엄청난 변화를 가져올 수 있다. 의식이 당신의 가장 큰 힘 중의 하나이기 때문이다. 의식은 지금 이 순간을 깨어 있는 상태로 살고자 하는 확고부 동한 선택이며, 당신의 현실이다. 당신은 자신의 현실이 될 수 있는 새로 운 지각과 관점, 그리고 기대를 자유롭게 선택할 수 있다. 지금 바로 선택 하라!

나의 힘을 의식하기 위한 다짐

- 나는 자신을 강하고 성공적인 사람으로 지각한다. 나는 능력이 있으며 자격도 있다.

- 나는 내가 되고 싶은 사람으로 나 자신을 생각한다. 언제나 자신감 있고, 활기차며, 행복한 사람으로 나 자신을 본다.

- 최선을 기대한다. 나의 현재 생활과 미래에서 나는 항상 우수함을 기대한다.

- 늘 깨어 있고 의식 있는 상태로 생활한다. 위대한 현실을 창조하는 생각과 이미지를 의식적으로 선택한다.

- 흥분과 믿음으로 목표를 상상한다. 내 인생은 놀라울 만큼 많은 축복을 받는다.

에너지의힘

성공에 필요한 세 번째 힘

"세상도 거울처럼 사람들의 얼굴을 비추어 그들에게 되돌려 준다."

— 윌리엄 메이크피스 새커리

우주는 에너지로 살아 숨쉰다. 에너지 없이는 아무것도 존재할 수 없다. 보이는 모든 것과, 심지어는 보이지 않는 대부분의 사물들도 파장과 진동으로 가득하다. 어디에서 무엇을 하든, 당신도 끊임없이 에너지를 보내고 받으면서 항상 보이지 않는 주파수로 가득한 이 세상에 살고 있다. 사실, 당신은 TV와 라디오, 전화, 인공위성이 발산하는 모든 종류의 신호에 의해 사방에서 공격당하며 살고 있다. 이 신호들을 해석하기 위해서 당신이 해야 할 일은 그것에 맞는 기계를 선택해 정확한 주파수에 맞추는 것이 전부이다.

당신도 그런 인공위성들 중의 하나와 마찬가지로 다른 사람들이 보내는 신호를 접수하고, 당신의 신호와 당신의 운명을 결정하는 에너지를 전송한다. 당신은 이렇게 하도록 설계되어 있으며, 스스로 그것을 깨닫든 깨닫지 못하든 당신이 내보내는 개인적인 에너지장의 진동에 따라 당신이 얻는 결과가 결정된다. 하지만 이 원칙의 가장 큰 매력은, 만약 당신이 얻는 것이 마음에 들지 않는다면 언제든지 당신이 내보내는 것을 바꾸면 된다는 것이다.

에너지는 당신이 가진 기본적인 힘 중의 하나이고, 우주 법칙의 배경이다. 그리고 의식과 결합하여 당신 운명의 가장 강력한 발전기를 만들기도 한다. 전송하고 싶은 에너지의 종류를 의식적으로 선택하면, 당신이 얻게 될 결과의 종류를 결정할 수 있다. 이것은 실제로 아주 간단한 과정이며, 항상 진행되고 있다.

물리학의 세계에서는 서로 맞는 주파수끼리 만나는 현상을 동조(同調, entrainment)현상이라고 부른다. 비슷한 신호끼리 만나면, 같은 종류의 공명으로 진동하려는 경향이 있다. 이렇게 해서 상대방에게 서로 매력을 느끼게 되는데, 이것은 화학적 작용이 아니라 에너지의 조화이다. 이 원리는 모든 분야에 적용된다. 사회적이든, 직업적이든, 개인적이든, 혹은 연애에 관한 경우에서든, 당신은 필연적으로 당신이 내보내는 것을 끌어당기게 된다. 당신이 끌어당기는 것을 알고 바꾸기 위해서는, 자신의 에너지장이 어떻게 창조되는지를 정확히 파악해야 한다.

크고 풍부한 에너지 생산자

당신의 전자기 진동은 당신의 밝은 에너지, 즉 정신과 마음과 영혼의 주파수가 공명하는 것이다. 앞에서 살펴보았듯이, 생각과 감정이 이 공명의 가장 큰 부분을 차지한다. 그런데 이 생각과 감정은 어디에서 오는 것일까? 허공에서 갑자기 나타날까? 이 부분의 개인적인 에너지를 가동시키는 것은 무엇일까?

당신이 성취한 주요 성과들이 근본적으로 감정과 의식의 힘을 형성하고, 사실 당신이 보여주는 모든 것은 그 성과들에서 온다. 간단하게 말해서, 당신의 믿음 체계는 성장하면서 겪은 개인적인 경험의 결과를 바탕으로 당신이 선택한 기본적인 생각들이 보태진 네트워크이다.

마찬가지로, 대부분의 사람들은 자신들이 진실이라고 믿는 것들을 검토하지 않고 그 생각대로 행동한다. 우리는 언어를 느끼는 것과 똑같은 방식으로 우리의 믿음 체계를 느끼며 생활한다. 그 믿음을 가지고 태어났고, 그것이 우리가 아는 전부이다. 말 그대로 그 믿음은 우리가 경험하는 모든 것의 틀이 되어 너무나 익숙해져 있기 때문에 다른 것은 시도해 볼 생각조차 하지 않는다. 하지만 그 믿음과, 그것이 우리 인생에 미치는 영향에 대해 의식적으로 생각하지 않는 것은 우리의 에너지를 바꾸는 일을 기꺼이 포기하는 것과 같다.

❋ 우리가 배운 것이 무엇이든, 어떤 대우를 받으면서 자랐든 상관없이 믿음은 우리의 선택이다. 사고할 수 있는 성인으로서 우리는 언제나 그 선택을 바꿀 수 있고, 어떻게 우리의 진정한 모습을 드러낼 것인지도 선택할 수 있다. 우리가 갖는 진동과 우리가 사는 세상에 두려움과 부정성을 영구화시키려는 모든 것들을 의식적으로 해소해야 한다. 에너지와 의식 창조의 관점에서 볼 때, 모든 분야에서 더 위대한 성공을 이루기 위해서는 필수적으로 더 건전하고 더 행복한 믿음을 가져야 한다.

진동 에너지의 긍정적이거나 부정적인 본질이 우리의 생각과 감정을 통해서 가장 강하게 표현되기는 하지만, 그 바탕에는 항상 기본적인 믿음이 깔려 있다. 비판적이거나 운명론적이거나 부정적인 확신들은 분명히 부정적인 감정과 생각만을 창조한다. 반면에, 자아를 육성하고 미래에 대한 희망을 제공하는 긍정적인 확신들은 그에 상응하는 밝은 감정과 아이디어들을 생산한다. 그리고 당연히 이것은 우리가 발신할 수 있는 가장 바람직한 주파수이다. 왜냐하면 이 주파수가 우리가 원하는 결과를 가져다주기 때문이다.

어떻게 이 에너지 생산들이 서로 연결되어 있는지 살펴보자. 우리의 믿음은 가정과 막연한 생각들에서 파생하는 모호한 결과들로부터 온다. 이 믿음들은 직접적으로는 우리가 배운 것들을 통해서, 간접적으로는 부모님이나 다른 영향력 있는 사람들에게서 대우받은 방식을 통해 형성되고 계발된다. 이런 교육이 진실이 아니거나, 불건전하거나, 심지어는 완전히 파괴적인 것이라 해도 달라지는 것은 없다. 이 교육이 미치는 근본적인 영향 때문에 우리는 이것들을 진실이라고 믿는다. 이 각각의 믿음들은 특정한 생각과 그에 관련된 감정적인 반응을 만들어내고, 이것들이 모두 결합되어 지배적인 에너지를 창조한다. 그러면 우리는 자신도 모르는 사이에 인생을 통해 계속해서 이 에너지를 전송한다.

예를 들어, 돈이 당신의 가치를 증명해 준다는 믿음을 갖게 되었다고 가정해 보자. 그것은 그에 상응하는 많은 생각과 결과들을 만들어내는 중심 믿음이 된다. '돈을 많이 벌기 전까지는 절대로 나는 행복하지 못할 거야.'라든지 '지금 나는 그냥 실패자야.'라는 생각을 하게 된다. 이런 부정적인 생각들은 두려움과 절망과 자기혐오와 같은 황폐한 감정들을 만들어낸다. 이런 과정에서 어떤 종류의 에너지 현실이 생기겠는가? 다음 표를 예로 살펴보자.

중심 믿음 : 정말 성공하기 힘든 세상이야.		
생각	감정	에너지
나에게는 성공에 필요한 조건이 하나도 없어.	수치심과 두려움	부정적이고 저항적
모두에게 돌아갈 만큼 절대로 충분하지 않아.	절망과 자포자기	무겁고 어두움
왜 나만 빼고 다른 사람에게는 모두 기회가 생기는 거야?	분노와 시기	불쾌하고 불안정함

이것은 하나의 중심 믿음에 불과하지만, 그 과정을 살펴보면 인생에 대한 당신의 근본적인 가정들이 얼마나 강력해질 수 있는지 분명히 알 수 있다. 이 가정들을 통해 당신의 감정적인 에너지가 창조되고, 그 에너지에 의해 당신의 분위기가 결정된다. 당신 스스로가 자신을 성공이나 실패, 행복이나 슬픔에 맞추는 것이다. 당신이 스스로를 존중하고 양성하는 믿음만을 가질 때까지 에너지와 결과의 순환은 변하지 않을 것이다.

베팅(BET) 하라

때때로 사람들은 새롭고 긍정적인 믿음을 창조하는 일에 저항하기도 한다. 그것은 험난한 현실을 부정하기 위해 인생의 환상을 창조하면서 스스로를 현혹하는 일이라고 생각하기 때문이다. 동기를 위장하기 위해 자기가 진실이라고 믿는 것을 바꾸지 않으려고 하기도 하는데, 이것은 더 잘못된 것이다. 많은 사람들이 절박하고도 절망적인 확신이야말로 자신들을 움직이는 동력이며, 만약 이 부정적인 확신을 포기하면 성공하기 위해

해야 하는 일들에 동기가 부여되지 않아 열심히 하지 않을 것이라고 생각한다. 하지만 진실은 완전히 그 반대이다.

믿음 체계를 바꾸면, 결과적으로 감정과 생각도 바꿀 수 있다. 이것이 에너지 생산의 3중 결합이다. 더 긍정적인 믿음 체계가 더 큰 열의와 더욱 강한 지구력을 자극한다.

하지만 당신의 배팅(BET: 믿음 Beliefs, 감정 Emotions, 생각 Thoughts)이 부정적이면, 실패와 역경이라는 결과에 당신의 인생을 거는 것이 된다. 그러면 어떤 결과가 생기겠는가? 긍정적인 믿음에 당신의 에너지를 걸면 훨씬 나은 결과가 생길 것이다. 그러면 적어도 그 믿음을 현실로 만들 수 있는 기회를 잡을 수 있다. 만일 당신의 배팅이 부정적이면, 절대로 성공할 수 없다. 사실, 미래에 대한 당신의 믿음과 감정과 생각이 당신의 의식에 영향을 주기 때문에, 파괴적인 정신세계는 바람직하지 못한 결과가 나올 것이라는 기대를 창조한다. 그리고 믿기 어렵겠지만, 기대를 넘어서 심지어는 희망을 창조하기도 한다. 그러므로 당신의 믿음이 어떻게 당신을 실패하게 만드는지 반드시 알아야 한다.

성공일지

당신의 믿음을 마음대로 지배할 수 있기 위해서, 다음 질문들에 대한 답을 성공일지에 써 보라. 그리고 충분히 생각한 다음, 낡고 부정적인 믿음들을 대체할 수 있는 명예로운 믿음들을 정확하게 선택하라.

- 당신이 배운 것들 중에서 어떤 것이 당신 자신과 당신의 가치를 믿도록 가르쳤는가?
- 이 결과에 대해 어떻게 생각하는가?

- 당신의 가치를 존중하며, 더 건전하고 매력적인 에너지를 이 세상에 생산하기 위해 선택할 수 있는 대안은 무엇인가?

- 당신이 배운 것들 중에서 어떤 것이 다른 사람들과 그들과의 관계를 평가하도록 가르쳤는가?

- 이 결과에 대해 어떻게 생각하는가?

- 다른 사람들과 그들과의 관계를 포용하는 더 건전하고 더 명예로운 결론은 무엇인가?

- 일상생활에서 새로운 믿음을 선택하기 위해 당신이 할 수 있는 일은 무엇인가?

이 연습을 게을리해서는 안 된다. 당신의 답에 대해 정직하게 생각해보고 더 창조적인 대안들을 모색하라. 당신의 에너지 생산을 위해 절대적으로 필요한 일이다. 이렇게 함으로써 긍정적인 배팅(BET)을 할 수 있으며, 그래야만 좋은 결과를 얻을 수 있다.

무엇인가에 인생을 건다면, 명예로운 믿음(beliefs)과, 더 행복한 감정(emotions)과 더 낙관적인 생각(thoughts)에 걸어야 한다. 그렇게 하면, 우주가 기꺼이 그 대가를 지급하여 당신에게 엄청난 대박이 터질 것이다!

매력지수(AQ)를 측정하라

개인의 에너지장은 정신적 · 감정적 패턴과 믿음, 태도, 심지어는 당신이 움직이고 말하는 방식에 의해서도 만들어진다. 이것들이 당신을 성공하게 만드는 동력이다. 어쩌면 남보다 앞서기 위해서 외모나 돈, 혹은 IQ

가 중요하다고 생각할지도 모른다. 하지만 궁극적으로는 그 어느 것도 아니다. 개인적이고 직업적인 성공에 필요한 에너지를 갖고 있는지 아닌지를 결정하는 것은 바로 매력지수(AQ)이다.

당신의 매력지수를 알아보기 위해 다음 질문들에 답하라. 매력지수를 통해 당신의 긍정적인 에너지 생산과 끌어당기는 힘이 공명하는 패턴을 알 수 있다. 그러므로 정기적으로 테스트하면서 당신의 진동이 변하는 과정을 파악하라.

매력지수 테스트

다음 질문들의 점수를 1에서 10까지로 나누고, '절대 하지 않는다' 를 1로, '항상 한다' 를 10으로 계산하라. 그리고 왼쪽 줄에 자신의 점수를 쓰면서 정직하게 답하라!

1~10점으로 표시할 때 당신의 점수는……

_____ 1. 하는 일에 자신감이 있는가?

_____ 2. 개인적인 목적이 무엇인지 알고 있고, 그 방향으로 노력하고 있는가?

_____ 3. 지금 현재 당신의 외모에 만족하는가?

_____ 4. 현재의 상황이 행복하게 느껴지는가?

_____ 5. 당신의 미래에 대해 낙관적인가?

_____ 6. 당신의 목표와 행복을 가장 중요하게 생각하는가?

_____ 7. 모험을 할 각오가 되어 있는가?

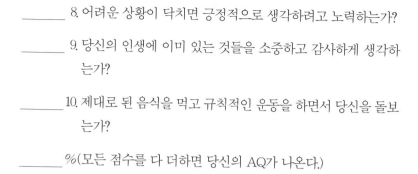

_____ 8. 어려운 상황이 닥치면 긍정적으로 생각하려고 노력하는가?

_____ 9. 당신의 인생에 이미 있는 것들을 소중하고 감사하게 생각하는가?

_____ 10. 제대로 된 음식을 먹고 규칙적인 운동을 하면서 당신을 돌보는가?

_____ %(모든 점수를 다 더하면 당신의 AQ가 나온다.)

점수가 생각보다 낮게 나오더라도 너무 실망하지 마라. AQ 테스트의 가장 일반적인 점수는 50~75% 사이이다. 당신의 점수가 평균보다 더 높든 낮든, 이 테스트를 통해 인생의 결과를 바꾸기 위해서는 에너지를 변화시켜야 한다는 사실을 아는 것이 중요하다.

긍정적인 주파수 창조에 특별히 집중하기 위해서는 7점 이하의 점수를 받은 모든 질문들을 긍정적인 의도와 확신으로 바꾸어야 한다. 이 테스트를 일상적으로 활용하면, 에너지 생산에 중대한 계기를 만들어낼 수 있다. 예를 들어, 만약 5번 질문에 5점을 주었다면 이렇게 다짐하라. "나의 미래에 대해 점점 더 낙관적으로 느낀다. 나는 모든 방면에서 더 나은 미래를 만들 수 있는 힘을 갖고 있다."

카드에 이렇게 써서 가지고 다니면서 자주 읽어라. 이것을 성가신 일로 생각하지 마라. 이렇게 함으로써 에너지를 바꿀 수 있는 새로운 아이디어와 접근법을 제공받을 수 있기 때문이다. 지금 당신이 성공하기 위해 필요한 힘을 만들어내는 발전기는 바로 당신 자신이고, 앞으로도 항상 그럴 것이다. 더 밝은 진동을 발산하라. 그러면 찬란한 결과와 주파수를 맞추게 될 것이다.

매력지수를 향상시키기 위한 다짐

- 지금 나는 나 자신을 위해 새롭고 건전하고 영양가 있는 믿음 체계를 선택한다. 이것은 나의 권리요, 나의 미래이다.

- 내 자신을 위해 진실만을 선택한다. 지금부터 나는 어떤 식으로든 해롭고 명예롭지 못한 모든 종류의 믿음을 버린다.

- 더 긍정적으로 생각할수록 더 나은 에너지를 발산하고, 따라서 더 나은 결과를 끌어당길 수 있다.

- 건전하고 매력적인 에너지를 생산하는 것은 나 자신에게 달려 있다. 지금 나는 평화로운 정신세계를 창조하기로 선택한다.

- 나 자신과 나의 가치와 나의 외모를 받아들인다. 나 자신의 자기 수용을 최우선으로 선택한다.

11

의도의힘

성공에 필요한 네 번째 힘

> "당신이 창조하고 싶은 것을 항상 생각하라.
> 의도의 에너지장과 조화를 이루어라.
> 그러면 원하는 것을 창조의 원천으로부터 얻을 수 있다."
>
> — 웨인 W. 다이어 박사

당신의 의도는 순수 욕망의 법칙과 모순 의도의 법칙의 가장 중요한 촉매제이다. 스스로 깨닫든 깨닫지 못하든, 당신의 모든 행위에는 목적이 있다. 뚜렷하고 명예로운 목표를 가지고 생활하면서 당신의 목적을 추구하면, 순수 욕망의 법칙이 제공하는 힘을 이용할 수 있다. 그리고 여기에서 또 한번 의식이 중요한 역할을 한다. 당신의 의도를 의식적으로 깨닫고 통제할 수 있어야 한다.

당신이 선택하는 모든 행위와 결정과 행동의 뒷면에는 많은 다른 의도들이 있을 수 있다. 본질적으로는 다르지 않은 행동일지라도 의도가 다르면 그 에너지가 완전히 달라질 수 있고, 따라서 당신에게 돌아오는 결과도 달라질 수 있다.

한 예로, 겉으로 보기에는 긍정적이고 원만하게 돌아가지만 실제로 직원들이 갖는 의도는 다를 수 있는 일반적인 직장을 살펴보자. 당신이 상관에게 좋은 말을 했다고 가정하자. 만약 당신이 진정으로 그렇게 느끼고, 뭔가 긍정적인 느낌을 그와 나누고 싶어서 그렇게 말했다면, 당신의 의도와 행동은 모두 긍정적이다. 이럴 때는 진정으로 명예로운 공명이 창조되고, 당신에게 돌아오는 결과도 좋다.

하지만 월급이 오르거나 좋은 근무평가를 받으려는 희망에서 사장에게 아부하고 환심을 사기 위해 좋은 말을 했다고 가정해 보자. 이런 경우에는 의도가 순수하지 않기 때문에 당신의 에너지가 둔하고 기만적인 진동과 공명하게 된다. 당연히 월급이 오를 수도 있고, 좋은 평가를 받을 수도 있다. 하지만 궁극적으로는 당신을 현혹하고 통제하려고 하는 다른 누군가를 만나게 될 것이다.

만약 당신의 가치를 인정받거나 증명하기 위해서 모든 사람들에게 친절하려고 한다면, 결국은 자신의 자존심을 조작하고 다른 사람들에게 억지로 인정받으려고 애쓰는 것이 된다. 이렇게 목적이 명예롭지 못하면 당신이 이 행위를 통해 발산하는 에너지도 부정적인 것이 되는데, 당신이 가치 있는 사람이라는 것을 스스로 믿지 않는다는 아주 분명한 메시지를 전송하기 때문이다. 당신이 하는 좋은 말이나 다른 사람을 배려하는 행위가 친절해 보이기는 하지만, 절망감에서 나온 친절은 에너지를 완전히 뒤바꾸어 놓는다. 이것이 바로 의도의 힘이다. 의도의 힘이 당신의 진동을 완전히 바꾸어서 인생의 결과까지도 바꾸어 놓는다.

당신이 하는 모든 행위에는 이 동력이 작용한다. 아침을 먹고, 출근하기 위해 운전을 하고, 수표를 쓰고, 회사에서 일을 할 때도 당신은 어떤 의미를 가지고 이 모든 행위들을 한다. 심지어는 가장 지루하고 상투적인 일에도 그 바닥에는 의도가 깔려 있다. 물론 그 일을 하는 목적은 명확하다. 하지만, 당신이 미처 깨닫지 못하는 모호한 에너지 또한 있다. 어쩌면 당신은 출근하기 위해 운전하는 일이 단순히 직장에 도착하기 위해서라고 생각할 수도 있다. 하지만 그 운전 행위에 대한 당신의 의도는 무엇인가? 이 행위를 하는 동안 어떤 종류의 에너지에 관여하고 싶은가? 운전이 단순한 아침 출근 수단이 될 수도 있지만, 운전이라는 행위를 경험하는 방식 또한 중요하다. 당신이 수표를 쓰는 명백한 목적은 구입할 물건에 대한 값을 치르는 것이지만, 그 이면에 존재하는 에너지 관점의 의도는 무엇인가? 그 행위의 피상적인 이유뿐만 아니라 의도까지도 생각해 보아야 한다.

출근하기 위해 운전을 하면서 당신은 그 운전을 즐길 수도 있고, 아니면 그날 해야 할 업무를 생각하면서 걱정에 잠길 수도 있다. 수표를 쓸 때도 당신이 사는 물건 때문에 즐거워할 수도 있고, 아니면 은행 잔고를 생각하며 걱정할 수도 있다. 근무하는 동안에도 직장이 있다는 사실에 감사하면서 최선을 다 하려고 마음먹을 수도 있고, 아니면 거기서 일해야 한다는 사실에 분개하면서 억지로 하루를 때울 수도 있다.

이런 일들을 할 때, 어떤 의도를 선택하는 것이 당신에게 최선의 결과를 가져올 것이라고 생각하는가? 당신 마음에 존재하는 의도가 당신의 의식을 창조하기 때문에, 이 의도들이 강력한 동력이 될 수 있다. 매일매일 하는 행위들 중에서 얼마나 많은 일들을 바닥에 깔려 있는 부정적인 의도로 하고 있는지 생각해 보라. 별로 큰 문제가 아니라고 생각할지도 모른다. 하지만 인생에 대한 이런 종류의 접근은 에너지의 악순환을 창조한다. 두려움에 가득차거나 분개하는 의도와, 투쟁적이고 남을 조종하려는 행동은 걱정과 절망을 창조하고, 이 걱정과 절망이 만들어내는 부정적인 에너지들은 결국 당신의 인생을 비참하게 만들 뿐이다.

행복하려고 의도하라!

대부분의 사람들을 짓누르는 끊임없는 걱정을 버리고, 감사하고 신뢰하는 마음으로 모든 현실을 보기 위해서는 이제 긍정적인 의도로 인생을 살아야 한다. 두려움과 초조감이 당신의 지배적인 감정이 되면, 그 감정들의 에너지가 당신의 동기를 가득 채우게 된다. '만약 돈이 모자라면 어떡하지? 이 물건을 못 팔면 어떡하지? 정말 이 직업이 싫어!' 와 같은 생각을 항상 하고 있으면, 정말로 그런 일이 일어나게 된다. 시간이 지나면서, 이런저런 부정적인 생각들이 실제로 당신의 기대가 된다.

"믿는 대로 이루어진다."는 말을 들어본 적이 있을 것이다. 믿거나 말거나, 이 말은 과학적인 진실이다. 미래에 생길지도 모르는 문제에 대해 걱정하면, 감정 에너지의 중심이 그 걱정을 무의식적인 계획으로 전환시켜서 그 문제를 실제로 일어나게 한다. 부자가 되는 것을 목표로 삼는다 하더라도, 늘 가난의 공포에 떨며 살면 그 공포가 당신의 의도가 되면서 추진력을 갖게 된다! 가난을 두려워할수록 당신의 부정적인 진동이 풍요로움을 밀어낸다. 이것이 모순 의도의 에너지 역학이다. 절망을 버리고 결단력을 가져야 한다.

믿음을 가지고 목표를 달성하기 위해 노력하라. 행복하게 살려고 계획하라. 정원에서 잡초를 뽑을 때도, 빨래를 할 때도 부정적인 감정을 버리고 모든 일에서 잠재적인 기쁨을 찾으려고 노력하라.

자신의 이상을 실현하려 할 때는 특히 더 그렇다. 순수한 의도로 부자가 되기를 원하거나 다른 모든 좋은 것들을 추구해야 한다. 두려움이 행동의 원인이 되어서는 절대로 안 된다. 나는 종종 어떻게 하면 감정적인 수렁에 빠지지 않고 그들의 목표에 지속적으로 집중할 수 있는지 물어보는 사람들을 만난다. 절망의 에너지와 희망의 에너지의 차이를 생각해 보라. 절망은 두려움에 기초해서 원하는 결과를 성취하고자 하는 욕구이다. 반면에, 희망은 아직 이상이 실현되지 않은 지금도 행복해지는 것을 목표로 꿈을 향해 평화롭게 계속 노력하려는 의도이다.

이 두 가지는 완전히 극과 극이다. 절망이라고 말할 때와 희망이라고 말할 때조차도 그 진동이 다르다는 것을 느낄 수 있다. 당신의 의도에서 초조함을 제거하고, 두려움으로 가득한 목표에 대한 집착을 포기하면, 당신의 의도에 희망으로의 결심을 강화할 수 있다. 누구나 초조해지면 결과에 더욱더 매달리게 된다. 하지만 순수한 의도로 돌아가면 다시 통제력을 되찾을 수 있다.

지금 어떤 식으로 목표에 접근하고 있는지 파악하기 위해 다음 사항들을 살펴보면서, 어떤 부분이 당신의 에너지를 가장 잘 대표하는지 생각해 보라.

절망적인 의도

- 목적(직업, 돈, 애정관계 등등)이 성공해야만 나는 진정으로 행복할 수 있어.

- 이 일이 잘 되어야만 나는 성공하는 거야.

- 목표를 이루어야 비로소 인정받는 느낌이 들 거야.

- 다른 사람들보다 앞서야 마음이 놓이고 안심할 수 있을 것 같아.

- 빨리 그렇게 될 수 있도록 서둘러야 해. 모든 것이 다 좋아질 때까지

는 한시도 멈출 수 없어.

희망적인 의도

- 내게는 나 자신을 행복하게 할 수 있는 힘이 있어.

- 목표를 달성하는 것은 나중 문제이고, 일단은 오늘 하루도 성공적이었어.

- 나 자신을 인정하기로 선택하는 거야.

- 내게는 현재를 편안하고 안전하게 느낄 수 있는 힘이 있어.

- 내게는 모든 긍정적인 감정과 경험을 창조할 수 있는 힘이 있어. 지금 당장 신뢰를 선택하고 두려움을 버리자.

이 두 가지 다른 의도를 읽는 동안에도, 각각이 주는 에너지가 다르다는 것을 느낄 수 있다. 두려움으로 가득한 감정적인 집착을 포기하고 목표를 선택하면, 더 평화롭고 수용적인 진동으로 옮겨갈 수 있다. 긍정적인 의식과 신뢰에 찬 낙관적인 목적을 가지면, 당신이 원하는 것을 당신에게로 끌어당겨 줄 자기공명을 창조할 수 있다. 목표를 더 빨리 끌어당기기 위해서는 목표에 대한 집착을 버려야 한다. 행복과 성공과 현재의 상황을 수용하는 태도를 당신의 감정적인 의도로 받아들임으로써, 이것을 성취할 수 있다.

당신의 감정적인 이상들을 성취하기 위해서는 절대로 어느 한 가지 방법에만 매달리지 마라. 이용 가능한 모든 종류의 선택에 마음의 문을 열고, 지금 바로 이 감정들을 창조하라. 어느 특정한 목표 때문에 초조해지면, 열정과 낙관주의를 바탕으로 당신이 원하는 결과를 상상하라. 그리고 이렇게 다짐하라. "지금 이 목표, 혹은 더 나은 무엇인가가 나에게로 끌려오고 있다." 이렇게 하면, 당신이 추구하는 모든 것을 다양하게 선택할 수 있다는 사실을 깨달을 수 있다. 마음을 비우고 아무 문제 없이 당신이 원하는 바를 이룰 수 있다고 믿어라. 신뢰와 융통성보다 끌어당기는 힘이 더 큰 에너지는 없고, 당신의 목적을 현실로 바꿀 수 있는 더 위대한 방법도 없다.

❀ 성공일지

진정으로 마음을 비우기 위해서는, 당신의 내면에 존재하는 진정한 의도를 발견해야 한다. 명상을 할 때 스스로에게 다음과 같이 질문하고, 일지에도 써라.

- 내가 원하는 것들에 대해 어떤 감정을 느끼는가? 걱정하고 두려워하는가, 아니면 낙관적이고 희망적인가?
- 목표가 성취되었을 때, 어떤 감정적인(혹은 재정적인) 결과를 기대하는가? 그 목표가 성취되었을 때와 똑같은 느낌을 갖기 위해 지금 생각하고 할 수 있는 일은 무엇인가?
- 나의 목적이 어떤 식으로든 두려움에 기초하고 있거나 조종되고 있는가? 나의 목표가 나의 존엄성과 명예를 드높이는가, 아니면 훼손시키는가?
- 미래의 결과와 그 결과를 위해 현재 하고 있는 활동들에도 낙관적인 의도를 갖고 있는가? 만약 그렇지 않다면, 그 이유가 무엇인가? 어떤 다른 선택들이 가능한가?

- 내 목표를 둘러싼 의도들이 어떤 식으로든 서로 모순되는가? 만약 그렇다면, 지금 어떤 긍정적이고 순수한 동기에 내 에너지를 집중할 수 있는가?

개방적이고 뚜렷하며 모순이 없는 의도

당신의 의도는 당신이 우주로부터 받고 싶은 것들을 주문하는 주문서이다. 그러므로 아주 구체적이고 분명하며 낙관적인 의도를 가져야 한다. 의도가 분명하지 않으면, 식당에 가서 종업원에게 "나 배고파요." 하고 말하는 것과 마찬가지다. 당신이 무엇을 원하는지 알고, 그것을 분명하게 우주에 알려야 한다. 서로 모순되는 생각들은 오랫동안 꿈꿔온 소망에도 불행을 가져다준다. 확실한 지식과 강한 신념을 가지고 생활하면서 스스로에게 이렇게 말하라. "나는 이것을 이룰 거야. 나는 자격이 있어." 거기에는 의심의 여지도, 논쟁의 여지도 없다. 오직 순수하고 솔직한 의도만이 있을 뿐이다.

그것이 능력에 관한 것이든, 가치에 관한 것이든, 부정적이고 저항하는 마음으로 당신의 주문서를 더럽혀서는 안 된다. 만약 식당에 가서 종업원에게 "음, 스테이크가 좋겠는데, 햄버거가 먹고 싶기도 하고……. 하지만 스테이크가 좋아 보이기는 한데……." 하고 있으면, 종업원이 포기하고 그냥 가 버릴 것이다.

그러나 종업원이 다시 돌아왔을 때, 당신이 "사실은 가재 요리가 정말 먹고 싶지만, 그만한 돈을 쓸 형편이 안 되니까 그냥 참치 샌드위치로 해야 할 것 같기도 하고…… 하지만 가재 요리가 정말 먹고 싶은데……." 하고 말하면, 그 종업원은 다시는 주문을 받으러 오지 않을 것이다!

우주도 마찬가지다. 계속해서 이렇게 저렇게 의도를 바꾸고, 욕망과 불신 사이를 왔다갔다 하면, 우주는 무엇을 해주어야 하지 몰라서 그냥 아무것도 해주지 않게 된다! '다시 새로운 사람을 만나고 싶어.' 하고 생각하면서, 동시에 '하지만 여태껏 받은 상처도 이미 많잖아.' 하고 생각할 수 있다. 당신이 승진할 것이라고 기대하면서 한편으로는 다른 승진 대상자들이 더 적합한 것 같다는 두려움을 가질 수도 있다. 이런 모순적인 접근은 우주의 흐름을 비껴가면서 당신의 에너지를 중독시키고 당신의 의식에 먹구름을 드리운다. 당신은 뚜렷하고 모순적이지 않은, 기꺼이 받아들이려는 개방적인 의도를 가져야 한다. 당신의 목표에 대한 뚜렷한 견해를 유지하면서 이 견해를 밖으로도 발산하라. 당신의 주문을 채워 주기 위해 우주가 기다리고 있다. 하지만 당신이 원하는 것이 무엇인지 정확히 우주에 알리는 것은 당신 몫이다.

지속적으로 당신의 의도를 의식하라. 장기적인 목표뿐만 아니라 일상생활에서도 마찬가지다. 예를 들어, 다음 날을 생각할 때 나는 모든 일에서 행복과 가치를 창조하는 것을 우선적인 의도로 삼고, 그 에너지를 다른 사람들과 공유하려고 노력한다. 새로운 행동을 시작할 때에는 어떻게 감정적으로 접근할 것인지 계획하려고 노력한다. 당신이 하는 모든 일 하나하나에 에너지 생산을 결정하는 중심이 있기 때문에 진정한 동기를 깨닫는 것이 정말 중요하고, 더 위대한 성공을 이루려는 동기는 특히 더 중요하다.

강력한 의도를 만드는 비결

강력한 의도를 위한 다음 지침들을 잘 결합해서 사용하면, 당신의 에너지 생산을 더욱 잘 통제할 수 있다.

- 매일 아침 잠깐씩 명상을 하면서 그날의 의도를 생각하거나 써 보라. 행동의 목적을 뚜렷하게 의식하면서 계획한 행동들을 실행하라. 긍정적이고 낙관적으로, 즐겁게 그 의도를 실행하라. 그렇게 함으로써 당신은 더 밝은 의식을 세상으로 발산하고, 행복하고 성공적인 하루를 의도할 수 있다.

- 하루에도 몇 번씩 당신의 의도에 집중하라. 힘든 시간을 보내거나 일이 어려울 때에는, 가능한 한 자주 당신 의식의 방향을 새롭게 하라. 오전 중간과 점심시간과 퇴근 후에 잠깐 쉬면서 다음 몇 시간을 위해 긍정적인 의도를 창조하라.

- 일상적인 행동들을 하는 동안에도 더 긍정적인 의도를 가질 수 있도록 노력하라. 먹거나 운전하거나 집안일을 할 때, 당신의 정신이 어디로 향하는지 분명히 의식하라. 모든 일 하나하나에서 긍정적이고 진정한 목적을 발견하라. 그러면 당신 에너지의 본질이 완전히 바뀌게 될 것이다.

- 저녁에는 밤 시간의 에너지를 위한 의도를 의식적으로 창조하라. 이렇게 다짐하라. "오늘 밤에 편안히 푹 자고, 내일 아침에는 느긋하고 상쾌하고 열성적인 기분으로 멋진 하루를 기대하면서 일어날 것이다."

- 목표의 의도를 주기적으로 재평가하라. 두려움으로 당신의 욕구에 먹구름을 드리워 목표를 대립시키지 않도록 확실하게 해야 한다. 당신의 목표를 제자리에 유지하기 위해서는 집중하고, 마음을 열고, 낙관적이어야 하며, 결단력이 있어야 한다.

의도는 미래의 성공을 위한 초석이기 때문에, 의심과 혼동으로 의도를 얽히게 해서는 안 된다. 절대로 당신의 능력을 부정하지 말고 당신의 가치를 무시하지 마라. 절대로 우주의 풍부한 가능성을 최소화시키지 마라. 당신의 순수 욕구는 목표가 성취될 수 있다는 것을 안다. 당신은 자격이 있다. 그러므로 목표를 의도하라.

순수하고 강력한 의도를 위한 다짐

- 내가 하는 일들을 왜 하는지 자세히 생각해보기 시작한다. 의도가 인생의 강력한 동력이라는 것을 안다.

- 내게는 자신을 행복하게 할 수 있는 힘이 있다. 행복해지는 것은 나의 책임이며, 현재 내가 의도하는 것이다.

- 나는 우주가 제공하는 다양한 선택 가능성에 개방되어 있다. 세상에는 내 꿈을 실현할 수 있는 많은 방법이 있다.

- 나는 매일 더 많이 나의 의도를 의식한다. 신뢰와 사랑을 바탕으로 생활할 것을 선택한다.

- 내가 하는 모든 일, 심지어는 매일 하는 습관적인 일에도 즐겁고 의식적인 의도를 부여한다.

선택의힘

✖

성공에 필요한 다섯 번째 힘

> "당신에게는 선택의 자유가 있다.
> 하지만 오늘 당신이 하는 선택이,
> 내일 당신의 소유와 존재와 행동을 결정한다."
>
> — 지그 지글러

선택은 다른 모든 것들을 연결해 주는 역동적인 힘이다. 하지만 우리는 불행하게도 습관에 갇혀, 선택의 여지가 항상 열려 있다는 사실을 전혀 깨닫지 못할 때가 있다. 그다지 중요해 보이지 않는 일상적인 일에서부터 우리의 인생을 바꾸는 가장 획기적인 결정에 이르기까지 이것은 사실이다.

많은 경우 우리는 어떤 상황에 맞춰서 우리 자신을 제한한다. '은행 융자를 갚아야 하기 때문에 직장을 그만둘 수 없어.' 하고 생각한다. 이미 오래전에 결정한 일을 하느라 지금도 새 직장으로 옮기지 못한다. 여태껏 그렇게 해 왔기 때문에, 그냥 계속 반복하면서 같은 일에 매달리도록 스스로를 강요하기도 한다.

우리가 배운 방식으로 스스로의 선택을 제한하는 경향도 있다. 과거에 한번도 그런 기회가 주어지지 않았기 때문에, 우리 스스로를 위해 새로운 선택을 할 수 있다고는 생각지 못한다. 그리고 다른 사람들이 그렇게 하기 때문에 우리도 계속해서 다른 사람들을 기쁘게 하려고 결심한다.

우리는 사회적인 관습과 과거의 방식에 의존하고, 오랫동안 지속되어 온 행동양식에 의존해서 말하고, 먹고, 배우고, 의사 소통하고, 일의 우선 순위를 결정한다. 매일매일 수천 가지의 선택을 하면서, 만약 우리가 원한 다면 다른 방식을 선택할 수 있는 능력이 우리에게 있다는 사실도 미처 깨닫지 못한다.

고기를 맛있게 굽고 소스를 잘 만드는 어떤 여성에 관한 재미있는 이야 기를 들은 적이 있다. 고기가 너무 연하고 부드러워서 거의 입안에서 녹 을 지경이었다. 그 여성은 어머니로부터 배운 그 요리법을 자신의 딸에게 도 전수해 주었는데, 고기를 촉촉하게 굽기 위해서는 오븐에 넣기 전에 고 기의 양끝을 잘라야 한다고 말해 주었다. 그 딸도 그대로 따라하면서 고 기를 구워 맛있는 저녁을 만들고는 했다.

하루는 그 딸이 이 요리법을 제일 먼저 시작한 할머니 집에 가서 이렇 게 말했다. "엄마가 할머니 요리의 비밀을 저한테도 가르쳐 주셔서 정말 이지 너무 좋아요. 모든 사람들이 동네에서 제 고기가 제일 촉촉하고 맛 있다고 해요."

할머니가 물으셨다. "그래? 그 비밀이 도대체 뭐냐?"

"당연히 고기 양끝을 자르는 거지요!" 하고 손녀가 대답했다. "엄마는 처음 요리를 하실 때부터 그렇게 하셨어요. 할머니가 그렇게 하셨기 때문 에 엄마도 그렇게 하시는 거예요. 할머니 고기도 항상 맛있잖아요."

이 이야기를 듣고 할머니는 박장대소하셨다. 그리고는 마침내 웃음을 멈추고 손녀에게 이렇게 말씀하셨다. "애야, 고기를 촉촉하게 하려고 고기

끝을 자른 게 아니란다. 오븐이 너무 작아서 고기가 한꺼번에 다 들어가지 않아서 자른 거야."

재미있기도 하지만, 우리가 인생에서 같은 선택을 되풀이하는 이유를 잘 보여주는 이야기이기도 하다. 선택은 우리가 의식하지 못한 채 되풀이하는 습관이 된다. 처음에는 그런 선택을 한 합당한 이유가 있었을 것이다. 하지만 계속 같은 방식을 사용하는 것이 지금에 와서도 정말 도움이 되는가? 이것은 중요한 질문이다. 왜냐하면 우리가 스스로에게 강요하는 이 많은 선택들이 우리 인생의 에너지와 심지어는 인생의 질에까지도 영향을 미치기 때문이다.

❋ 모든 순간에 우리는 특정한 종류의 에너지를 선택한다. 무엇을 할 것인지를 결정할 뿐만 아니라, 우리가 처한 상황을 생각하고, 믿고, 느끼고, 지각하는 방법도 결정한다. 결국은 우리가 일상적으로 하는 모든 선택들이 모여서 우리의 존재라는 태피스트리를 창조한다. 우리가 하는 순간순간의 선택들이 우리가 누구이고 무엇인가를 보여주는 그림을 짜 넣는 것이다. 이 모든 선택의 순간들이 우리의 결정적인 순간들이 되고, 이 계속되는 작은 선택들이 우리 인생의 에너지와 방향을 결정한다.

우리의 행동양식에서 모든 결정들은 한 번만 이루어지는 것이 아니라 계속해서 반복된다. 아직 10대였을 때 담배를 피우기로 결정했을 수도 있다. 하지만 라이터를 켤 때마다 당신은 이 기념비적인 결정을 계속해서 되풀이하는 것이다. 당신이 미처 의식하지 못한다 할지라도, 담배를 피울 때마다 당신은 담배를 피우기로 새로 결정하는 것이다. 하지만 불행하게도,

이 사실을 미처 의식하지 못했다고 해서 당신 인생에 미치는 영향이 줄어드는 것은 아니다.

선택으로 가득한 우리 인생에는 의식적인 선택보다 무의식적인 선택들이 훨씬 더 많다. 우리가 생각 없이 하는 행동들도 오랫동안 심사숙고한 끝에 내린 결정들과 똑같은 힘을 갖는다. 사실, 이 선택들은 습관이 될 수 있기 때문에 더 큰 효과를 가져온다! 하지만 만약 모든 선택 가능성들을 우리 스스로 통제할 수 있다면, 우리 인생의 에너지 관성도 바로잡을 수 있다. 선택할 수 있는 힘과 능력으로 인해, 우리는 욕구를 실현하는 두 가지 기본적인 방식인 태도와 행동을 선택적으로 연출할 수 있다.

태도와 행동

당신이 하는 선택은 언제나 태도와 행동 둘 중 하나의 주위를 맴돈다. 태도는 본질적으로 의식과 에너지에 연결되어 있고, 의식과 에너지는 지각과 믿음의 기본적인 부분을 형성한다. 이런 식으로 당신의 태도는 당신이 끌어당기는 것과 밖으로 드러내는 것을 근본적으로 자극하고, 어떤 특정한 문제에 집중된 생각과 감정을 미묘하게 결합한다.

태도가 좋다(혹은 나쁘다)고 말하는 경우가 있다. 하지만 이 말이 정말로 무엇을 의미하는지는 더 자세히 살펴보아야 한다. 대부분의 경우, 좋다는 것은 긍정적인 확신이며 사기가 진작되는 감정인 반면, 나쁘다는 것은 두려움과 적대감이 결합된 비관적인 결과에서 온다.

과거에는 정말 태도가 나빴었는지도 모른다. 하지만 더 이상 그 태도를 끌어안고 있을 필요가 없다. 당신의 정신세계가 당신의 현실을 창조하고, 성공의 법칙이 관련되어 있는 한, 태도가 모든 것을 결정한다. 에너지 관점에서 볼 때 이것은 틀림없는 진실이다. 왜냐하면 사물을 보는 관점이 의식 창조의 추진력이 되기 때문이다. 전에 한번도 이런 생각을 해본 적이 없는가? 하지만 매일을, 사실은 매 순간을 어떻게 시작할 것인지는 당신에게 달려 있다. 지금 바로 새롭고 긍정적인 태도를 선택하라.

당신의 행동에 대해 어떻게 생각하는지 조사하는 것도 한 가지 좋은 생각이다. 당신의 일상적인 행동은 당신 자신에 관한 행동, 다른 사람들에 관한 행동, 그리고 당신의 목표에 관한 행동으로 나눌 수 있다. 이 세 가지 행동들은 당신의 인생을 강화시킬 수도 있고 파괴시킬 수도 있는 힘을 가지고 있다. 만약 명예롭고 건전한 행동들을 선택하고 있지 않다면, 지금이 바로 그 새로운 선택들을 시작할 시간이다.

❀ 성공일지

다음 사항들에 관한 당신의 태도와 행동에 대해 생각해 보라. 당신의 생각들을 일지에 쓰고, 살면서 더 많은 긍정적인 선택을 하도록 결심하라.

태도에 관한 선택

1. 현재의 직장 상황에 대해 어떤 태도를 갖고 있는가?

- 직장 생활에 대해 어떻게 생각하는가? 긍정적으로 생각하는가, 아니면 부정적으로 생각하는가?

- 당신의 일에 대해서 어떻게 생각하는가? 전반적으로 좋게 생각하는가, 아니면 나쁘게 생각하는가?

- 직장에 대한 느낌이나 태도를 더 긍정적으로 만들기 위해 당신의 생각이나 믿음을 어떻게 바꿀 수 있는가?

2. 돈에 대한 당신의 태도는 어떤가?

- 돈에 관해서 어떤 생각과 감정을 갖고 있는가?

- 돈이 당신을 만족하게 하고 행복하게 만드는가, 아니면 초조하고 궁핍하게 만드는가?

- 돈에 대해 좋은 느낌을 갖기 위해서 어떤 방법으로 돈에 대한 당신의 믿음을 재정의할 수 있는가?

3. 목표를 추구하는 당신의 태도는 어떤가?

- 각 목표와 관련해서 당신이 갖는 가장 지배적인 생각들을 써라.

- 당신의 목표에 대해서 어떻게 생각하는가? 희망적이고 확고한가, 아니면 회의적이고 망설이는가?

- 목표에 관한 당신의 모든 부정적인 감정들을 바꾸기 위해 필요한 긍정적인 의도와 결론들을 써라.

태도에 관해 더 건전한 의식과 더 매력적인 에너지를 발산할 믿음과 감정만을 창조하려고 의도하라. 그리고 매일 이 선택들을 자신에게 상기시켜라. 새로운 결론을 읽고, 새로운 긍정적 태도를 자주 다짐하라.

행동에 관한 선택

1. 자신에 대한 행동

- 일상생활의 행동 중에서, 자신의 명예를 실추시킬 수도 있는 행동에는 어떤 것들이 있는가? (먹고, 마시고, 혼잣말을 하고, 여가시간을 보

내는 방법도 포함된다.)

- 보다 나은 결과를 끌어당길 수 있는 더욱 긍정적인 라이프스타일과 더 높은 에너지를 창조하는 새로운 대안들의 목록을 만들어라.

- 새로운 선택을 규칙적으로 실행하기 위해서 당신이 할 수 있는 일은 무엇인가? 몇 가지 대안들을 쓰고, 자주 찾아 읽어보라.

- 당신과 당신의 생활방식을 명예롭게 하는 규칙적인 행동과 활동에는 어떤 것들이 있는가?

- 이 선택들을 더 자주 실행하기 위해서 어떤 일을 할 수 있는가?

2 다른 사람들에 대한 행동

- 다음에 나오는 형용사들 중에 당신이 다른 사람들에게 제일 자주 하는 행동을 가장 잘 묘사하는 것은 어떤 것들인가? 각 사항에서 하나씩을 골라라.

다정한	냉정한
신뢰하는	두려워하는
수용하는	평가 비판하는
융통성 있는	통제하는
관대한	불쾌해 하는
평화로운	적대적인

- 이런 종류의 행동을 선택하는 것에 대해 어떻게 생각하는가?

- 이 선택들이 어떤 종류의 에너지를 창조하는가?

- 오른쪽에 있는 단어들을 하나라도 선택했다면, 더 조화로운 공명을

창조하는 믿음과 행동을 갖기 위해 어떤 대안을 선택할 수 있는가?

3. 목표에 대한 행동

- 얼마나 자주 목표를 달성하기 위해 행동하는가?

- 목표를 위한 행동과 다른 행동 중에서 우선적으로 선택하는 것은 무엇인가?

- 목표를 위해 얼마나 열심히 행동하는가?

- 이 목표를 달성하기 위해 어떻게 하면 더 자주, 더 에너지 넘치는 행동을 할 수 있는가?

당신의 목표를 달성하기 위해서는, 다른 것들보다 목표를 우선으로 선택해야 한다. 여기에서 선택의 힘과 포기의 힘이 결합된다. 당신의 목표를 최우선으로 선택하기 위해서는 어쩌면 어떤 습관들이나 심지어는 개인적인 만족감을 주는 행위들을 포기해야 할지도 모른다. 사실 어떤 문제에서든지 만일 자신의 인생을 진정으로 의식하기만 한다면, 태도와 행동이라는 두 가지 원칙에 항상 긍정적으로 적용할 수 있는 선택의 여지가 있음을 깨달을 수 있다. 당신이 할 수 있는 선택 중에서 당신에게 가장 큰 자유와 파워를 주는 것은 무엇인가를 포기하고 버리기로 선택하는 것이다.

하루에 몇 번이나 매달릴 것인지 아니면 느긋해질 것인지 선택할 수 있는 기회가 주어지는가? 자연스러운 습관이든, 부정적인 사고방식이든, 두려움이나 분노 같은 어려운 감정이든 간에 그것에 매달릴 것인지 버릴 것인지의 선택은 항상 당신에게 있다. 하지만 많은 사람들이 매달리는 것을 선택해야 한다고 느끼는데, 매달림으로써 그들에게 파워가 생긴다고 생각하기 때문이다. 자신들의 습관에 매달리고, 직위나 안락함이나 심지어는 직업에 매달리는 사람들도 있다. 하지만 이런 것들로부터 자유로워질 때 비로소 당신은 진정한 최고의 파워를 갖게 된다.

버리기로 결정할 때, 당신은 집착과 두려움과 통제하고자 하는 욕구로부터 자유로워질 수 있고 더 큰 파워도 얻게 된다. 특히 당신의 낡은 부정적인 행동 양식과 태도와 습관들을 버리려고 결심하라. 지금까지 당신이 원하는 바를 이루지 못했다면, 이제는 낡은 것들을 버리고 새로운 것들을 선택할 때이다.

선택 아니면 결과이다

인생이라는 리듬에서는 모든 것이 선택이고, 그 모든 선택에는 두 가지의 결과가 있다. 실질적인 결과와 에너지 결과가 그것인데, 실질적인 결과는 뚜렷하게 보일 때도 있다. 예를 들어, 계속 너무 많이 먹으면 살이 찔 것이다. 이것은 실질적이고 물리적인 결과이다. 하지만 에너지 결과는 무엇인가? 음식을 탐닉하는 것은 불명예스러운 선택이다. 이것은 더 많은 불명예를 가져다줄 사람들과 상황을 끌어당기는 공명을 창조하고, 자기멸시와 자기혐오의 메시지를 발신하는 선택이다.

하지만 많은 경우에는 결과가 이렇게 뚜렷하지 않다. 전화를 걸거나, 음식을 주문하거나, 회사의 부사장을 임명하거나 할 때에는 당신의 선택이 가져올 실질적인 결과와 에너지 결과를 심각하게 생각해봐야 한다. 결과를 항상 제대로 예측할 수 있는 것은 아니지만, 결정하기 전에 여러 가지 가능성들을 가늠해 보면서 관련된 에너지를 살펴보아야 한다. 당신에게 최선이 되는 선택을 해야 하는데, 그렇게 하기 위해서는 존엄성이나 고결

성, 자기존중과 공명되는 선택을 해야 한다.

크고작은 모든 행동의 선택에는 그 결과가 갖는 에너지의 본질을 드러내 주는 두 가지 질문이 있다. 스스로에게 이렇게 물어라. "이 선택이 나를 명예롭게 하는가? 나의 존엄성을 높여주고 나의 고결성을 지켜주는가?" 만약 그렇다고 대답할 수 있으면, 어떤 결정이 되었든 그것은 당신이 할 수 있는 최고의 선택이다. 우주는 당신의 명예로운 에너지를 지지해 주고 싶어한다. 그래서 이런 의도를 선택하면 우주로부터 진정한 파워와 더 많은 축복을 받을 수 있을 거라고 믿고 안심해도 된다.

건전하고 행복하고 강력한 선택을 위한 다짐

- 나는 하루에도 수없이 선택을 하고, 그 모든 선택을 의식한다.

- 나의 모든 일상적인 결정들이 나 자신과 나의 에너지를 결정한다. 매일 내가 하는 생각과 말과 행동에서 사랑과 명예가 넘치는 선택을 한다.

- 나 자신과 목표와 인생을 위해 더 긍정적인 태도를 선택한다.

- 항상 더 큰 힘과 사랑으로 스스로를 지각할 것을 선택한다.

- 두려움과 걱정과 시기와 평가 비판하는 자세에서 자유로워질 것을 선택한다. 그런 것들을 버리고 평화롭게 살 것을 선택한다.

사랑의힘

성공에필요한여섯 번째힘

> "사랑은 성공의 가장필수적인 요소이다.
> 사랑이 없는인생은 공허하지만,
> 사랑이 있는인생은 따뜻함과 충만함으로 넘친다."
>
> — 글렌 반 이케렌

고객들에게 사랑의 힘에 대해서 이야기하면, 종종 당황해 할 때가 있다. 회사 중역이던 한 고객은, "여기까지는 잘 이해하면서 왔어요. 성공의 과학적 측면도 다 말이 되고요. 하지만 사랑을 이야기하시니까 좀 어리둥절해지네요." 하고 말했다.

사실, 이것이 일반적인 반응이다. 양자역학이 인간에게 적용된다는 사실을 이해하게 되면, 의식과 에너지와 의도가 우리 인생의 결과에 엄청난 영향력을 행사한다는 것을 알 수 있다. 하지만 사랑에 대해서는 대부분 이렇게 묻는다. "사랑이 성공하고 무슨 상관이 있나요?"

사랑은 우주와 개인들에게 내재하는 아주 현실적인 힘이며, 남녀 간의 사랑에서뿐만 아니라 모든 방면에서 마음 깊이 느낄 수 있는 에너지이다.

강하게 진동하는 사랑의 창조적인 동력은 자유롭게 흐르면서 온 세계를 이동한다. 개인으로서 우리가 갖고 있는 사랑 에너지를 우주의 흐름에 맞추면, 이 세상에서 이루지 못할 것이 없다.

사랑의 진동에는 증오와 두려움이 없다. 사랑을 경험하고 지각하고 확대시키려고 선택하면, 인생의 진정한 가치를 느낄 수 있으며 더 큰 가치를 당신에게로 끌어당길 수 있다. 사랑 에너지는 목표 달성을 가속화시킬 뿐만 아니라, 당신의 인생 전체에 깊이 스며들어 아주 행복한 공명을 창조한다. 사랑으로 무엇인가에 접근하려고 할 때마다 당신은 모든 성공의 법칙들을 자극하게 된다. 사랑으로 어떻게 각 법칙들의 동력을 사용할 수 있는지 그 방법을 살펴보자.

1. 드러남의 법칙 사랑이 넘치는 의식을 창조하기 위해서는 한발 물러서서 자신과 다른 사람들을 기꺼이 평화롭고 다정하게 이해할 것을 선택해야 한다. 그러면 기쁨으로 가득한 당신의 현실이 창조되는 것을 자극하게 된다. 게다가 당신 인생에 존재하는 모든 형태의 사랑을 더 잘 깨닫게 되면, 엄청난 놀라운 경험들이 나타나면서 우주로부터 더 좋은 반응을 얻게 된다.

2. 끌어당김의 법칙 사랑은 당신이 발산할 수 있는 에너지 중에서 가장 자력이 강한 에너지이다. 하지만 불행하게도, 두려움이나 증오도 그 반대의 잘못된 것을 끌어당기는 힘이 엄청난 에너지이다. 성공을 추구할 때, 이 부정적인 에너지들은 즐겁고 가치있는 것들을 절대로 끌어당기지 못한다. 그러나 사랑을 선택하면, 혼동과 걱정과 의심이 해소된다. 자, 이제 심호흡을 하고, 모든 걱정을 다 잊고 이렇게 다짐하라. "나는 사랑을 선택한다." 당신의 에너지가 눈부시게 매력적인 진동을 갖게 될 것이다.

3. **순수 욕망의 법칙** 사랑하는 마음은 희망과 흥분으로 가득하다. 자신에 대한 진정한 애정이 있으면 미래와 목표에 대한 확실한 믿음이 생긴다. 당신의 인생을 받아들이기로 선택하면, 목표에 대한 집착을 더 쉽게 버릴 수 있다. 이렇게 되면, 당신의 욕구가 순수해지고 원하는 결과도 엄청나게 빨리 얻을 수 있을 것이다.

4. **모순 의도의 법칙** 사랑의 의도는 두려움으로부터 자유롭다. 걱정 대신에 믿음이 당신의 생활방식이 되고, 당신의 지배적인 에너지가 된다. 일을 하거나, 놀거나, 먹거나, 이야기하거나, 심지어 그냥 숨을 쉴 때에도 당신이 하는 모든 일에 사랑의 의도를 가져올 수 있다. 그렇게 하기 위해서 당신이 해야 하는 한 가지 일은 그냥 "사랑"이라고 말하는 것이다.

5. **조화의 법칙** 조화와 동시성이라는 마술의 열쇠는 존중하고, 사랑하고, 수용하는 마음으로 생활하는 데 있다. 자신과 다른 사람들에 대한 비판과 적대감을 버릴 것을 선택하라. 관대함과 용서와 연민에 마음의 문을 열어라. 이 감정들이 동시성의 신비한 힘에 당신을 일치시키고, 당신에게 기회로 가득한 세계의 문을 열어줄 것이다.

6. **바른 행동의 법칙** 이 세상을 사랑으로 대하라. 그러면 세상이 도움과 지지와 축복으로 당신에게 그 사랑을 되돌려줄 것이다. 무엇을 해야 할지 모르는 상황에 처하면, 자신에게 이렇게 물어라. "어떻게 하면 이 일에 사랑을 가져올 수 있을까?" 그리고 그 답대로 행동하라.

7. **효과 확대의 법칙** 사랑의 에너지를 확산하려는 의도로 생활하면, 당신 자신은 물론이고 주변의 모든 사람들에게도 더 긍정적이고 평화로운 인생을 경험하게 할 수 있다. 가족에 대한 사랑과, 직업상 만나는 사람들

에 대한 친절한 생각과 행동이 사회와 지역공동체로 확대되고, 더 나아가 온 세계로 확산된다. 그러면 더 큰 마음의 평화와 번영이 당신에게로 돌아오고, 당신은 다시 더 많은 사랑을 보내면서 이 순환이 영구적으로 계속된다.

사랑이 흐르게 하라

사랑을 베푸는 인생을 살기로 결심하면, 어떤 성공의 법칙을 적용하든지 잘못될 일이 없다. 항상 그렇듯이, 이것도 자기 자신에게서 시작하는 것이 가장 좋다. 자기 자신을 사랑하는 힘이 없으면, 두려움과 공포 속에서 살게 되고, 그런 정신세계에서는 어떤 긍정적인 생각도 떠오르지 않는다.

✽ 이것이 에너지의 핵심이다. 자기사랑은 거만하고 교만한 것이 아니다. 자기사랑으로 시작해서 주변의 모든 사람과 모든 것들을 존중할 수 있는 마음을 갖게 된다. 이 개인적인 힘의 원천을 자극하기 위해서, 거울을 보며 자신을 사랑하고 존중하고 자신에게 감사한다고 다짐하라. 결점을 찾으려고 하지 말고, 당신의 장점들을 찾기 시작하라.
사랑은 강하게 맥박 치는 진동이다. 자신을 소중하게 여기지 않으면, 불쾌한 에너지를 발산해서 다른 사람들까지도 당신을 사랑하지 않게 된다. 이 점을 실수해서는 안 된다. 자기를 혐오하면서 성공할 수는 없는 노릇이다.

스스로 다짐하는 것뿐만 아니라, 스스로를 위해서 근사한 일을 하는 것도 좋은 생각이다. 집과 직장에 영감을 줄 수 있는 분위기를 만들어라. 하루에 주기적으로 몇 분씩 틈을 내서 긴장을 풀고 자신을 재정비하라. 계속해 나갈 수 있도록 스스로를 격려하고, 잘 한 일은 스스로 축하하라. 우주로부터 친절한 반응을 얻으려면, 모든 일에 사랑을 선택해서 적용시켜야 한다. 하루하루와, 당신 주변에 보이는 모든 것들과, 당신이 하는 모든 일과 행동을 소중하게 여겨라. 스스로를 격려하고 인생을 감사하게 생각하면, 다른 사람들과 세상으로부터 같은 종류의 놀라운 진동을 끌어당기게 될 것이다.

일단 당신의 자기사랑 에너지를 확실히 정착시키고 나면, 이 사랑이 주변 사람들의 마음속으로 파고들어가 확대된다. 마음에서 우러나오는 미소를 짓고, 친구와 눈이 마주치면 눈빛에 애정을 실어 보내라. 다른 사람과 악수할 때 당신의 손가락을 통해 사랑이 이동하는 것을 느껴라. 크고 작은 모든 상황에서 당신의 목소리와 움직임에 사랑을 담아라. 밝고 정열적인 에너지가 당신 마음에서 다른 사람들의 마음으로 무지개처럼 흐르는 것을 상상하라.

너무 피곤하거나 기분을 언짢게 만드는 사람을 만날 때는 이런 다정한 에너지를 그들에게 전달하기가 쉽지 않을 것이다. 그럴 때는 자신을 언제나 존재하는 우주의 진동을 끌어들이는 수로로 생각하라. 가슴 한가운데에서부터 흘러넘치도록 당신에게 쏟아 부어지는, 신이 주시는 엄청난 사랑의 물결을 모으는 깔때기라고 생각하라. 그렇게 하면, 사랑의 한 원천에서 다른 원천으로 연결되는 파이프라인을 스스로를 위해 만들게 되고, 사랑과 축복의 의도라는 신비한 흐름의 중심에 서게 될 것이다.

사랑을 전파하라

만약 상황이 어렵거나 다루기 힘든 사람이 있으면, 그 방향으로 사랑 에너지를 보내서 일을 잘 해결할 수 있다. 당신이 처한 상황을 생각하는 것으로 시작해서 긴장을 풀고 차분하게 사랑 에너지를 보내라. 분노와 두려움 같은 모든 부정적인 것들을 버리고 해소하라. 사랑이라는 말로 그것들을 대신하라.

심호흡을 몇 번 한 다음 "사랑"이라고 계속 반복해서 말하라. 기분 나쁜 사람이나 어려운 문제에 봉착하면, 이렇게 하고 싶지 않을 수도 있다. 하지만 그 적대감을 버려라. 심호흡을 하고 그 사람과의 관계나 상황을 사랑이 넘치는 우주에 맡겨라.

깊고 차분하게 호흡하면서 "사랑"이라는 말을 되풀이하라. 그리고 모든 것을 해결할 수 있는 최고의, 최선의 해결책을 위해 기도하라. 시간이 지나면, 당신의 감정이 변하는 것을 느끼게 될 것이다. 문제가 머리에 떠오를 때마다 이 과정을 되풀이하면, 결국은 상황이 바뀌는 것도 보게 될 것이다.

나도 이런 과정을 통해 많은 놀라운 결과를 얻었다. 예를 들자면, 몇 년 전 지방에서 세미나를 하기 위해 복잡한 녹음 장치를 대여한 적이 있었다. 2주일을 빌려야 했는데, 대여료가 좀 비쌌다. 빌려온 지 며칠 후에 순회강연을 떠나기 위해 준비하면서 기계가 제대로 작동하는지 확인하려고 시험을 해보았다.

황당하게도 녹음이 되지 않았다. 녹음할 때마다 시끄러운 잡음만 들려왔다. 그래서 대여해 온 스튜디오에 전화해서 상황을 이야기하고 그날 바로 기계를 돌려주겠다고 했다. 마이크라는 사람이 스튜디오를 운영하고 있었는데, 그는 기계는 그날 반환해도 되지만 돈은 환불되지 않는다고 말했다. 물건을 가져간 지 24시간 이내에 반환해야 환불이 가능하다는 것이었다.

나는 겨우 하루가 더 많은 이틀밖에 되지 않았다고 설명하면서 일부라도 환불받을 수 있겠냐고 사정했지만 그는 막무가내였다. 24시간 이내가 규정이기 때문에, 어떤 이유에서든 예외를 둘 수가 없다는 것이었다. 약간의 열띤 실랑이를 벌이다가 어쨌거나 그날 모든 기계를 반환하겠다고 내가 말하자, "오늘 반환하셔도 상관없지만 환불은 안 됩니다." 이것이 마이크의 마지막 대답이었다.

나는 몹시 화가 난 채로 기계를 돌려주러 가기 위해 차를 탔다. 마이크라는 사람이 정말 불공평하고 융통성 없는 것이라고 생각했다. 어쨌거나 그의 기계가 말썽을 부려서 작동하지 않는 바람에 반환하는 게 아닌가? 하지만 나는 운전을 시작하면서 생각을 바꾸고, 자신을 이렇게 타일렀다. "사랑으로 이 상황에 대처하면서 일이 어떻게 되어 가는지 지켜보자."

우리 집에서 스튜디오까지 가는 데 약 30분이 걸렸다. 나는 그 30분 동안 마이크에게 사랑의 메시지를 보냈다. 스튜디오 쪽으로 애정과 감사를 보내는 나 자신을 상상하면서 "사랑"이라는 말을 계속해서 반복했다.

심호흡을 하면서 계속 이렇게 했더니 느리지만 확실하게 내 자신이 차분해지는 것을 느낄 수 있었다. 절반쯤 갔을 때는 완전히 마음이 가라앉아서 되는 대로 상황을 받아들이겠다고 생각하게 되었다. 얼마가 됐건 돈 때문에 마음의 평화를 잃거나 마음을 상하지는 말아야겠다고 다짐했다. 더 이상 신경쓰지 않게 되었을 때에도 계속해서 마이크와 스튜디오 이름을 부르면서 "사랑"이라고 되풀이해서 말했다. 이제 나의 관심은 더 이상 돈을 환불받는 것이 아니었다. 난처한 상황에 있는 두 사람의 화해가 새로운 관심사였다.

스튜디오에 도착한 후 기계를 들고 들어가 마이크를 만날 수 있는지 물었다. 전화에서 그의 마지막 대답이 너무나 확고했기 때문에 거의 체념하고 있었던 기억이 난다. 마이크가 나오더니 뭐가 문제냐고 물으면서 기계를 확인하기 시작했다. 나는 나서지도 따지지도 않았고, 어떤 식으로든 그를 조종하려고도 하지 않았다. 그냥 사실대로 문제를 설명하면서 계속 사랑을 보냈다.

그때 마이크가 나를 보면서 이렇게 말했다. "전에는 한 번도 이런 적이 없었지만, 이번에는 예외로 봐 드리겠습니다." 그래서 나는 대여료의 일부를 돌려주려나 보다고 생각하면서 감사했다. 하지만 내가 생각했던 것보다 훨씬 결과가 좋았다. 그는 내가 지불한 대여료 전액을 환불해 주었다. 그뿐만 아니라 녹음테이프도 하나 무료로 주었다! 그가 기계를 갖다 놓으러 가고 없을 때, 그 동안 우리 이야기를 듣고 있던 카운터 직원이 이렇게 말했다. "정말 여태까지 한 번도 환불을 해준 적이 없어요. 무슨 말씀을 하셨기에 마이크가 생각을 바꿨는지 모르겠네요."

내가 한 말은 "사랑"이었다. 머릿속으로, 그리고 소리내어 마이크를 향해 계속 이 말을 되풀이했던 것이다. 이 녹음기 사건은 한 예에 지나지 않는다. 내가 사랑 에너지의 효과를 체험한 경우는 셀 수 없을 정도로 많다. 직업적인 상황과 개인적인 상황에서도 이것을 이용하고, 고객들을 상담할 때도 마찬가지이다. 한번은, 당사자들 자신은 물론이고 나까지도 미치게 만드는 한 부부의 결혼생활을 상담해 준 적이 있다. 남편은 한 푼에도 벌벌 떠는 구두쇠인 반면, 아내는 씀씀이가 헤픈 사람이었다. 두 사람 모두에게 돈을 너무 큰 문제로 생각하지 말라고 말해 주었다. 하지만 내가 하는 어떤 말도 두 사람에게 도움이 되지 않았고, 그들의 싸움도 멈추지 않았다. 그래서 결국은 그들에게 사랑을 보내기로 마음먹었다. 상담 시간이 되기 전, 아침이든 운전을 할 때든 그들을 생각할 때마다 "사랑"이라고 말하면서 사랑을 보냈다.

그리고 몇 주가 지난 어느 날, 두 사람이 완전히 다른 태도로 상담실로 들어왔다. 중간 어디에서 합의점을 찾아야 하고, 돈보다 두 사람의 관계를 더 중요하게 생각해야 한다는 내 말이 맞다고 동의했다. 몇 달을 머리 터지게 싸운 끝에 두 사람은 내가 보낸 사랑의 에너지를 포착했고, 결국은 그것을 서로에게 나누어 주기로 결심한 것이다.

❋ 사랑은 증오에 평화를 가져다주고, 문제를 해결해 준다. 사랑은 당신이 만드는 가장 강력한 의도 중의 하나이고, 당신이 하는 가장 유익한 행동 중의 하나이다. 사랑을 말하고, 느끼고, 당신의 태도로 만들어라. 당신의 의식적인 인생에 사랑이 실제로 존재하게 하라. 그러면, 놀랍도록 사랑이 넘치는 현실을 더 많이 의식하게 될 것이다.

당신도 이것을 시험해 보라. 다음에 당신이 해결할 수 없는 문제를 만나게 되면, 문제가 있는 쪽으로 사랑을 보내라. 당신 인생에 끼어든 어떤 사람들과 문제가 생기면, 그들에게 사랑을 보내라. 아무 특별한 문제가 없을 때라도 가끔 멈춰서 눈을 감고 사랑과 그 에너지를 호흡하라. 그냥 가벼운 마음으로 기분 좋게 하는 말이 아니다. 이것은 현실적인 에너지의 힘이다. 사랑은 당신의 의식과 주파수를 바꾸고, 심지어는 생리적 기능까지도 바꾼다. 사랑만큼 당신의 감정 발전소에 연료를 공급하면서 당신의 마음 한가운데를 움직일 수 있는 것은 아무것도 없다. 사랑이라는 목적에 당신의 머리와 마음을 함께 움직이면, 풍요로움의 강이 당신 앞으로 흐를 것이다.

사랑하며 살기 위한 다짐

- 나는 사랑의 의식과 함께 생활한다. 내 자신과 인생을 사랑어린 눈으로 바라본다.

- 내 자신과 다른 사람들에 대한 나의 태도에서 사랑을 선택한다.

- 평가와 비판과 대립을 버리고, 평화를 선택한다.

- 보이는 모든 것에 사랑을 보낸다. 하루에도 몇 번씩 나는 진정한 의도로 "사랑"이라는 말을 생각하고, 느끼고, 말한다.

- 기쁜 마음으로 다른 사람들을 돕고, 애정을 나누며, 크고작은 방법으로 도움을 줄 수 있는 기회를 찾는다.

3부

성공으로이끄는 5대에너지

성공은 운이 좋은 몇몇 사람들에게 일어나는 우연이 아니라, 당신이 우주의 법칙에 맞게 생활할 때 당신의 의식에 의해 창조되는 것이다. 우연한 기회처럼 보이는 일들이 사실은 전혀 우연이 아닌 에너지의 동시성에 의해 이루어지고, 이 동시성은 당신이 발산하는 진동이 우주의 흐름과 조화를 이루는 과정이다. 끊임없는 축복의 강물이 항상 우주라는 엄청난 강에 흐르고 있다. 당신에게로 흘러오는 그 수류를 멈추게 하는 단 한 가지 방해물은 바로 당신 자신의 공명이다.

하지만 기운 내자! 지금까지 어떤 종류의 공명을 만들고 어떤 것을 끌어당기며 살았는가와 상관없이 아직도 많이 남아 있는 에너지로 풍요롭고 무한한 가능성의 세계인 에너지장에 당신을 연결시킬 수 있다. 당신 마음과 정신에 이 자력들을 끌어당겨 일상적으로 이용하려고 선택하면, 의식에 중요한 변화를 일으키고 완전히 다른 종류의 공명을 창조할 수 있다. 그리고 당신의 이미지와 진동도 바꿀 수 있다. 당신 자신과 인생을 더 높고 숭고하게 이해하고, 진정으로 엄청난 결과를 끌어당기게 될 것이다.

자신감 에너지

낙관주의 에너지

목적 에너지

현재 에너지

감사 에너지

자신감에너지

성공으로 이끄는 첫 번째 에너지

"단순히 우리 자신을 바꿈으로써,
우리의 전 인생과 주변 사람들에 대한 우리의 태도를 바꿀 수 있다."
— 루돌프 드라이커스

성공에 필요한 가장 우선적이고 중요한 자력 에너지는 자신감이다. 사실, 사람들이 성공하지 못하는 가장 큰 이유는 자신감이 부족하기 때문이다. 능력이 없어서가 아니라, 자신들의 가치와 능력을 믿지 않기 때문이다. 당신은 자신을 어떻게 생각하는가? 가치 있고 능력 있는 사람이라고 생각하는가? 이것이 바로 자신감 에너지가 말하고자 하는 것이다!

한번도 자신을 그런 식으로 생각해 보지 않았다 해도, 이제는 상황을 바꿀 수 있다. 예전에 어떤 식으로 생각했든지, 심지어는 어떤 식으로 행동해 왔든지에 상관없이 자신감을 창조하기 위해 필요한 힘이 바로 당신에게 있다. 당신이 모든 종류의 에너지 패턴을 바꿀 수 있다. 약간의 시간과 노력만 기울이면, 2부에서 이야기한 모든 힘을 사용해서 당신 자신에 관한 생각을 완전히 바꿀 수 있다!

때때로 자신감은 상황에 따라 다를 수도 있다. 가령, 운동에는 자신감이 있지만 직업 세계에서는 그다지 확신이 없을 수도 없다. 직장에서는 자신감이 넘치지만, 연애에서는 완전히 무방비 상태일 수도 있다. 하지만 일반적으로 우리는 자신이 성공에 필요한 종류의 자신감을 갖고 있는지 아닌지 판단할 수 있다.

이런 관점에서 당신은 자신에 대해 어떻게 생각하는가? 당신에게 성공할 수 있는 능력이 있다고 확신하는가, 아니면 망설이면서 자기 회의에 빠져 있는가? 자신감이라는 것은 이해하는 사람도 없고, 어떻게 하면 의식적으로 자신감을 창조할 수 있는지 아는 사람은 더 없는, 아주 어려운 성격인 것처럼 보인다. 하지만 성공의 양자역학을 이해하게 되면, 이것이 가능할 뿐만 아니라 꼭 필요한 일이라는 것을 깨닫게 될 것이다.

❋ 당신의 자신감은 대부분 자아의 이미지에서 오고, 이 이미지는 의식을 창조하는 과정에 필요한 중요한 요소이다. 자신에 대한 생각은 자신에 대한 기대와 본질적으로 연결되어 있다. 만약 스스로에 대해 부정적인 이미지를 갖고 있다면, 제대로 잘 하지 못할 거라고 가정하게 될 것이고, 그러면 그 가정이 현실이 될 가능성도 커진다. 하지만 긍정적이고 건전한 이미지를 갖고 있으면 당신은 스스로에게서 최선을 기대하게 되고, 그러면 의식이 그것을 현실로 창조할 것이다. 의식이 현실을 창조하기 때문에 스스로를 지각하는 방식이 더 나아가서 당신의 결과를 창조하게 되는 것이다.

어떻게 그것이 가능한 일인지 예를 들어보겠다. 어렸을 적 많은 사람들 앞에서 말할 때마다 초조함과 두려움을 느끼며 힘들어 했었다고 가정하자. 고등학교에 가서도 발표 시간에 초조함 때문에 발표하는 내내 말을 더듬는 비참한 경험을 여러 번 했다. 그래서 자신을 그쪽으로는 영 재주가 없다고 생각하게 되었다면, 지금도 당신은 이 '진실'이 당신의 인생에 계속된다고 믿는다.

몇 년이 지난 후, 만약 직장에서 연설을 하라는 요구를 받으면, 비참했던 과거의 이미지가 바로 떠오르면서 설사 사람들 앞에서 실제로 말을 더듬지는 않더라도 즉각적으로 과거에 경험했던 두렵고 불쾌한 감정과 일치하는 신경 펩티드를 분비하게 될 것이다. 이렇게 되면, 그런 자신의 초라한 이미지를 더욱 굳히게 된다.

불가능한 순환이라고 생각되는가? 실패로 인해 부정적인 이미지를 갖게 되고…… 그 이미지 때문에 더 실패하게 되고……. 하지만 절망은 금물이다. 우리에게는 희망이 있기 때문이다. 다시 한번, 에너지와 생리학의 양자역학에 의해 우리는 상황을 완전히 뒤바꿀 수 있는 힘을 얻게 된다. 과거에 무슨 일이 있었든 간에 새로운 신경회로망에 접근해서 완전히 새로운 이미지를 창조하고, 어떤 개인적인 문제든지 재정의할 수 있는 선택이 가능하다.

어떻게 이것이 가능할 수 있는가? 두뇌는 경험한 이미지와 생생한 상상을 구분하지 못한다는 사실을 기억하라. 뇌의 시각피질은 우리가 실제로 보는 것에만 완전히 의지하지 않는다. 전체적인 시각 경험은 과거 이미지의 기억과 특정한 기대를 형성하는 개인적인 정보에 의해서 이루어진다. 당신이 기대하는 것을 바꾸면, 당신이 창조하는 의식뿐만 아니라 당신의 현실까지도 바꿀 수 있다!

이 심상과 의식의 변화를 이용해서 연설 공포증이 있는 한 고객을 치료한 적이 있다. 톰이 직장에서 딜레마에 빠져 나를 찾아왔을 때, 그는 35세였다. 승진 사다리를 빨리 올라가서 이제는 전국적인 수준의 승진을 내다보고 있었지만, 딱 한 가지 문제가 있었다. 많은 사람들이 모인 큰 강당에서 발표를 해야 했는데, 그 생각만 해도 너무 두려워서 몸이 얼어붙는 것 같았던 것이다.

톰은 대중 앞에 서는 것에 항상 두려움을 느꼈다. 하지만 회의실에서 10명 안팎의 사람들이 모이는 작은 회의에서는 어느 정도 편안하게 이야기할 수 있는 정도까지는 되었다. 처음에는 그것도 힘들었지만, 진정제를 먹고 겨우 회의를 진행할 수 있게 되었다. 그런데 지금은 수백 명, 결국에는 수천 명에 이르는 사람들에게 이야기해야 했다. 그 생각이 그를 얼마나 엄청난 공포 속으로 몰아넣었는지 진정제도 더 이상 도움이 되지 않았다.

나를 만나러 왔을 때, 톰은 절망적인 체념의 자세로 과거의 경험을 이야기했다. 내가 그에게, "톰, 이제 그 과거를 바꿀 수 있어요." 하고 말하자, 그는 나를 제정신이 아니라고 생각했다. 어떻게 그게 가능하냐고 톰이 물었을 때, 내가 대답했다. "간단해요. 심상을 바꾸면 돼요."

과거의 경험에 의해 생긴 결론과 이미지에 집착하는 태도를 버리기 위해 스스로에게 다짐하는 방법과 함께 긴장을 푸는 방법을 그에게 가르쳐주면서 치료를 시작했다. 그는 과거의 경험이 떠오를 때마다 스스로에게 다짐하면서 긴장을 풀었고, 우리는 새로운 시각 이미지를 창조하며 그 이미지에 부합하는 새로운 감정들을 창조하기 시작했다.

긴장을 푸는 것으로 상담을 시작해서 여러 차례의 최면을 이용한 훈련 과정을 통해 새롭고 성공적인 자신의 이미지를 상상했다. 정신적 탈감각(desensitization)이라고 부르는 과정을 이용해 매 상담 시간마다 이미지를 조금씩 바꾸면서, 지난번의 이미지를 확대시키고 성공과 감정의 새로운 요소들을 첨가해 나갔다.

첫 시간에는 톰이 큰 강당의 무대 위에 완전히 혼자 서 있는 장면을 상상했다. 방청석에는 아무도 없었고, 무대 위에도 톰 혼자였다. 아무도 없었기 때문에 그는 자신감 있고, 편안하고, 심지어 즐거운 마음으로 이야기할 수 있었다.

다음 시간에는 단 한 사람이 방청석에 앉아 있는 장면을 상상했다. 그에게 용기와 도움을 줄 수 있는 사람을 선택하라고 했더니, 아내를 골랐다. 그는 다시 편안하고 열정적으로 이야기하는 자신을 상상할 수 있었다. 상상 속에서 아내는 그에게 미소지으면서 그가 하는 모든 농담에 웃고, 연설이 끝나자 큰 박수도 보내 주었다.

우리는 항상 이 두 가지 시나리오를 먼저 상상하고 나서 다음 단계로 진행하면서 처음에는 그의 아이들, 다음은 친구들, 그리고 다른 가족들, 그를 격려해 주는 사무실 동료들 식으로 조금씩 사람들을 증가시켜 나갔다. 그 때마다 그는 자신을 느긋하고 매력적이며 더욱 능력있는 강사로 상상하게 되었고, 우리는 즐거움과 편안함, 느긋함과 같은 감정들도 첨가시켰다. 여러 번의 상담이 필요하긴 했지만, 결국 톰은 강당을 가득 채운 많은 관중들 앞에서 강연하면서 그 강연을 즐기는 자신을 상상할 수 있게까지 되었다!

그는 자기 사무실에서도 이 심상 훈련을 했고, 매일 밤마다 집에서 들을 수 있도록 테이프도 함께 만들었다. 그리고 약 6개월이 지나서 톰은 드디어 실전에 임하게 되었다. 700명이나 되는 사람들 앞에서 연설을 하기로 일정이 잡혔는데, 평소의 회의보다 적어도 70배가 넘는 사람들이었다. 톰은 긴장되는 한편 흥분되기도 했다. 계속해서 미소를 짓고 긴장을 풀고 심호흡을 하면서 부정적인 이미지를 해소하고, 즐거움과 편안함과 성공의 새로운 감정들로 대체했다. 자신도 깨닫지 못하는 사이에 그는 다른 종류의 신경 펩티드를 생산하고, 완전히 다른 감정들로 새로운 신경회로망에 접근하고 있었다.

톰의 강연은 대성공이었다. 그는 느긋하고 재미있게 강연을 이끌었고, 작은 회의실에서 발표할 때도 필요했던 진정제는 더 이상 필요하지도 않았다. 그는 승진했고, 그에 따라 월급도 엄청나게 올랐으며, 회사의 주식 매입 선택권도 갖게 되었다. 그리고 계속해서 더 높이 승진했다! 지금 그는 수천 명의 사람들 앞에서 아무런 두려움 없이 세미나를 진행하고 있다. 톰은 자신의 자아 이미지를 바꿈으로써 새로운 의식과 신체적 반응을 불러일으키고, 마침내는 새로운 현실마저 창조하게 되었던 것이다.

어떤 문제에 당면하든지, 그리고 어떤 부정적인 자아 이미지가 당신을 괴롭히며 따라다니든지 그것들은 바꿀 수 있다. 지금 당신이 부여잡고 있는 자아 이미지는 당신이 경험한 과거의 한 부분을 대변할 뿐, 당신의 진실이나 미래를 보여주는 것은 아니다. 그 이미지에 익숙하기 때문에 그것이 정확한 것처럼 보이거나, 강한 감정들이 내재되어 있기 때문에 저항할 수 없는 것처럼 보일지도 모른다. 하지만 이 거짓된 가정들 때문에 포기할 수는 없다.

8장에서 이야기한 포기의 힘을 이용해서 당신을 제한하는 모든 것들을 버리고, 의식과 선택의 힘을 이용해 새롭고 강한 자신의 이미지를 재창조하라. 다음의 조사 내용을 통해 당신의 부정적인 자아 이미지를 파악하고 그것을 해소하라. 이 새로운 그림들이 당신에게 있어 새롭고 신나고 성공적인 현실이 될 때까지 이 과정을 계속하라.

자아 이미지 바꾸기

지금 당신이 갖고 있는 자신에 대한 이미지의 목록을 작성하는 것으로 시작하라. 그리고 다음에는 그 각각의 이미지가 부정적인지 아니면 긍정적인지 결정하라. 당신을 기분 좋게 하면 긍정적이고, 그렇지 않으면 부정적이다. 예를 들어, '골프를 잘 한다'는 긍정적, '체중 과다'는 부정적, '친절하다'는 긍정적, '술을 많이 마신다'는 부정적이다. 더 많은 이미지를 첨가하고, 각 이미지마다 다음처럼 단계별로 따라 하라.

- 당신 목록에 있는 모든 부정적 이미지에 대해 그에 상응하는 비관적인 결과나 믿음을 써라. 예를 들면, '나는 너무 뚱뚱해서 절대로 살을 빼지 못할 거야. 사람들은 뚱뚱한 사람들을 싫어하니까 나는 절대 성공하지 못해.'

- 각각의 결론마다 그것을 해소하는 몇 가지 다짐을 써라. 예를 들면, '내 몸무게에 관한 모든 이미지와 비판을 해소할 거야. 나를 있는 그대로 받아들일 자격이 있어. 건강하고 강인하고 매력적인 나로 새로운 그림을 그리는 거야.'

- 새롭고 긍정적인 각각의 이미지를 화려함과 행복함으로 자세히 생생하게 묘사하라. 예를 들면, '옷을 예쁘게 입은, 그 어느 때보다도 아름다운 나 자신을 상상하는 거야. 멋지게 차려 입고, 더 건강해 보이기도 하잖아. 항상 웃고 행복하고 자신감 있는 나를 상상해야 해.'

- 당신의 새로운 이미지를 상상하라. 긴장을 풀기 위해 우선 심호흡을 몇 번 하고, 당신의 새로운 모습을 기쁜 마음으로 자세히 상상하라. 모든 것을 가능한 한 가장 밝고 뚜렷하게 상상해야 한다. 그 이미지를 가까이 두고, 다양하게 채색하라. 긴장을 풀고 심호흡을 하면서 그 이미지를 더 가까이 하라. 미소를 지으며, '재미있는, 아름다운, 강한, 즐거운'과 같

은 밝은 감정을 묘사하는 말들을 이미지에 덧붙여라.

- 이 긍정적인 이미지를 하루에 적어도 5~10분 동안 반복해서 체험하라. 이 이미지를 가까이 두고, 당신에게 더 익숙해지게 만들어라. 이 이미지가 진정한 당신의 실체를 대변한다는 것을 깨달아야 한다. 새로운 셀프 이미지와 사랑이 넘치는 감정은 모든 면에서 당신 인생에 자신감과 더 큰 행복과 더 성공적인 결과를 가져다줄 것이다.

어떻게 당신 자신을 지각하고, 정의하고, 상상할 것인지 결정할 수 있는 사람은 당신뿐이다. 당신이 갖는 낡고 부정적인 결론들은 과거의 경험에서 온 것일 뿐, 지금은 새로운 결론을 창조할 수 있다. 이제 당신은 자신을 완전히 재창조할 수 있는 새로운 기회를 얻을 수 있다. 끌어당김의 법칙에 의해, 세상은 당신이 스스로를 보는 것과 똑같은 방식으로 당신을 판단한다. 이제 오래된 자아비판을 멈추고 자신을 새롭게 높이 평가할 시간이다.

자신에 대한 지각과 자아 이미지를 바꿈으로써 자신을 높이 평가할 수 있고, 의식의 변화를 완성할 수도 있다. 자신을 소중하고, 능력 있고, 자격 있는 사람으로 생각할 때, 눈부신 새로운 현실을 창조할 수 있다. 당신은 매 순간마다 자신을 다르게 상상하고, 새로운 이미지를 받아들이며, 진동하는 자력 에너지를 발산할 수 있는 선택의 기회가 있다. 항상 자신감을 선택하라. 모든 면에서 자신을 소중하게 생각하면, 놀라운 미래를 향해 자신감 있게 나아갈 수 있다.

카리스마 있는 자신감을 갖기 위한 다짐

- 나 자신을 더 높이 평가하기로 선택한다. 스스로를 높이 평가할 자격이 내게 있다는 것을 깨닫는다.

- 부드럽고 다정한 목소리로 매일 나 자신에게 다짐한다.

- 나 자신을 믿는다. 나의 소중함과 가치를 믿는다.

- 내 인생과 스스로를 사랑하는 나의 에너지를 사랑한다. 나는 지금 내 모습 그대로도 매우 소중하고 특별하다.

- 내 자신에 관해 최선의 것들만 믿기로 선택한다. 아무 조건 없이 나를 사랑하고 받아들이는 방법을 배운다. 나는 내가 원하는 것을 창조하기 위해 필요한 모든 것들을 갖고 있다.

낙관주의 에너지

성공으로 이끄는 두 번째 에너지

> "……당신이 이루고자 하는 것이 이미 존재한다고 생각하라.
> 그러면 당신이 정당하게 원하는 모든 것이 당신의 것이 된다."
>
> — 로버트 콜리어

두 번째로 중요한 자력 에너지는 낙관주의이다. 낙관주의는 상황을 긍정적으로 생각하는 태도로, 모든 것이 잘될 것이라고 기대하는 전반적인 믿음이다. 이것은 14장의 주제인 자신감과도 밀접하게 연관되어 있는데, 낙관적인 사람이 자신감을 갖기가 훨씬 쉽고, 자신감 있는 사람이 낙관적이기가 훨씬 쉽기 때문이다. 둘 중의 어느 한 가지에 집중하면, 나머지 한 가지는 저절로 함께 강화된다.

낙관주의를 충전해 주는 특별한 에너지가 있는데, 현재 어떤 일이 일어나고 있든 상관없이 이 세상이 당신에게 좋은 것들을 줄 것이라고 믿는 굳은 확신이 그것이다. 이 희망적인 기대는 당신 의식 파이(PIE)의 중요한 부분이기도 하다. 긍정적인 기대는 역동적이고 창조적인 의식을 발산하기 때문이다. 긍정적인 전망을 가지면 희망사항을 현실로 만들고, 우주의 축복을 끌어당기는 아름다운 진동 에너지도 생산할 수 있다.

두려움 속으로 걸어 들어갈 것인가, 희망 속으로 흘러 들어갈 것인가

비관주의자들이 미처 깨닫지 못하고 있을지라도, 그들의 의식은 걱정으로 가득차 있다. 그들은 두려움과 부정적인 기대에 완전히 사로잡혀서 상황을 달리 생각할 수도 있다는 사실을 종종 잊어버린다.

하지만 낙관주의자는 자신의 걱정 패턴을 의식한다. 그 패턴이 걷잡을 수 없는 상황이 되면, 이를 통제하기 위해 의식적인 선택을 한다. 그는 이렇게 생각한다. '만약 모든 것이 다 잘 되면 어떻게 될까?' 하지만 비관적인 사람은 '만약 모든 것이 잘못되면 어떡하지?' 하고 고민한다.

스스로의 비관적인 에너지에 의해 그 기대가 저절로 이루어져서 현실이 된다. 모든 정신적·감정적 패턴이 그렇듯이, 당신 자신의 공명이 그에 부합하는 진동을 우주로부터 끌어당긴다. 비관주의자는 최악을 가정하며 두려움과 의심의 에너지를 생산하고, 비관적으로 생각하면서 결국은 자신이 두려워했던 바로 그 결과를 어쩔 수 없이 스스로 만들어낸다. 눈 깜짝할 사이에 이런 악순환에 걸려들 수 있다. 걱정은 실패를 낳고, 실패는 더 많은 걱정을 만들어낸다. 이런 식으로, 두려움은 해결과 성공을 창조하는 에너지를 완전히 가로막게 된다.

✸ 반면에, 낙관론은 더 희망적인 기대를 영구화시키면서 긍정적인 결과를 가져온다. 설사 목표가 다소 늦게 성취된다 해도, 낙천적인 태도는 평생 동안 지속될 수 있는 종류의 행복을 창조

한다. 어떤 일이 일어나든 상관없이 진정한 낙천주의를 갖고 있으면, 희망과 긍정적인 기대로 우주가 개인의 목표를 실천해 주는 신비한 흐름에 스스로를 맡길 수 있다.

이 두 가지 중 어떤 종류의 태도로 생활하고 싶은가? 두려움으로 살고 있는가, 아니면 유동적으로 살고 있는가? 다음 표를 통해 당신이 비관적인 사람인지, 낙관적인 사람인지 판가름할 수 있다.

비관주의	낙관주의
대부분의 시간을 두려워하고 걱정한다.	전체적으로 현재에 만족하고 미래에 대해서도 믿음을 가진다.
좋지 못한 일이 생기면, 그 때문에 인생이 바뀌고 돌이킬 수 없게 된다고 생각한다.	각 문제를 개별적으로 분리시켜서 일시적인 사건으로 생각한다.
자신을 아무 것도 해결할 수 없는 무능력한 사람으로 생각한다.	감당할 수 있는 해결책을 찾고 행동을 취한다.
더 긴장하고 안절부절 하며 불편해 한다.	더 자발적이고 더 많은 재미를 찾으려고 한다.
덜 실천하는 대신 더 탐닉하고 습관적으로 된다.	더욱 균형적이고 활기차며 사회적으로 된다.
외부 상황에 의해 쉽게 좌절하고, 새로운 문제가 생길 때마다 더 심하게 좌절한다.	단기적으로 좌절할 수도 있지만, 쉽게 극복하고 전진해 나간다. 과거는 과거로 생각한다.

이 표를 통해서도 오른쪽의 행동양식들이 심리적으로 훨씬 더 안정되어 있다는 것을 쉽게 알 수 있지만, 이런 태도를 수용해야 하는 또 다른 이유들도 많다. 낙천적인 사람들이 병에 걸릴 확률이 낮고, 또 병에 걸린다 해도 회복이 훨씬 빠르다는 사실을 보여주는 연구들이 있다. 이들은 평균 수명도 길고 심각한 질병에 걸리는 비율도 낮다. 80세 이상의 고령자들을 대상으로 한 최근의 한 연구는, 새로운 미래를 기대하면서 상처와 패배에

서 빨리 회복할 수 있는 능력이 장수의 가장 큰 비결이라고 말한다.

　이제까지 이야기한 모든 물리적·심리적 이유 외에도 낙관주의자가 되어야 하는 더 심각한 이유가 있다. 낙관주의가 당신 인생에 가져다주는 에너지와 의식의 변화가 바로 그것이다. 당신이 더 행복해질 뿐만 아니라, 더 많은 긍정적인 사람들을 당신 주변에 끌어당길 수도 있다! 그리고 우주도 놀라운 방법으로 당신을 돕는다. 신성한 낙관주의를 따르면 쉬운 주차 장소를 발견하는 것에서부터 꿈꾸어 오던 일자리를 얻는 것에 이르기까지 좋은 일들이 일어날 확률이 훨씬 많아진다.

비관주의를 극복하라

　낙관주의자가 되려고 결심하는 일이 그리 쉬운 일은 아니지만, 그래도 노력할 가치는 있다. 대부분의 중요한 결심들이 그렇듯이, 이 일도 한 번에 되는 것이 아니고 꾸준히 노력해야 한다. 매일 실천하는 것이 중요하며, 또 그럴 만한 가치도 충분히 있다. 얼마만큼 부정적인 생각에 얽매여 있는가와 상관없이 모든 기회를 이용해서 그 정신적인 감옥에서 빠져나올 수 있는 새로운 방법과 태도를 선택해야 한다.

　이런 태도가 당신이 특히 예민하게 생각하는 어떤 특정한 문제 때문에 생기는 일시적 두려움으로 인한 우울감에서 오는 것이라면, 그것은 다행한 일이다. 하지만 대부분의 비관론자들처럼 습관적으로 부정적인 기대를 갖게 될 수도 있다. 걱정을 많이 하면, 힘든 일이 닥쳐도 쉽게 해결할 수 있을 거라고 생각하는 사람들이 많다. 하지만 준비하기 위해서는 초조함이 아닌 계획이 필요하다. 부정적인 생각에 집중해서는 절대로 긍정적인 결과를 낳을 수 없다. 필요한 것을 준비하고, 부정성을 몰아내기 위해서 공격적으로 대처하라.

걱정이 생길 때마다, 다음 사항들을 질문하면서 어떤 결과가 생길 것인지 자신에게 상기시켜라. 저절로 이런 생각들을 하지 않게 될 때까지, 자주 일지에 적어라.

- 이 부정적인 생각이 어떤 종류의 감정을 창조하는가?

- 이런 생각이 실제로 어떤 문제를 해결할 수 있는가?

- 이런 생각이 나를 명예롭게 하거나, 나에게 어떤 능력을 부여하거나, 어떤 식으로든 나를 편안하게 하는가? 그렇지 않다면, 내가 내릴 수 있는 새로운 결론은 무엇인가?

- 비관론은 어떤 종류의 에너지를 창조하는가? 이런 에너지의 진동으로 평생 살고 싶은가?

- 이런 공명이 어떤 종류의 결과를 만들어낼 것인가?

걱정은 어떤 식으로도 당신을 보호해 주지 않는다. 걱정은 당신의 현재를 더욱 비참하게 하고, 더 많은 골칫거리들을 미래에 만들 뿐이다. 그렇기 때문에 당신의 부정적인 경향을 과감하게 공격해야 한다. 어려운 문제를 경험하거나 좋지 못한 결과가 생길 때에는 시간을 내서 그것들을 일지에 적어라.

당신의 걱정거리를 목록으로 만들고, 그 걱정들을 반박하는 긍정적인 결론들을 써라. 적어도 이렇게는 다짐해야 한다. "일을 너무 크게 만들 필요 없어. 이런 걱정은 하지 않아도 돼. 이렇게 다짐하면 더 좋아. 내게는 힘이 있어. 어떤 일도 해결할 수 있는 능력이 있다고 믿어. 모든 것이 다 잘될 거야."

다짐을 선포하라

다짐하는 일을 무시하는 사람들도 있다. 하지만 앞에서 보았듯이, 다짐은 에너지와 의식을 변화시킬 수 있는 아주 강력한 수단이다. 특히 강력한 자력을 발산하는 데 도움이 된다. 왜냐하면 다짐하는 일은 더 낙관적인 결과를 끌어당기려는 의식적인 의지이기 때문이다. 다짐은 많은 사람들의 생활방식이 되어버린 자연스러운 부정적 생각을 상쇄시킨다. 사실목적의식을 갖고 다짐하지 않으면, 무의식적으로 부정성에 빠지게 될 확률이 높아진다.

이런 이유로 더 긍정적인 생활방식을 다짐하는 일이 절대적으로 중요하다. 다짐은 스스로에게 선택의 여지를 주고, 정신적 · 육체적인 에너지를 변화시키며, 심지어는 새로운 신경회로를 창조해서 더 자연스럽게 낙관적으로 반응하도록 만들어준다.

만약 어려운 상황을 다루거나, 특히 바람직하지 못한 믿음에 빠져 있을때는 당신이 다짐한 것을 연습하라. 부정적 패턴을 바꿀 수 있는 긍정적인 결론을 아낌없이 자신에게 퍼부어라. 부정적인 태도가 바뀔 때까지 하루에도 수백 번씩 자신의 다짐을 반복하라. 어떤 상황이 닥치더라도 거울을 보면서 이렇게 다짐하라. "나는 가치 있는 사람이야. 내 자신을 사랑해. 항상 최선을 기대해. 오늘도 내일도 나는 최선의 결과를 얻을 자격이 있어." 그리고는 거울 속의 자신을 보며 소리내어 이렇게 말하라. "너를 사랑해. 너를 믿어. 너는 행복해질 자격이 있어." 이것은 긍정적이긴 하지만 아무 의미 없는 말을 반복하는 순진한 행위가 절대 아니다.

진정한 다짐은 하나의 생활방식이고, 평온하고 긍정적인 의지이며, 긍정적인 마음가짐으로 하루를 꾸려나갈 수 있게 해주는 인생 철학이다. 이런 태도를 가지면 모든 자력 에너지를 한꺼번에 변화시킬 수 있으며, 명예롭고 감사하는 마음으로 생활할 수 있게 된다.

❀ 다짐은 변화의 시초요, 운명 창조의 시작이다. 의식의 힘이 이렇게 선포한다. 모든 것의 시초는 언어이다. 긍정적인 언어로 시작하라.

스스로 새로운 긍정적인 방법들을 배울 수 있다. 당신 내부의 적을 무찌르기 위해 무슨 일이든지 하라. 그 적은 최선의 결과를 받아들이려고 하지 않는 당신의 '사악한 반쪽'이다. 행동을 멈추고 주의를 다른 데로 돌려라. 부정적인 감정이 생기면, 일단 그 문제에 끼어든 다음 부정적인 감정을 버리고 다짐하라. 모든 비관적인 생각을 해소하도록 억지로라도 노력해야 한다. 우선 그 생각들을 중립적인 것으로 만든 다음, 완전히 낙관적인 것으로 바꾸어라. 그렇게 하면서 시간이 지나면, 긍정적인 가정들만 하게 되어 끝없는 긍정적 결과들이 생길 것이다.

힘든 일이 닥치면, 그것을 해결해야지 거기에 얽매여 스스로를 규제해서는 절대로 안 된다. 비관적으로 생활하면 모순되는 생각과 의지를 창조하게 되고, 그렇게 해서 스스로를 자신의 가장 큰 걸림돌로 만든다. 목표를 이루고 싶어하면서도 여전히 결과에 대해서는 비관적이라면, 여러 가지가 뒤죽박죽인 신호를 우주에 보내는 셈이다. 낙관주의는 절망이 아닌 결단력으로 당신의 꿈을 이루어 준다. 낙관주의는 모순되지 않는 생각, 목표를 향해 매진하는 한 가지 마음, 순수한 의지를 갖는 태도이며, 우주가 반응을 보이는 엄청난 동력이다. 낙관적으로 생활하면, 낙관적인 결과를 성취하게 된다.

넘치는 낙관주의를 위한 다짐

- 어떤 일이 일어나든, 지금부터 나는 낙관적인 것만을 선택한다.

- 나는 느긋하고, 능력이 있다. 내 자신과 미래를 믿는다.

- 나는 자발적이고, 행복하고, 활동적이고, 희망적이며, 흥미있는 일을 좋아한다.

- 무슨 일에서든 나는 두려움을 거부한다. 새로운 태도로 낙관주의를 선택한다.

- 행동하고, 생각하고, 선택하는 모든 일에 있어서 나는 확신 있고 낙관적인 인생을 산다. 나 자신과 나의 가치와 내 인생을 긍정하고 인정한다.

목적에너지

성공으로 이끄는 세 번째 에너지

> "목적은 당신 자신보다 더 강력한 어떤 것이다,
> 목적은 당신이라는 사람을, 당신이 되어야 하는 사람으로 바꾼다."
>
> — 벤저민 얼 테일러 주니어

　당신은 목적을 가지고 살고 있는가? 당신의 선택을 결정하고, 당신을 발전시키는 행동 원칙이나 중심 목표가 있는가? 만약 그렇지 않다면, 당신은 엄청난 시간과 에너지를 소모하고 헛바퀴를 돌리며 계속 엉뚱한 방향으로 움직여서 당신이 선택한 목표에 결코 도달하지 못할 것이다.

　목적의식을 갖고 사는 것과 그렇지 않은 것의 차이는 핀볼과 볼링볼의 차이와도 같다. 목적의식이 없으면, 예상하지 못한 사건들로 인해 앞이 막히고, 이 일에서 저 일로 튕겨 다니다가 결국은 막다른 골목에 빠지게 된다. 핀볼 게임과 비슷한 인생을 살면서 에너지가 분산되고, 그 결과는 운에 따라 결정된다.

　하지만 목적의식이 있으면, 중심이 잡히고 집중력이 생겨 제대로 된 길을 가게 된다. 볼링 게임처럼 당신의 에너지와 인생이 목표를 향해 곧장 똑바로 나아간다. 물론 에너지 게임을 할 때도 옆으로 빠지는 볼을 칠 수는 있다. 하지만 궁극적으로는 당신의 목적 공명이 스트라이크를 치게 될 것이다.

가장 중요한 당신의 목적은 무엇인가? 시간을 갖고 생각해 보라. 만약 그 목적이 일과 관계되는 것이라면 다시 생각하라. 그것은 당신의 '직업적인' 목적일 뿐이기 때문이다. 당신 가족과 관계되는 목적이라 해도 다시 생각해 봐야 한다. 그것은 '개인적인' 목적일 뿐이기 때문이다.

당신의 가장 중요한 목적이 당신 밖에 있는 것이어서는 안 된다. 그것은 당신의 내면적인 인생과 관련된 것이어야 한다. 태어나서 죽을 때까지 전 인생에 걸쳐서 꼭 이루어야 하는 어떤 것이 있다. 큰 집을 갖거나 컨트리클럽에 가입하는 것보다 더 중요하고, 부귀영화보다 더 중요한 무엇이 있다. 세상을 떠날 때 가지고 갈 수 있는 유일한 것, 바로 인격과 영혼의 성장이다.

'가장 중요하다'는 말은 으뜸이라는 뜻이고, 이 뜻은 우리가 갖는 영적인 목적에도 그대로 적용된다. 이것은 우리가 살아가는 가장 우선적인 동기요, 우리가 존재하는 가장 중요한 이유이다. 정확한 이해와 자기 극복과 사랑의 심화는 모두 자아의 정신적인 성숙 과정이며, 우리가 인간으로서 경험하는 가장 의미 있는 행위이다. 이것이 당신 인생의 핵심이 되면, 에너지와 의식에 극적인 변화가 생기고 당신의 다른 목표들도 서로 맞아떨어지게 된다.

당신만이 당신의 영적인 목적을 결정할 수 있으며, 대부분의 사람들은 그 목적이 사랑과 관련되어 있다. 자신이나 다른 사람들을 사랑하는 것을 배우는 것이든, 신이나 우주에 대해 더 큰 열정을 발견하는 것이든, 사랑은 우리의 가장 위대한 교육이다. 일단 사랑에 대해서 배우고 나면, 의식적으로 사랑을 선택해야 한다. 여기에서 효과 확대의 법칙이 영향을 미치게 된다.

미움을 버리고 더 많은 사랑을 포용할수록 더 많은 긍정적인 에너지가 우리 자신을 위해서뿐만 아니라 다른 사람들을 위해서도 이 세상에 확산된다. 나는 이 영적인 목적을 주문처럼 계속 반복하면서 하루를 보낼 때도 있다. "사랑을 선택하라, 사랑을 선택하라, 사랑을 선택하라." 거울 속의 나를 보며 못마땅한 생각이 들면, 그런 생각을 떨치며 이렇게 말한다. "사랑을 선택하라." 직장에서 나를 방해하는 사람이 있으면, 화내는 대신에 심호흡을 하고 이렇게 자신에게 상기시킨다. "사랑을 선택하라." 직장에서 짜증나게 하는 사람이 있으면, 그 사람이 있는 쪽을 보며 이렇게 되풀이한다. "사랑, 사랑, 사랑."

❋ 사랑을 영적인 목적으로 선택하라는 것은 그냥 무의미하게 하는 소리가 아니다. 이것은 강력한 에너지의 선택으로, 무겁고 답답하고 세속적인 진동을 가볍고 유동적이고 아름답고 매력적인 진동으로 바꾸는 과정이다. 그래서 결과적으로 당신의 영적인 목적은 개인적이거나 직업적인 목적으로부터 완전히 분리될 수 없다. 당신의 생활 속에서 더 많은 사랑을 실천할수록 모든 부분에서 당신의 공명이 더욱 찬란하게 빛날 것이다.

나는 나의 목적을 하나로 묶을 수 있고 내가 좋아하는 일을 직업으로 갖게 된 것이 너무도 큰 행운이라고 생각한다. 내가 이 세상에 존재하는 가장 중요하고 영적인 이유는 신의 사랑을 가능한 한 많이 체험하고, 그 사랑을 세상에 전파하는 것이다. 작가로서, 강사로서, 카운슬러로서 사랑을 전파하는 일은 나의 직업적인 목적이 되기도 한다. 그리고 당연히 아내로서, 엄마로서의 나의 개인적인 인생에서도 가장 우선순위를 차지하는 목적이다. 최근 몇 년 동안에 나는 입양을 권장하는 일도 하고 있는데, 이 일은 나에게 특히 더 성취감을 준다. 내 마음에 가장 와 닿는 문제에 사랑의 의지를 집중할 수 있기 때문이다.

많은 사람들이 영적이고 개인적이고 직업적인 목적을 찾기 위해 애쓰고 있다. 하지만 여기에서 목적과 동기를 혼동하는 문제가 생기기도 한다. 매달 집세를 내기 위해 동기를 갖고 열심히 일할 수는 있지만, 그것이 당신 인생의 목적은 아니다. 만약 당신이 다른 사람들과 비슷한 사람이라면, 당신도 종종 눈앞에 있는 당장의 필요에 의해 움직일 때가 있을 것이다. 그리고 때로는 목적이 아닌 필요가 당신 인생의 동력이 되기도 한다.

우주의 법칙과 에너지를 맞추기 위해서는 당신의 목적을 결정하고 그 목적을 명예롭게 하는 것이 매우 중요하다. 당신의 정열을 불태울 수 있는 목적을 갖는 것이 가장 강렬하고 매력적인 인생의 의미이다.

열정과 목적은 힘을 낳는다

정말 놀라울 정도로 많은 사람들이 어떤 구체적인 목표와 행위에 성공하고 싶은지 잘 모르면서 막연히 성공에 대한 환상을 갖는다! 너무 많은 사람들이 돈을 많이 벌고 싶다거나 유명해지고 싶다고 말하지만, 정작 어떻게 해서 그럴 수 있냐고 물으면 아무 생각이 없다. 자신의 목적도 정확히 모르고 목표도 결정되어 있지 않다면, 어떻게 그것들을 달성할 수 있겠는가? 목표 설정에서부터 시작하지 않으면, 당신의 욕망을 현실로 바꿀 수 있는 집중력은 생기지 않는다.

몽상가와 실천가 사이에는 엄청난 차이가 있다. 몽상가는 멋진 차를 운전하거나 이국적인 곳으로 여행을 가는 자신을 상상하지만, 그런 일을 실제로 어떻게 가능하게 할 것인지에 대해서는 아무런 대책이 없다. 그리고 불행하게도, 대책이 없는 이 큰 꿈들은 행동과 에너지의 진공 상태를 창조하여 실질적인 성공은 물론이고 아무것도 이루지 못한다.

수없이 많은 사람들이 자신들의 시시한 직업에 불만을 품은 채 그럭저럭 살면서 로또에 당첨되거나 횡재하기를 바란다. 그들은 갖고 싶은 것을 가질 수 있는 사람들을 시기하고, 이런 시기는 그들의 목적 없음과 결합하여 자신들이 갖고 싶어하는 것들을 오히려 더 밀어내는 우울한 에너지를 생산한다.

하지만 실천가는 이 함정을 안다. 몽상가와 달리 그는 무엇을 추구할 것인가를 결정한다. 여전히 꿈을 갖지만 필연적인 결과에 대해서도 알고, 그 꿈을 이루기 위해 필요한 모든 행동을 취할 준비가 되어 있다. 몽상가처럼 그도 비싼 차를 타고 세계를 일주하는 상상을 한다. 하지만 그의 꿈은 개인적인 목적과 계획, 행동, 실질적인 열정이라는 탄탄한 기초를 갖고 있으며, 이 기초는 에너지를 가속화시킨다. 더 열심히 추구할수록 성공할 확률도 높아진다.

어떻게 하면 인생의 열정과 목적을 발견할 수 있을까? 어린 나이에 자기가 가고 싶은 길을 일찍 발견하는 운이 좋은 사람들도 있다. 그들은 내적인 깨달음이나 천부적인 재능을 동력으로 움직이고, 계속해서 꾸준히 나아가면 경제적으로 보람을 느낄 수 있는 직업을 발견할 수도 있다.

놀라울 정도로 많은 사람들이 자신의 직업을 의식적인 선택이 아닌 횡재나 우연에 의해서 얻는다. 내가 아는 많은 사람들이 열여덟 살쯤 일시적인 것이라고 생각하며 일자리를 구하고 나서 30년이 지난 후에도 똑같은 일을 하고 있다. 만약 정말 운이 좋으면, 그 일을 하면서 기쁨과 성취감을 느낄 수도 있다.

하지만 단순한 우연에 의해 그 직업에 '빠져들게' 된 대부분의 사람들은 그렇게 운이 좋지 않다. 처음에는 그냥 시험삼아 한다고 시작했다가 수년이 지난 지금도 좋든 싫든 그냥 그 일을 하고 있다. 현재의 상태를 유지하기 위해 오히려 꿈을 버리면서 익숙함을 선택한다. 그리고 눈에 보이는 이 편안함은 상당히 유혹적인 것이어서, 설사 당신이 행복하지 않다 하더라도 당신을 묶어 놓기에 충분하다. 생활할 수 있을 만큼의 충분한 돈을 벌 때는 특히 더 유혹적이다. 그래서 당신은 수입과 습관이 결합된 불행한 함정에 빠져들게 되는 것이다.

이 함정은 두려움이며, 이 두려움은 무쇠로 된 이빨처럼 당신의 희망과 상상력을 물어뜯어 놓는다. 좋아하지 않는 일을 하면서 충분한 돈을 벌면, 좋아하는 일을 하기 위해 직업을 바꾸었다가 그만큼의 돈을 벌지 못할까봐 두려움이 생기고, 이 두려움 때문에 함정의 문이 굳게 닫히게 된다. 돈이 당신을 행복하게 해줄 것이라고 생각하며, 그 돈을 벌기 위해 하기 싫은 일을 하면서 행복을 포기하는 모순이 생기는 것이다! 경제적으로 닭이 먼저냐 계란이 먼저냐 하는 문제가 사람들을 수 년, 수십 년, 혹은 평생동안 이 궁지에 몰아넣는다. '지금 새로운 어떤 일을 시작하면, 절대 성공하지 못할 거야. 이 일을 너무 오랫동안 해 왔기 때문에 새로운 일을 시작하기에는 너무 늦었어.'라고 그들은 생각한다.

하지만 당신의 정열을 불태울 수 있는 목적을 발견하고, 좋아하는 일을 추구하는 데 있어서 너무 늦은 때란 없다. 사실, 당신이 분노를 느끼는 분야나 혐오감을 느끼는 직업에서 진정한 성공을 이룬다는 것은 현실적으로 불가능하다. 이런 종류의 감정이 갖는 공명 주파수는 너무도 불쾌한 것이기 때문에 인생에 기쁨을 주는 어떤 것도 끌어당기지 못한다.

반면에, 열정은 순수 욕망의 법칙의 기본적인 에너지원이 되는 흥분이라는 요소를 첨가해 주기 때문에 성공의 촉매제가 된다. 그 열정 없이는, 성공의 우주 법칙을 가동시키기 위해 필요한 만큼의 흥분을 창조할 수 없다. 하지만 열정이 있으면, 흥분 에너지가 당신을 계속 행동하게 하고, 에너지장에도 놀라운 반응을 일으킨다.

❀ 성공일지

당신의 목적을 결정하고, 당신의 정열에 불을 붙여 줄 목표와 행동들을 정확히 파악하는 데 도움이 될 몇 가지 비결이 아래에 있다. 시간을 내서 다음 훈련들을 일지에 적어 연습하고, 각각의 사항들에 대해 진지하게 생각해 보라. 그리고 당신의 개인적이고 직업적인 목적이 당신이라는 개인을 표현한다는 사실을 기억하라.

이 목적은 당신의 관심과 공명하고, 당신이 좋아하는 것들이어야 한다.

- 당신을 남들과 다른 독특한 사람으로 만드는 것들의 목록을 작성하라. 당신이 좋아하는 행위들뿐만 아니라, 개인적인 관심도 포함시켜라(예를 들면, 정치에 관심이 있다든지, 야구와 승마를 좋아한다든지).

- 이제 이 목록을 훑어보며, 당신이 관심을 가질 수 있는 모든 취미와 목표와 행동들을 적어라. 만약 확신이 없으면, 조사해 보라.

- 당신의 대답에 대해 생각해 보라. 이 중의 어떤 것을 추구하는 것이 당신의 직업적인 목적이 될 수 있는가? 어떤 것이 당신의 정열을 가장 잘 불태울 수 있는가?

진정한 만족감을 얻기 위해서는 당신의 목적이 당신 자신의 가치를 반영하는 것이라야 한다. 만약 이것이 당신의 중심적인 믿음과 어긋나면, 당신은 계속해서 불균형을 느낄 것이고 심지어는 거짓된 인생을 사는 것처럼 느낄 수도 있다. 이것은 당신의 에너지에 완전한 독이 되고, 이런 상태에서는 결코 진정으로 행복해질 수 없다. 이 점을 명심하면서, 다음 단계로 진행하라.

- 당신이 가장 소중하게 생각하는 것들의 목록을 만들어라. 그 목록에 돈이 포함되어도 되지만, 돈에 당신의 목록을 제한해서는 안 된다. 어떤 항목들은 앞의 목록에 이미 포함되어 있을 수도 있다(예를 들면, 가족이나 친구와 보내는 시간, 야외 활동, 종교나 다른 영적 추구).

- 어떤 개인적이거나 직업적인 목적이 이런 가치들을 우선으로 하는 데 도움이 되겠는가?

- 이 목적을 당신의 일상적인 생활의 일부로 만들기 위해 무엇이 필요한가?

이 질문들은 당신의 인생을 바꾸어 놓을 수 있을 만큼 중요하다. 진정한 인생의 성공을 경험하고 싶으면 이 질문들에 정직하게 대답해야 한다. 이 에너지는 순수 욕망의 법칙에 필요한 가장 자력이 강한 에너지 중의 하나이다. 왜냐하면, 자신의 개인적인 목적에 맞추어 생활하면 아주 역동적이고 매력적인 진동이 발산되기 때문이다. 사실, 낙관주의와 함께 목적은 열정적인 인생을 창조하는 주요 구성 성분이다. 낙관주의와 목적의 결합은 당신의 인력에 추진력을 불어넣어 주고, 개인적인 만족감을 주는 가장 중요한 원천이다.

당신의 목적과 직업이 조화를 이룰 때, 당신은 다음과 같은 느낌을 갖게 된다. '바로 이게 나야. 이게 바로 내가 해야 하는 일이야.' 당신의 전망을 볼 수 있고 이런 식으로 생각할 수 있으면, 아주 중요한 의미에서 당신은 이미 성공한 것이다.

강력한 목적을 갖기 위한 다짐

• 행복하고 희망적으로 사는 것이 나의 목적이다.

• 나는 항상 모든 것을 사랑하고 이해하며, 할 수 있는 한 자제력을 갖기 위해 노력한다.

• 열정과 주관적인 힘으로 생활한다. 매일 내 자신을 스스로 책임지며 행동한다.

• 나는 절제된 생활을 한다. 목표에 중심을 두고 집중한다. 내게는 목적이 있다.

• 행복하게 사는 것은 안전한 선택이다. 내 영혼을 명예롭게 하는 선택을 한다.

현재에너지

성공으로 이끄는 네 번째 에너지

> *"항상 존재하고 영원한 것은 지금이라는 개념뿐이다.*
> *지금은 하나뿐이고, 항상 똑같다.*
> *오직 현재만이 끝없이 무한하다."*
>
> — 어윈 슈뢰딩거

"오늘은 선물(present)이다. 그래서 사람들은 오늘을 현재(present)라고 부른다."라는 속담이 있다. 깜찍하게 들리는 재치 있는 말이기도 하지만, 이 속담이 갖는 에너지의 진리를 살펴보는 것도 매우 중요하다. 에너지적으로, 살아 숨 쉬는 모든 순간에 우리는 현실을 창조한다. 사실, 의식 창조의 관점에서 볼 때, 이것이 현실을 창조하는 유일한 방법이다. 그래서 매 순간이 그렇게 소중하고, 선물이 되는 것이다.

현재는 우리에게 새로운 방법을 선택할 수 있는 기회를 열어 주는 창이며, 이런 기회를 통해서 우리는 인생을 바꿀 수 있다. 이것이 현재의 놀라운 자력 에너지요, 우리의 미래를 바꾸는 파워이다. 1초 1초는 우주가 우리에게 주는 소중한 선물이다.

하지만 우리는 많은 순간들을 무심히 낭비한다. 너무 바빠서 노을이 주는 아름다운 축복을 즐기지 못한다. 잠시나마 긴장을 풀고 느긋해지라고 우주가 선물을 주지만, 우리는 걱정하느라 그 선물을 받아 챙기지 못하고 내팽개친다. 친구들과 재미있는 시간을 보낼 좋은 기회가 될 수도 있는데, 직장이나 다른 일들 때문에 정신이 없어서 그 기회도 던져 버린다. 만약 어떤 사람에게 선물을 계속 보내는데, 그 사람이 받지 않고 내다 버린다면 당신은 어떻게 하겠는가? 당연히 더 이상 선물을 보내지 않을 것이다!

우리가 낭비하는 모든 순간들은 바로 이렇게 선물을 거부하는 행위이며, 우리 스스로의 인생을 무참하게 포기하는 것이나 다름없다. 그러면 우주도 우리의 욕망을 무시하는 반응을 하게 된다. 하지만 만일 우리가 매 순간의 가치를 인정하고, 우리에게 주어지는 아름다움과 고상함과 풍부함을 볼 수 있다면, 지금 바로 우리의 에너지를 극적으로 바꾸고 미래의 결과까지도 바꿀 수 있을 것이다.

우리는 미래에 대한 걱정과 힘들었던 과거에 집착하면서 엉뚱한 곳에다 시간을 소비한다. 만약 계속해서 과거를 고민하고 미래를 걱정하면서 시간을 보낸다면 어떤 일이 생길까? 현재의 가능성이 갖는 힘을 잃게 될 것이다. 우리의 마음이 정신없이 앞뒤로 뛰어다니면, 정신적으로도 감정적으로도 제대로 된 에너지 행동을 취할 수 없게 된다.

현재라는 항해자

자신의 현재가 완전히 주목할 만큼 특별한 가치가 없다고 생각하기 때문에 현재에 머물고 싶지 않은 사람들도 종종 있다. 이런 경우에는 더 나은 무엇인가가 나타나기를 기다리며, 시간을 때우는 태도를 갖게 된다. 정말 우리 인생을 행복하고 특별하게 해주는 사건들이 어쩌다가 한 번씩 생기기는 하지만, 대부분은 보잘것없고 일상적인 행위가 연속적으로 계속되는 과정이 바로 인생이라고 생각한다. 그들은 며칠 안 되는 그런 특별한 날이 오기를 기다리면서, 주변에서 일어나는 일들을 지루함과 무관심, 심지어는 분노와 불쾌감으로 바라보면서 살아간다.

나는 이런 경우를 도중하차의 정신 상태라고 부르는데, 이런 사고방식으로는 일상생활의 정열과 행복을 발견하지 못한다. 정체 상태에서 일시적으로 벗어날 수 있는 기회가 될지도 모를 뜬구름 같은 특별한 사건이 일어나기를 기다리며 도중하차하는 사람들도 있고, 일상적인 생활에서 한 번도 행복하다고 생각하지 않는 사람들도 있다. 그러면서 성급해지고, 짜증내고, 지루해 한다.

불행하게도 수많은 사람들이 이런 식으로 세상을 살면서 뭔가 더 나은 일이 생길 때까지 그냥 앉아서 기다리고 있다. 그리고 이것이 습관적인 생활태도가 되어, 오랫동안 심지어는 수십 년씩 인생을 무거운 짐으로 생각하면서 살 수도 있다.

이런 태도는 어떤 종류의 의식을 창조하고, 이런 의식은 어떤 종류의 현실을 창조하는 것일까? 당신이 계속해서 인생의 중요한 부분을 무시하고 평가절하하면, 당신에게 돌아오는 것 또한 무시와 몰이해뿐이다. 당신의 현재를 무시하는 것은 말 그대로 당신의 존재 자체를 제대로 의식하지 않는 것이다!

스스로에게 이렇게 물어야 한다. "얼마나 자주 좋은 날이 올 때까지 기다리며 그냥 습관적으로 산다고 느끼는가?" 어떤 행동을 하고 있는가와 상관없이, 당신이 처해 있는 현재의 가치를 평가하고 긍정적인 에너지를 창조하는 것은 당신의 선택이다. 제대로 된 평가와 현재라는 두 개의 자기 진동이 만나면, 바로 이 순간부터 모든 것을 바꿀 수 있는 엄청난 에너지의 소용돌이를 일으킬 수 있다. 이 순간은 다른 곳으로 가는 길에 잠시 멈춘 의미 없는 도중하차가 아니라, 그 자체로서 이미 실질적인 목적지이다. 그리고 이 목적지는 당신이 와서 가동시켜 주기를 기다리는 있는 당신의 에너지 발전소이다!

❀ 새롭게 사물을 파악하는 새로운 지각 방식으로 현재의 모든 순간을 지각하면, 당신의 에너지 생산을 바꿀 수 있다. 명예와 사랑과 기쁨이 넘치는 관점을 선택하면, 그 시간을 당신의 모든 파워로 한꺼번에 충전하게 된다. 무슨 일을 하든, 심지어는 출근하기 위해 운전을 하거나 집안일을 하는 것 같은 극히 일상적인 일에서조차도 지금 당장 이 가치를 선택할 수 있다. 지금 이 순간은 정말 특별한 순간이다. 에너지의 세계로 들어가는 문턱이며, 확실한 기회를 잡을 수 있는 유일한 순간이다.

오래 전, 루이스 헤이의 정말 훌륭하고 확실한 한마디를 들었다. "힘의 중심은 항상 현재에 있다……." 에너지와 의식 창조의 과학을 공부하다 보면, 이 말이 절대적으로 맞다는 사실을 깨닫게 된다. 과거는 수정할 수 없고, 미래는 확신할 수 없다. 현실적이고 에너지적인 어떤 행동을 취할 수 있는 유일한 시간은 바로 지금뿐이다. 과거에 집착하고 미래를 걱정하면서 시간을 보내는 것은 당신이 원하는 종류의 행동이 아니다.

이런 재미있는 속담이 있다. "만약 한 발을 과거에 두고 다른 발은 미래에 둔다면, 당신이 할 수 있는 유일한 일은 현재를 망치는 일뿐이다!"

정말 이런 식으로 당신의 힘을 소모하고 싶은가? 현재에 충실하면 다른 어떤 것도 걱정할 필요가 없다. 가치와 낙관주의와 감사라는 에너지를 현재에 투입하면, 나머지는 마술처럼 저절로 해결되기 때문이다. 당신에게 활력을 주는 에너지의 원천은 바로 시간이다. 시간에 대해 진지하게 생각해야 한다.

우주의 법칙들은 현재의 인생에 대한 당신의 태도에 직접적으로 반응한다. 내일에 대한 걱정을 멈추고 바로 지금 당신이 얻고자 하는 행복에 충실하면, 당신이 찾는 미래를 보장받을 수 있다. 그러니 당신을 즐겁게 해줄 어떤 '특별한' 일이 일어나기를 기다리지 마라. 생활의 질은 특별한 활동이나 쾌락의 추구 또는 소망의 성취에 의해서 결정되는 것이 아니라, 당신의 태도와 의지에 의해 결정된다. 당신이 기대하는 것을 의식하기만 해서는 안 된다. 그것에 가치도 두어야 한다.

현재에 충실할 것인가 아니면 다른 것을 생각할 것인가 하는 인생의 태도를 결정하는 것은 선택의 힘이라는 것을 명심하라. 만약 미래에 대해 두려움을 느끼면, 두려움을 버리고 믿음을 선택할 수 있다고 스스로에게 다짐하라. 만약 과거에 집착하고 있다면, 그 집착도 버리고 당신의 힘을 지금 이 순간으로 복귀시켜라. 현재에 충실한 것은 절대적인 신뢰의 표현이며, 지금 이 순간에 기쁨을 찾는 것은 미래의 무한한 기쁨이라는 샘의 수맥을 찾기 시작하는 것이다.

조금이라도 이 순간의 가치에 의심을 갖게 되면, 당신이 갖게 될 결과의 가치도 파괴된다. 그러므로 언젠가는 행복해질 것이라고 생각하며 지금 행복해질 수 있는 기회를 놓치고 기다리느라 인생을 낭비하지 않도록 하라. 지금 당장 자신의 의지와 태도를 통제하고, 현재를 즐겁게 살 것을 의도하라. 소중하게 생각하고 감사하는 마음을 인생의 중심에 두어라. 그리고 평화를 위한 당신의 가능성을 한순간도 더 미루지 마라.

당신의 현재 에너지를 이해하기 위해서 성공일지에 다음 질문들에 대한 답을 써라. 그리고 자주 이 훈련을 하라. 상황이 좋지 않다고 느껴질 때 특히 더 열심히 훈련하라.

- 최근 나는 어떤 종류의 에너지를 창조하고 있는가?

- 지금 나는 어떤 종류의 생각과 감정에 관여하고 있는가?

- 현재 내가 하고 있는 활동들을 가치 있게 생각하는가, 아니면 괴로운 것으로 생각하는가?

- 이 생각이 창조할 수 있는 에너지적 결과는 무엇인가?

- 어떤 종류의 결론을 가지면, 지금의 상황을 다르게 받아들이고 태도와 감정을 바꿀 수 있는가?

- 나 자신이나 내 경험에 대해 지금 당장 확신하고 진가를 확인할 수 있는 방법은 무엇인가?

나중에—어쩌면 훨씬 더 나중에—진짜 인생이 시작될 것이라고 기다리는 대신에, 오늘 당장 진정으로 감사하고 행복한 마음을 체험하기 위해 무슨 일이든지 기꺼이 할 각오가 되어 있는가? 당신이 미처 깨닫지 못하고 있는지도 모르지만, 지금—지금 당장—이 당신 인생의 가장 위대한 순간이다. 지금은 창조와 기회의 순간이고, 행복한 미래의 에너지 씨앗을 심는 순간이다. 과거로 돌아가서 이런 일이 일어나게 할 수도 없고, 현재를 뛰어넘어 미래에서 실천할 수도 없다. 사실, 나중에 성취하고 싶은 행복을 보증하는 가장 좋은 방법은 지금 행복을 경험하는 것이다.

지금 이 순간을 이용해서 당신의 의식과 에너지와 의도와 행동과 태도를 바꾸는 것이, 찬란한 내일을 창조하기 위해 당신이 할 수 있는 전부이다. 자아의 힘은 가장 단순한 순간에 발견된다. 모든 순간순간이 당신을 결정한다. 스스로에게 이렇게 물어라. "지금 나는 무엇을 선택하는가? 그리고 지금은?" 지금이 통제권을 되찾을 완벽하고 유일한 시간이다. 자신을 속이지 마라. 진정으로 당신은 할 수 있다. 이미 당신에게 그 힘이 있다. 그러니 당신 자신에게 현재를 선물하라!

강력한 현재를 위한 다짐

- 항상 시간을 내서 현재의 순간이 갖는 가치와 현재의 모든 행동이 갖는 기회를 인식한다.

- 바로 지금 이 순간에 내 인생의 기념비적인 일이 일어난다. 나는 내 인생을 위하여 최선을 다해 살 것을 선택한다.

- 지금 당장 즐거움을 찾고 내가 하는 모든 일에서 기쁨을 창조하기 위해 행동한다.

- 오늘은 새로운 하루이고, 새로운 기회이다. 나는 지금 바로 새로운 태도를 수용할 수 있다.

- 나는 현재를 즐기고 미래를 믿는다. 매일 창조할 수 있는 모험으로 내 인생을 생각한다.

- 미래에 대해 걱정하고 과거에 집착하는 마음을 버린다. 지금부터 나는 오직 현재에만 집중한다.

감사에너지

성공으로 이끄는 다섯 번째 에너지

> "본질적인 특성상 우리 마음은 우리가 좋아하는 것들을 더 많이 만들어낸다.
> 우리가 좋아하고 감사하는 것에 반응해서 전체적인 창조가 이루어지는 것이다."
> — 찰스 필모어

다섯 번째 역동적인 자력 에너지는 개인적인 장에서 가장 가치 있는 진동 중의 하나이다. 이것은 감사하는 마음으로 살고자 하는 의도이고, 우리 내부와 주변의 가치를 의식적으로 인정하며, 우리가 이미 갖고 있는 모든 좋은 것들을 기꺼운 마음으로 깨닫고, 이런 태도로 인생의 모든 것을 경험하고자 하는 욕구이다. 하지만 진정으로 이런 진동을 창조하기 위해서는, 바로 지금 당신의 일상생활이 깨달음과 감사함이라는 태도와 공명을 이루어야 한다. 이것은 단순히 이상적인 환상이 아니라, 에너지적 관점에서의 필수적인 과정이다. 진정한 기쁨은 감사하는 마음에서 생기는 것이기 때문이다.

감사하는 마음 없이는 진정한 기쁨을 경험할 수 없다. 행복했던 시간들을 생각해 보라. 어디에 있었는지, 무엇을 하고 있었는지, 누구와 함께 있었는지 생각해 보라. 잠시 멈추고, 그때의 좋았던 시간으로 돌아가라. 마음에 다시 떠오르는 기쁨을 느끼며 입가에 미소도 머금어라. 이 추억들을 생각하면서 스스로에게 이렇게 물어라. "그때마다 나는 무엇에 감사하고 있었는가?"

❀ 스스로 깨닫든 깨닫지 못하든, 당신이 행복을 경험하는 모든 순간의 이면에는 항상 감사하는 마음이 있다. 어떤 일로 신이 나 있는가와 상관없이, 행복함은 당신이 무엇인가에 감사하고 있다는 것을 의미한다. 그 공명을 더 많이 느낄수록 당신의 인생이 더 행복해진다. 그리고 끌어당김의 법칙에 의해 감사의 에너지는 더 많이 감사할 일을 당신의 미래에로 끌어당긴다.

이것은 진정으로 힘을 주고, 자유롭게 해주는 깨달음이다. 먼 미래의 어느 막연한 시기에 올지도 모를 행복을 기다리지 않아도 되기 때문이다. 행복을 느끼기 위해 더 많은 돈이나 새로운 사랑, 더 큰 집, 더 나은 직업과 같은 것에 의존하지 않아도 된다. 지금 이런 감사하는 마음을 경험하기로 선택할 수 있다. 그리고 이 감사함을 진정으로 느끼기로 결정하면, 당신의 일상생활에 행복을 가져올 수 있다.

이것은 당신의 에너지와 의식 창조에 있어서 아주 중요한 사항이다. 나중에 목표가 달성되면 행복해질 것이라고 생각하면서 그 목표를 추구할 수도 있다. 하지만 이런 태도로는 현재를 즐겁게 살 수 없다. 하지만 진정한 감사의 마음으로 사물을 보면서 생활하면, 당신이 찾고 있는 행복을 지금 당장 창조할 수 있을 뿐만 아니라, 미래에도 더 즐거운 결과를 가져올 수 있게 된다.

당신은 어떤 상태에서 왔는가?

우리의 감정적인 삶을 살펴보면, 하루는 행복했다가 다음 날은 우울하고, 한순간은 신이 났다가 다음 순간은 걱정하는 식으로, 감정이 이 상태에서 저 상태로 옮겨다니는 경향을 발견할 수 있다. 우리의 심리 상태는 너무 쉽게 외부 환경의 영향을 받고, 대부분은 긍정적인 영향보다는 부정적인 영향에 더 민감하게 반응한다. 가끔은 너무 쉽게 두려움에 빠지고, 정말 사소한 일로 짜증을 낼 때도 있다. 하지만 이런 감정적 변화의 밑바닥에 존재하는 것은 무엇인가?

앞에서 보았듯이, 행복이라는 모든 감정의 바닥에는 감사하는 마음이 있다. 반대로, 모든 부정적인 감정도 마찬가지로 그 이면에는 일종의 불만이 도사리고 있다. 당신은 이 두 가지 중 어떤 감정적인 활동에 더 많이 관여하는가? 의식적으로 현재를 즐기면서 이미 당신이 가진 것들에 감사하는가? 아니면 갖지 못한 것들에 집착하면서 인생을 생각하는가? 만약 후자의 경우라면, 그런 태도가 당신의 의식과 에너지에 부정적인 영향을 미치고, 당신이 이미 느끼고 있는 실망을 더 영구화시킨다는 사실을 깨달아야 한다.

어떤 사람들은 지속적인 불만족의 상태로 살아간다. 그들은 잘못된 일을 불평하고, 모자라는 것에 집착하면서 투덜거린다. 즐거운 일이 하나도 없는 것처럼 느껴진다. 그리고 불행하게도, 이런 에너지에 의해 이 슬픈 사실은 진실이 되고 만다. 우주의 법칙도 어떻게 해볼 도리가 없다. 당신이 집중하는 것이 당신의 인생에 확산될 것이다. 갖지 못한 것을 계속 의식하고 있으면, 더 많은 부족함이 당신의 인생을 압도할 것이다.

갖지 못한 것에 집착하는 것은 해결책을 찾기보다 문제에 매달리는 것이다. 이렇게 되면 성공적인 의식을 갖는 것이 불가능해지고, 대신 박탈감이 모든 것에 스며들게 된다. 당신의 의식 파이(PIE)를 생각해 보라. 파이의 첫 번째 부분은 지각(perception)이다. 모자라는 것을 지각하면 절망감에 어울리는 신경 펩티드가 생산되고, 부정적인 의식 순환이 창조된다.

다음 부분은 상상력(imagery)이다. 부족한 것을 상상하는 것은 어두운 공허함과 허공을 상상하는 것이다. 이 공허함은 당신을 빈곤하고, 절박하고, 두려워하게 만들며, 다루기 어려운 모순 의도 법칙의 동력들에 관여하게 한다.

마지막 부분은 기대(expectation)이다. 결핍감을 가지고 모든 사물을 생각할 때, 당신이 갖게 될 기대의 성질을 생각해 보라. 만약 당신이 현재 결핍감을 경험하고 있다면, 결핍감을 기대하게 되고 결국은 당연히 부족한 상황을 맞게 될 것이다.

어떤 사람들은 자신들의 전반적인 불만이 어떤 특정한 문제 때문이라고 생각한다. 예를 들면, 나를 찾아오는 많은 고객들이 자신들의 몸무게에 만족하지 않는다. 한 고객은, 자신의 경험과 애정 관계와 노력을 포함한 인생의 모든 것을 자신의 몸무게와 연관시켜 생각한다고 고백했다. 그녀는 나이가 마흔이었는데 이렇게 말했다. "따뜻한 열대 지방에서 정말 완벽한 휴가를 보내고 있었죠. 하지만 수영복을 입은 내 모습이 정말 끔찍하게 느껴져서 전혀 행복하지 않았어요."

그녀는 자기 외모에 대해 걱정하느라 즐기지 못하고 놓쳐 버린 시간들 때문에 슬퍼했다. 몸무게에 대한 불만이라는 필터를 통해서 자신의 모든 경험들을 바라보면서 인생의 대부분을 낭비했다고 생각했다. 전보다 더 나이도 들고 몸무게도 늘었지만, 그때서야 몸무게를 걱정하면서 다시는 인생의 진정한 행복을 놓치는 일을 절대로 겪지 않겠다고 맹세했다.

흥미로운 일은, 그녀가 지속적이고 의식적으로 마음의 중심을 옮긴 이후에 전보다 훨씬 쉽게 살을 뺄 수 있게 되었다는 것이다. 모순 의도의 법칙이 작용했기 때문이다. 몸무게에 더 이상 집착하지 않게 되자, 기쁜 마음으로 쉽게 몸무게를 줄일 수 있게 되었다. 원했던 만큼 날씬해지지는 않았지만, 이전에는 외모에 대한 불만 때문에 한번도 느끼지 못했던 즐거움을 마침내 경험할 수 있게 되었다.

돈과 물질에 집착하는 사람들도 있다. 수입이 얼마나 되는지에 관계없이 그들은 절대로 만족하지 못한다. 타고 다니는 차가 괜찮기는 하지만 그래도 그렇게 폼이 나는 것은 아니다. 괜찮은 집에 살기는 하지만 그래도 원하는 만큼 크지는 않다. 그러나 소유하는 물건에서 만족감을 얻으려고 하면, 아무리 많이 가져도 행복해지지 못한다.

불행하게도 많은 사람들은 필요 이상으로 갖고 싶어한다. 원하던 것을 가지면 더 많은 것을 열망한다. 엄청난 부(富)의 문화를 이룩했지만, 우리는 이 풍요로움에 감사하는 마음 대신 더 영원한 열망을 갖게 되었다. 우리의 불만족은 우리가 가진 것에 비례해서 증가한다!

내가 두 아이를 입양하기 위해서 러시아에 갔을 때 이 사실을 깨달았다. 러시아 사람들의 감사하는 마음이 그렇게 높은 것은 단순히 그들이 가진 것이 매우 적기 때문이었다. 작은 아파트에서 두세 가족이 함께 생활하는 것은 아주 흔한 일이었다. 많은 물건들을 사서 들여놓을 만한 돈도, 공간도 없었다. 작은 것이라도 자신들이 가진 것에 감사했고, 운동화나 청바지 같은 것들을 갖는 것은 정말 특별한 일이었다.

입양기관의 담당자가 상트페테르부르크에서 미국으로 우리를 만나러 왔을 때, 그녀는 우리 물건들의 크기를 보고 정말 놀라워했다. 집이며, 차며, 옷장이며, 벽장이며 모든 것이 그녀에게는 너무나 커 보였다. 특히 식사를 하러 밖으로 나갔을 때 음식의 양을 보고 더 놀랐다. 일반적인 미국 식당에서 주는 한 사람의 식사량이 러시아에서는 3인 가족이 충분히 먹을 수 있는 분량이라고 내게 말하기도 했다.

아무리 가져도 만족할 수 없는가?

더 많이 갖고도 더 적게 감사하는 이 현상은 어떻게 된 노릇인가? 우리 사회의 엄청난 풍요로움 속에서 우리는 너무 많은 것들에 노출되어 있다. 그래서 우리 인생의 진정한 가치를 느끼지 못하고, 우리를 자극하기 위해 더 많은 것들을 원한다. 마치 매일 약을 복용하는 것과 같다. 매일 약을 먹다 보면 결국에는 약에 면역력이 생기고, 원하는 효과를 얻기 위해서는 더 많은 양의 약을 먹어야 된다. 하지만 이것이 우리가 더 많은 것을 원하는 유일한 이유는 아니다.

우리 중의 어떤 사람들은 갖지 못한 것에 집중해야 한다고 생각하기도 하는데, 부정적인 것에 집중하면 해결책을 찾을 수 있다고 믿기 때문이다. 우리는 어떤 물건이나 어떤 사람이 충분한 가치가 있는지 항상 생각하고, 분석하고, 평가 판단한다. 하지만 포용 대신에 비판을 선택하면, 우리의 에너지에 불쾌감이나 분노가 형성되어 불만을 갖거나 짜증을 내거나 동요되기 쉽다. 이것은 머리와 마음의 불화에서 오는 결과이다.

머리는 분석하고 평가 비판하면서 사물의 가치를 결정하는 반면, 마음은 그 가치를 경험한다. 머리는 문제를 찾고, 마음은 해결책을 발견한다. 사실, 불만을 갖게 되면 우리 자신이 행복의 가장 큰 걸림돌이 된다. 무슨 일이 일어나든지 불만은 우리의 마음과 생각 속에 원하는 것을 얻고자 하는 몸부림처럼 내부에서 생겨나고, 그것은 우리를 가장 비참하게 만드는 요소가 된다.

간단한 일처럼 보일지도 모르지만, 만약 분석하고 걱정하는 일을 그만두면 어떻게 될까? 만약 우리가 불만을 버린다면 어떤 일이 생길까? 우리의 경쟁 욕구가 사랑으로 바뀌고, 소유에 대한 집착이 현재에 감사하는 마음으로 바뀔 것이다. 동요하고 저항하는 에너지에서 기꺼이 수용하는 에너지로 바뀌고, 우주와의 관계도 그렇게 바뀔 것이다.

마음속에 살고 있는 의식은 찬란한 운명을 창조하는 열쇠이다. 포기의 힘을 이용해서 불만을 해소하고, 선택의 힘으로 감사하는 마음을 키워라. 당신의 인생과 내면 속 깊은 곳으로부터 감사할 만한 일들을 찾아라. 계속해서 의식적으로 감사하는 마음을 갖게 되면, 일상적인 행복에서뿐만 아니라 인생의 장기적인 결과에도 큰 변화가 생길 것이다.

❀ 성공일지

이 과정을 돕기 위해 감사일지를 쓰라고 권하고 싶다. 따로 노트를 마련해도 좋고, 성공일지 안에 포함시켜도 좋다.

매일 밤 자기 전에, 그날 당신이 감사하게 생각한 일들을 간단히 써라. 감사해야 할 큰 일들은 물론이고 봄에 핀 라일락의 향기라든지, 여름날 아침의 새 소리, 혹은 달빛에 반사되어 반짝이는 금방 내린 눈과 같은 생활 속의 작은 일들도 써라. '장미 향기를 맡으며' 인생을 즐기라는 식의 틀에 박힌 충고가 아니다. 이것은 당신의 의식과 에너지 생산의 일부이며, 작은 일에도 기꺼이 감사하고 기뻐하는 마음은 더 많은 즐거움을 끌어당길 것이다.

당신의 외부 세계에만 감사하는 마음을 가져서는 안 된다. 매일 자신에게 감사하고, 당신이 소중하게 생각하는 것들도 적어라. 이렇게 하면, 자신감의 에너지가 확산되고, 자신이 격려받을 가치가 있는 사람이라고 생각하게 된다. 뿐만 아니라, 다른 사람들의 존경과 인정을 끌어당기는 진동인 자존심의 공명도 창조할 수 있다.

감사일지 중에서 가장 좋아하는 부분을 골라서 목록을 만들어놓고 기분이 저조하거나, 기운을 낼 필요가 있거나, 아니면 머리에 파묻혀 있는 의식을 마음으로 옮겨야 할 때 읽어보는 것도 좋은 방법이다. 좋은 일이나 가슴을 따뜻하게 하는 일, 흥분되는 일, 아니면 아주 감동적인 일이나 감사할 일들은 너무도 많다. 하지만 일상생활의 스트레스에서 빠져나오지 못하면, 감사해야 하는 모든 일들을 잊어버리고 그 대신 부정적인 일들에 집중하게 된다. 바로 그럴 때 이 목록이 도움이 된다. 목록을 읽으면서 당신이 감사해야 하는 모든 일들을 스스로에게 상기시켜라.

나도 종종 나의 감사 목록을 읽는다. 상황이 너무 벅차서 감당하기 힘들면, 목록을 읽으면서 내가 경험한 모든 좋은 일들을 스스로에게 상기시킨다. 내 아이들과 조카들에 관한 웃기는 이야기들도 있고, 멀리 여행을 한 일이나 스키, 하이킹, 급류타기 같은 즐겁고 아름다운 기억들도 있다.

심각한 우울증에 빠진 한 고객을 상담하면서 어려움을 겪었던 일이 기억난다. 우리의 얽힘 현상, 혹은 에너지 결합 때문에 정말 나까지도 우울하게 되었고, 이 에너지의 영향에서 벗어나 마음 중심의 의식으로 이동해야 했다. 그래서 나의 감사 목록을 꺼내 훑어보았더니 그것만으로도 저절로 기분이 훨씬 좋아졌다. 하지만 나는 계속해서 뭔가 활력이 될 만한 특별한 것을 찾았다.

그러다가 내 조카가 막 세 살이 되었을 때 그에 관해서 쓴 이야기를 발견했다. 내가 갔을 때, 조카는 장난감 작업대에서 장난감 연장들을 가지고 놀고 있었다. "오늘은 집 짓는 사람이야?" 하고 내가 묻자, 그는 "응" 하고 대답하고는 놀이를 계속했다. 그러다가 망치를 내려놓고, 내게 달려와 무릎으로 뛰어들더니 나를 꼭 껴안고는 이렇게 말했다. '내 연장을 모두 다 합친 것보다 이모가 훨씬 더 좋아!'

이 이야기를 다시 읽고 웃는 동안, 내 마음의 중심이 심란한 고객에 대한 걱정에서 내 마음에 현존하는 행복한 감정으로 바뀌었다. 간단한 일이었지만, 즉각적으로 감정과 에너지를 변화시키면서 완전히 다른 결과를 가져왔다.

내가 '멈추고, 버리고, 움켜잡는' 기술이라고 부르는 이 기술을 이용해서 당신도 감사하는 기술을 연마할 수 있다. 우울한 일이 생길 때마다 하던 일을 멈춰라. 시간을 갖고 그 순간에 당신이 하고 있는 생각이 무엇인지 파악하라. 그리고 그것이 걱정이 되었든, 비판이 되었든, 어떤 종류의 불만이 되었든 간에 그 부정성을 버려라. "나는 이것을 버릴 수 있어." 하고 말하면서 그것을 버려라. 그 다음에는 어디에서 무엇을 하고 있었든 상관없이, 바로 당장 감사하는 태도를 움켜잡아라. 지금 바로 당신의 주위에서 감사할 만한 일을 찾아라.

현재에서 감사할 일을 찾지 못하면, 목록에 있는 긍정적인 것들을 생각하라. 그리고도 더 도움이 필요하면, 아래의 과정을 통해서 마음으로 중심을 옮기는 훈련을 하라. 많이 연습할수록 더 쉽게 에너지를 변화시킬 수 있으며, 심지어는 매우 어려운 상황에서도 쉽게 그렇게 할 수 있다.

마음으로 중심 옮기기

무엇인가를 걱정하고 있는 자신을 깨닫거나, 짜증이 나거나, 불만이 생기면, 선택의 힘을 이용해 머리의 초조함으로부터 마음의 평화로 의식을 이동시켜라. 천천히 심호흡을 한 후 눈을 감고 근육의 긴장을 풀어라. 당신의 문제가 분리되어 나와서 구름처럼 지평선 너머로 흘러가는 그림을 상상하라.

다시 심호흡을 하고 숨을 들이마시면서 머리가 차분하게 가라앉는 기운을 느껴라. 의식이 마음 한가운데로 천천히 스며드는 것을 느껴라. 긴장을 풀고 계속해서 모든 걱정을 털어버리면서 당신의 중심에 의식을 집중시켜라.

계속 긴장을 풀면서 당신을 행복하게 하고, 당신이 감사해 하는 것들을 생각하라. 좋은 추억이든, 사랑하는 사람이든, 전에 여행했던 아름다운 장소든, 지금 그 장면을 상상하라. 상세하게 상상하면서 그 장면의 한가운데에 당신을 그려 넣어라. 그 행복한 순간에 스스로를 몰두시키면서 그 그림을 가까이 확대하여 생생하고 화려하게 색칠하라.

기쁨을 느끼며 미소를 지어라. 당신은 느긋하고 행복하고 평화로움을 느낀다. 이것이 바로 감사하는 마음이고, 고마움을 갖는 따뜻한 마음이다. 이것에 매달려라. 이 감정의 궁극적인 형태는 자신의 인생에 대한 사랑이라는 것을 이해하고, 일상적인 활동으로 돌아가서 당신이 하는 모든 일에서 기쁨과 평화를 찾을 것을 선택하라.

기쁨에 넘치는 감사함은 아무리 강조해도 지나치지 않을 만큼 중요한 에너지이다. 불안을 해소하면서 평온함을 가져다주고, 이미 당신이 가진 것들을 축복해 주며, 마음을 열어 더 많은 것을 받도록 해 준다. 이러한 공명으로 생활하는 모든 순간은 아주 매력적인 진동과 강한 창조적 의식을 만들어낸다. 자신을 소중하게 여기는 마음과 함께 감사하는 마음은 인생을 바꾸기 위해 당신이 가질 수 있는 가장 중요한 에너지 중의 하나이다!

'가치를 인정한다(appreciate)'라는 말에는 여러 가지의 의미가 있다고 나는 항상 고객들에게 이야기한다. 이 장에서 배운 의미는 당연히 '감사하는 마음을 갖는' 것이지만, 부동산과 같은 상품을 이야기할 때는 '가치가 증가하는'이라는 의미도 있는데, 에너지적인 관점에서 볼 때 완전히 맞는 말이다. 감사하는 마음을 가지면, 당신 인생의 가치가 더 증가하기 때문이다. 생활의 질에 실질적인 의식을 창조하면, 더 많은 가치를 창조할 수 있다. 그리고 현재에서 기쁨을 경험하겠다고 선택하면, 환희에 넘치는 에너지로 인해 미래에 더 많은 즐거움이 생길 것이다.

끝없는 감사함을 갖기 위한 다짐

- 나는 감사할 것이 너무나 많다. 내 주위를 돌아보며 만족한다.

- 즐겁고 감사하는 마음으로 산다. 내 인생에 대해 감사하고 더 많은 감사함을 끌어당긴다.

- 매일 내 인생과 나 자신에게 더 많은 가치를 부여한다. 나는 스스로를 칭찬할 자격이 있다.

- 항상 내 자신의 행복을 책임진다. 날마다 많은 놀라운 행복거리를 발견한다.

- 다른 사람들에게 더 많이 감사하고 내 자신에게도 더 많이 감사하기로 결심한다. 내가 가진 감사해야 할 모든 것을 더 많이 의식하고, 날마다 그것에 감사하는 시간을 갖는다.

실패로 인해 부정적인 이미지를 갖게 되고……

그 이미지 때문에 더 실패하게 되고……,

하지만 절망은 금물이다, 우리에게는 희망이 있기 때문이다,

지금은 창조와 기회의 순간이고, 행복한 미래의 에너지 씨앗을 심는 순간이다,

과거로 돌아가서 이런 일이 일어나게 할 수도 없고,

현재를 뛰어넘어 미래에서 실천할 수도 없다,

성공으로 가는
4단계

우주의 모든 인력(引力)의 법칙이 당신의 인생에 실질적인 영향력을 행사한다. 하지만 당신은 창조의 단순한 에너지적 측면과 의식적 측면 이상의 것에 초점을 맞추어야 한다. 목표를 달성하기 위해서는 진지한 계획과 구체적인 행동이 필요하다. 이 부분은 많은 사람들이 가장 집중해야 하는 과정이지만, 잘못 이해하기 쉬운 부분이기도 하다. 성공을 추구하는 기술적인 측면, 그리고 확고한 정직함과 자기 인식은 물론 명백한 의지도 필요한 부분이다.

이 과정을 실행해 나가기 위해서는 객관적인 접근이 필요하다. 당신이 원하는 결과가 무엇인지, 그 결과를 달성하기 위해 필요한 것이 무엇인지 정확하게 생각할 수 있어야 한다. 당신의 실천 과정을 가속화시키고 결과를 확실하게 할 수 있는 여러 가지 일들이 있지만, 성공적으로 목적지에 도착하기 위해서는 반드시 따라야 할 네 가지의 단계가 있다. 이 단계들은 당신의 계획과 준비와 책임감에 영향을 미치고, 아주 본질적으로 성공과 관련되어 있기 때문에 이 단계가 없이는 어떤 진정한 성공도 이룰 수 없다.

원하는 사람이 되기 위해서는 목표가 일상생활이라는 틀 안에 짜여 들어가 있어야 한다. 목표가 당신의 최우선적인 목적이 되어야 하며, 계속해서 당신을 앞으로 밀고 나가는 변하지 않는 열정이 되어야 한다.

목표를 설정하라

단계적인 계획을 세워라

매일 실천하라

집착을 버리고 계속 실천해 나가라

19

목표를 설정하라

성공으로 가는 첫 번째 단계

> "성공에 가장 필요한 조건은
> 한 가지 일념으로 목표를 향해 전진해 나가는 것이다."
> — 프레드 스미스(피드엑스 FedEx 택배 설립자)

성공을 현실로 만들기 위해서는 그 성공을 인생의 일부로 만들어야 한다. 당신의 목표를 멀리 있는 꿈으로 생각하고, 언젠가 성취할 수 있는 미래의 희망사항으로 환상을 갖는 것만으로는 충분하지 않다. 당신의 계획을 실천하려면, 그 계획에 대한 의식적인 각오가 있어야 한다. 조심스럽고 충분하게 주의를 기울이지 않으면, 그 계획을 실행하려는 당신의 의도는 공허한 것이 되고, 이런 상태에서 당신의 의식은 그 의도를 현실화시킬 만큼 강한 동력을 갖지 못한다.

이것이 바로 드러남의 법칙의 필요조건이다. 만약 인생에서 어떤 특정한 것을 성취하고 싶다면, 가장 먼저 당신의 의식을 잡아야 한다. 당신의 신중한 의도는 우주의 창조 에너지에 연결되는 끈이며, 이상을 현실로 만들어주는 수로이다. 만약 목표를 달성하는 일에 지속적이며 의식적으로 집중하지 못하면 당신의 의지가 흔들려서 사방으로 흩어지게 되고, 그러면 당신이 원하는 것을 성취하는 것은 거의 불가능해진다.

당신의 창조 의식은 성공적인 발현을 이루기 위해 고도로 집중되어야 하는데, 그러려면 다음 세 가지 사항을 반드시 따라야 한다.

1. 생생한 이미지와 원하는 결과를 감정적으로 경험하라. 최후의 성과를 분명하게 볼 수 있어야 하고, 그 성과가 가져올 모든 즐거운 감정들과 함께 당신을 그 이미지의 한가운데에 놓을 수 있어야 한다.

2. 목표 추구에 요구되는 구체적인 과정을 명확히 이해하라. 원하는 결과에 도달하기 위해 필요한 것이 무엇인지 정확하게 알아야 한다.

3. 시간과 노력, 집중, 우선순위라는 관점에서 과정과 목표가 의미하는 모든 것을 실행할 수 있도록 각오하라. 이런 종류의 각오는 습관, 방해, 두려움, 탐닉, 즉각적인 만족보다도 당신의 꿈을 더 우선으로 생각하는 결단력이다.

때로는 우리의 목표를 시야에서 완전히 밀어내면서 엉뚱한 것에 열중하기도 하는 것이 인생이다. 일상적인 필요나 습관, 탐닉적인 행위에 쉽게 한눈을 팔기도 한다. 실제로 몇 시에 일어나는가에서 시작해 아침 식사로 무엇을 먹는가, 퇴근 후에는 무엇을 하는가, 여가 시간을 어떻게 보내는가에 이르기까지 우리가 일상적으로 하는 모든 일들이 일종의 틀이 될 수 있다. 그리고 결국은 이런 행동방식이 우리의 인생을 지배하기 시작하고, 어떤 것들은 완전히 습관이 되어 무의식적으로 그냥 하게 된다.

이런 식으로 우리는 쉽게 일상적인 틀에 얽매인다. 그리고 만약 우리의 목표를 처음부터 이 틀 안에 넣지 않으면, 나중에 집어넣는다는 것은 거의 불가능하다. 여가 시간이 너무 많을 때조차도 이렇게 될 수 있는데, 그것은 우리에게 만족을 주는 행동방식에 익숙해지기 때문이다. 더 열심히 하기 위해서 여가가 필요하다고 생각하지만, 사실은 우리의 목표와 목적이 요구하는 노력을 무시하기 위해서 여가를 이용한다.

예를 들면, 내 친구 중의 한 명이 카운슬링 사업을 시작하고 싶어했다. 직장에서 스트레스를 받고 있긴 하지만, 사업을 시작해 운영할 때까지는 일을 그만두고 싶지 않았다. 퇴근 후에 맥주를 한잔 하고, 저녁 찬거리를 사서 집에 돌아가 TV를 보면서 저녁을 먹고, 소파에서 잠드는 것이 습관적인 일상이었다.

혼자 살았기 때문에 적어도 직업을 바꾸려고 하기 전까지는 이런 생활습관이 아무런 문제가 되지 않았다. 사업 구상을 하려면 퇴근 후의 저녁 시간을 이용해야 한다는 사실을 알고 있었지만, 퇴근 후의 습관적인 행동 때문에 아무것도 시작할 수가 없었다. 그는 계속 스스로에게 이렇게 말했다. "내일은 꼭 시작할 거야." 하지만 매일매일이 늘 이런 식이었다.

상담을 하기 위해 나를 찾아왔을 때, 나는 그에게 정말 중요한 일이 무엇인지 결정하고 목표를 위해 행동을 취해야 하는 이유들을 적으라고 말했다. 그리고 그를 서서히 이런 습관에서 빠져나오도록 하기 위해서 함께 스케줄을 짰다. 맥주 집에 들르는 일을 그만두고, 그 시간을 이용해 사업계획을 세우기 시작했다.

그는 자신의 사업 구상에 점점 열중하게 되었고, 그러면서 보다 쉽게 더 많은 시간을 자신의 목표를 위해 사용할 수 있게 되었다. 일주일에 하루는 예전 습관대로 저녁에 맥주를 마시러 갔지만, 얼마 안 가서 그것마저도 그만두게 되었다. 그리고 사업을 시작했고, 지금은 그 일을 너무 좋아

한다. 이렇게 성공하기 위해서 그는 깊이 뿌리박힌 습관을 포기해야 했다.

우리는 종종 현실을 도피하기 위한 수단으로 습관이나 중독적인 행위에 빠져든다. 지루하거나, 스트레스를 받거나, 화가 나거나, 우울해지면, 이런 기분이나 생각을 잊기 위해서 음식을 먹거나, 술을 마시거나, 담배를 피우거나, TV를 본다. 그리고 점점 시간이 지나면서, 일시적인 즐거움과 기분전환을 해 주던 이런 행동들은 아주 확고한 행동양식이 되어 버린다. TV를 보면서 밥을 먹고, 퇴근 후에 술을 마시고, 차에서 담배를 피우는 일이 매일 반복되고 몇 년을 거듭하다가 결국은 이 행동양식이 갖는 동력이 동기가 되어 습관으로 영구화된다.

내 친구 중의 하나는 가끔씩 잠자기 전에 아이스크림을 먹곤 했는데, 나중에는 그것이 밤참 습관이 되어 몇 년 동안을 그렇게 해 왔다. 그 결과, 그는 생산적인 시간의 손실은 말할 것도 없고 몸무게가 10㎏이 넘게 늘었다. 이렇게 몸에 깊이 배어 버린 습관들은 그것을 고쳐야 하는 상황이 되면, 우리를 불편하고 심지어는 초조하게 만들기도 한다. 당신이 스스로의 인생을 통제하는 것이 아니라 습관이 당신의 인생을 통제하고, 그렇게 함으로써 목적 달성 과정에 완전히 치명적인 에너지와 의식의 타성을 창조한다.

이 함정에 빠지지 않으려면, 의식적인 선택에 의해서 우리의 일상적인 행동에 아주 구체적인 결과가 생긴다는 사실을 명심해야 한다. 빠져들기는 쉽지만 헤어나오기는 어려운 것이 습관이고, 우리의 의지가 약할 때는 더더욱 그렇다. 하지만 우리에게는 선택의 힘이 있다는 것을 기억하라. 매일 매 순간마다, 우리에게는 선택할 수 있는 절대적인 힘이 있다.

알래스카 북쪽 산간 지역의 작은 마을에 관한 이야기를 들은 적이 있는데, 이 경우에 딱 들어맞는 재미있는 예인 것 같다. 이 지역에서는 1년 중

아홉 달이 겨울이고, 여름 석 달 동안에는 비가 많이 온다. 이 벽촌에서 더 외딴 다른 마을로 연결되는 비포장 흙길이 하나 있는데, 여름에는 비 때문에 진창이 지면서 자동차 바퀴 자국으로 여러 개의 고랑이 생기고, 겨울에는 이 고랑들이 꽁꽁 얼어붙어 운전하기가 아주 어렵다. 그래서 이 얼어붙은 길을 운전하는 사람들을 경고하기 위해 이런 표지판이 붙어 있다. "어느 고랑을 선택할 것인지 신중하게 생각하시오. 한번 들어선 고랑으로 다음 60km를 가야 합니다."

우리가 빠지게 되는 습관에 대해서도 누군가가 이런 경고를 해 준다면 정말 멋지지 않을까? "어떤 습관을 선택할 것인지 신중하게 생각하시오. 한번 선택한 습관으로 다음 60년을 살아야 합니다!"

지금 방식대로 생활하면서, 습관적인 행동에 따라 인생을 살기는 정말 쉽다. 하지만 오래된 습관에 갇혀 있으면 심각한 에너지 위기를 맞게 되고, 이 습관을 버리고 목표를 실천하는 길을 선택하지 않으면 결국 혹독한 대가를 치르게 될 것이다.

❊ 중요한 목표를 추구해 나가는 과정에는 엄청난 노력이 필요하고 성공하기 위해서는 훨씬 많은 노력이 필요하다! 더 많은 시간이 걸릴 뿐만 아니라 더 큰 집중력, 그리고 목적을 우선으로 하는 보다 중요한 욕구가 필요하다. 선택의 힘에 의식적으로 충실해야 하고, 목표를 일상적인 습관의 일부로 만들어야 한다. 그러면, 당신이 취하는 행동과 우선으로 생각하는 일들이 자연스럽게 당신의 인생과 성격의 한 부분이 될 것이다. 이것이 각오라는 것이다.

당신의 목표가 살을 빼는 것이든, 불후의 명작을 그리는 것이든, 사업을 하는 것이든, 백만장자가 되는 것이든, 그 무엇이든지 간에 당신이 의도적으로 그 목표를 일상생활에서 최우선으로 생각하지 않는다면 절대로 그것을 이룰 수 없다. 바로 지금이 당신이 얼마나 목표에 전념하고 있는지 정직하게 생각해 볼 시간이다. 당신의 목표가 계속적으로 인생의 가장 우선적인 자리를 차지하는가? 만약 그렇지 않다면, 기꺼이 시간과 노력이라는 대가와 그에 필요한 희생을 치를 준비가 되어 있는가?

※ 성공일지

성공을 위해 전념할 준비가 되어 있는가? 성공에 요구되는 조건들을 갖고 있는지, 다시 말해서 목표를 달성하기 위해 전념할 준비가 되어 있는지 알아보기 위해 다음 질문들에 답해 보라. 성공일지에 답을 쓰고, 규칙적으로 재평가하면서 올바른 길을 가고 있는지 확인하라.

- 목표에 지속적으로 전념하기 위해 무엇을 해야 하는가? 규칙적으로 해야 할 일들에는 무엇이 있는가?

- 목적에 전념하기 위해 포기해야 하거나, 적어도 어떤 식으로든 바꾸어야 하는 일들에는 무엇이 있는가? 걸림돌이 되는 모든 습관들을 적어 목록을 만들고, 이 습관들을 바꾸기 위해 어떤 행동을 취해야 하는지 설명하라.

- 이 목표와 인생의 다른 중요한 일들이 어떻게 균형을 이루도록 만들 것인가? 목표를 포함한 모든 중요한 일들에 필요한 시간을 배정하고 계획을 세워라.

당신의 각오는 자기 자신과 미래에 대한 약속이다. 인생의 이 중요한 부분을 무시하면 비참한 에너지 결과가 생길 것이다. 그것은, 본질적으로 당신에게 있어 성공은 그다지 중요한 것이 아니라는 메시지를 스스로 전송하는 것이 되기 때문이다. 그러면 우주가 그 메시지를 받아서 그에 부합하는 반응을 보낸다. 하지만 목표를 인생의 우선적인 가치로 삼고, 그 목표의 궁극적인 달성에 신명을 다하면, 당신의 정열이 세상으로부터 모든 지지를 불러 모은다. 당신의 신념에 찬 각오와 성공으로 가는 모든 단계에 꼭 매달려라.

진정한 각오를 위한 다짐

- 나는 성공을 의도한다. 매일 나의 목표들을 최우선으로 삼는다.

- 내 목표가 에너지장에서 이미 모양을 갖추기 시작했다. 목표를 분명하게 볼 수 있다. 내 목표는 이미 나의 의식 창조의 한 부분이 되었다.

- 목표를 달성하기 위해 필요한 과정과 시간과 노력에 전념할 각오가 되어 있다.

- 내 인생에 균형을 창조한다. 일상적인 일과에 목표를 기꺼이 포함시킨다.

- 얼마나 많은 시간이 걸리든지 나는 항상 즐거운 마음으로 목표를 추구한다.

단계적인 계획을 세워라

성공으로 가는 두 번째 단계

> "꿈을 성취하기 위해서는 하루하루를 그 꿈으로 살아야 한다.
> 성공은 매우 작고, 되풀이 되는 스텝으로 이루어진다.
> 하루에 하나씩, 한 번에 한 걸음씩 가야 한다."
>
> ― 샤론 앤 클링글러(작가)

구체적인 계획의 수립은 목표 달성 과정의 아주 중요한 부분으로 인식되는데, 놀라울 정도로 많은 사람들이 이 중요한 단계를 그냥 운에 맡긴다. 어떻게 자신들의 목표에 접근할 것인지 대략적인 생각은 있을 수 있지만, 그냥 거기에 머무를 뿐 그 이상으로 발전시키지는 않는다. 이런 식의 무관심한 태도는 행동을 지연시키고 '다음에 생각하지 뭐' 식의 태도를 부추겨서, 당신을 더 부진하게 만들거나 당신이 바라는 궁극적인 성과를 완전히 가로막는다.

❀ 구체적인 행동 계획은 당신을 발전시키고, 가이드라인을 제시해 주며, 의식 에너지의 중심을 만들어 준다. 드러남의 법칙에

따르면, 모든 사물은 의식 안에 우선 존재한다. 만약 당신의 모든 목적이 구석구석까지 철저하게 이루어지기를 바란다면, 다른 어떤 일보다 먼저 이 목적을 확고하게 뿌리내려서 의식적으로 행동할 수 있어야 한다. 행동을 계획하는 것은 당신의 목표를 목적지로 안내해 주는 정신적인 지도이기 때문이다. 그 지도를 따라가도록 하라!

록산느라는 고객이 있었는데, 자신이 하는 비서 일에 숨막혀 하고 있었다. 그녀는 예술적인 재능이 있었지만, 그 재능으로 무슨 일을 하고 싶은지도 정확히 몰랐다. 그래서 시간이 날 때마다 여러 가지 일들을 시도해 보았다. 한 주는 글쓰기에 전념해 보고, 다음 주는 그림에, 그리고 다음에는 보석 공예, 도자기, 사진 등을 시도했다.

그녀는 직장을 그만두고 다른 일을 하고 싶었지만, 무슨 일을 선택해야 할지 도무지 알 수가 없었다. 시도해 보는 모든 일들에 재능이 있는 것 같았고, 그 때문에 더 갈피를 잡을 수가 없었다. 에너지가 너무 분산되어 있어서 계획을 세울 수조차 없었다. 그래서 우리는 그녀가 어떤 선택 가능성을 갖고 있는지 우선 조사해 보기로 했다.

그녀가 무슨 일을 가장 좋아하는지를 결정하는 것부터 시작했는데, 다름아닌 보석 공예였다. 그 다음에는 구체적인 목표와 계획을 세워서 이 한 가지 일에만 전념하기로 했다. 그리고 몇 달 후에 집 근처에서 열리는 공예전시회에 참가하기로 결심하고, 출품작을 만들기로 했다. 그녀는 신이 나서 매일 저녁과 주말 시간을 아름다운 장신구를 만드는 일에 열중했다. 그리고 전시회에서 그녀의 독특한 디자인이 크게 주목받게 되자, 더 많은 전시회에 참가하기로 했다. 시간이 지나면서 보석 공예로 버는 돈이 비서 일로 버는 것만큼 많아졌고, 나중에는 풀타임으로 공예에만 전념할 수 있게 되었다.

록산느는 자신이 할 수 있는 선택들을 객관적으로 보고, 산만하게 분산된 에너지를 한 곳에 집중시킨 다음 계획을 세우는 것이 필요했다. 일단 그렇게 한 후에는 의욕과 집중력을 갖게 되었고, 끝까지 해보려는 각오로 원하는 결과를 얻을 수 있었다. 사업을 시작하든, 파티를 준비하든, 성공의 출발점은 먼저 실행 가능한 계획을 세우는 것이다.

아래의 기초적인 사항들을 고려하면, 계획을 세우거나 뚜렷하고 의식적인 의도를 수립하는 데 도움이 될 것이다.

1. 목표를 알아야 한다. 어디로 가는지 목적지를 모르면 지도가 별 도움이 되지 않듯이, 원하는 목표의 분명한 그림이 없으면 성공을 향해 나아갈 수 없다. 당신이 원하는 것과 그 원하는 바를 이룰 수 있는 방법에 대해 오랫동안 진지하게 생각해 보면, 선택할 수 있는 다양한 가능성들의 목록을 더 쉽게 만들 수 있다. 직감과 상식을 동원해서 이 대안들을 생각해 보라. 원하는 것이 무엇인지 분명하게 파악하고, 당신의 재능과 라이프스타일을 고려하라. 원하는 성과를 자세하고 뚜렷하게 상상하라. 구체적인 목표가 없으면, 실행 가능한 계획을 절대로 세울 수 없다.

당신의 정열을 불태울 수 있는 길을 선택하라. 당신이 하는 일을 더 좋아할수록 더 많은 에너지가 우주 법칙의 파워에 맞추어진다. 이것은 동시성의 피뢰침이며, 당신의 의도가 현실이 되는 마술의 순간이다. 우주는 목표를 달성하려는 당신의 선택을 지지할 것이다. 당신을 명예롭게 하고 당신의 간절한 욕망을 표현하는 목표를 선택해야 한다.

2. 목표를 달성하기 위해 필요한 것이 무엇인지 정확히 파악하라. 계획

을 수립하기 위해서는 무엇보다 사전 조사가 필요하다. 머릿속으로 생각하고 있는 목적을 성취하기 위해 필요한 기초 작업에 관한 대략적인 아이디어는 있을 것이다. 하지만 계획에 필요한 자세한 정보가 있어야 한다. 당신이 선택한 분야에 종사하는 사람들과 이야기를 나누어라. 가능하다면, 당신에게 계속적인 조언을 해줄 수 있는 사람을 찾아라.

조사를 충분히 하라. 예를 들어 변호사나 의사 또는 학위를 갖춘 심리학자가 되고 싶다면, 필요한 학위가 무엇인지, 어떤 대학에서 그 학위를 받을 수 있는지 조사하라. 그런 대학에 들어가기 위해서 필요한 것은 무엇인지, 학비는 얼마나 되는지 등도 알아야 한다. 만약 가게를 열고 싶다면, 어떤 상품들을 거래하고 싶은지, 어디에서 도매로 물건을 가져올 수 있는지를 알아야 한다. 잠재적인 가게 장소도 물색하고, 소매 기록도 조사하고, 그 지역의 소비 패턴도 조사하라. 모든 목표는 공부나 경험, 자본금 같은 사전 기초 작업이 필요하다. 무엇이 필요한지 지금 알아 놓으면, 나중에 놀라고 당황할 일이 적을 것이다.

3. 구체적인 행동 계획을 세워라. 당신의 목표를 달성하기 위해 필요한 것이 무엇인지 일단 파악하고 나면, 이해하기 쉽게 모든 단계를 종합적으로 정리하라. 달성하는 시기에 따라 장기적인, 단기적인, 즉각적인 목표로 구분하고, 원하는 결과의 윤곽을 잡을 수 있도록 전체적인 일정표를 작성하라. 장기적인 목표는 노력해서 얻고자 하는 궁극적인 결과이고, 단기적인 목표는 그 궁극적인 결과에 도달하기 위한 각각의 중요한 단계들이며, 즉각적인 목표는 궁극적인 결과를 향해 계속 전진하기 위해 매일 실천해야 하는 행동을 의미한다.

예를 들어, 책을 쓸 때 내가 원하는 결과는 편집이 끝난 완성본이다. 나의 장기적인 목표는 전체적인 초안을 완성하는 것이고, 단기적인 목표는 한 장(章), 한 장(章)을 완성하는 것이며, 즉각적인 목표는 계속해서 쓰고, 쓰고, 또 쓰는 것이다. 마감 날짜에 맞추어 쓸 때는 날짜에 맞추기 위해 하루에 몇 페이지씩 써야 할지 계산해서 쓰기도 한다.

현실적으로 실천 가능한 일정을 세워야 한다. 생각보다 오래 걸릴 수도 있고, 훨씬 빨리 끝날 수도 있다. 하지만 각 단계마다에 포함되어야 하는 행동들이 있다. 그런 구체적인 사항들을 적고, 이 사항들을 일상적인 의도로 만들어라. 잘 짜인 계획은 산만해지지 않도록 집중력을 유지시켜 주고, 성공에 도달하기 위해 당신이 의도하는 다음 단계에 필요한 행동을 취할 수 있도록 도와준다.

생산적인 계획을 위한 다짐

- 원하는 목표를 위해 아무리 광범위한 기초 작업이라도 필요하다면 기꺼이 할 것이다.

- 내 목표를 알고, 매일 실천할 수 있는 현실적인 계획을 세울 수 있다는 것도 안다.

- 장기적인, 단기적인, 즉각적인 목표들을 세운다. 나는 이 목표들에 융통성 있게 전념할 것이다.

- 나는 창조성과 유연성이 있다. 우주가 제공하는 모든 선택의 가능성과 풍부함에 개방되어 있다.

- 우주는 성공하려는 나의 계획과 의지를 지지한다.

매일 실천하라

성공으로 가는 세 번째 단계

"우리의 목적은 우리의 모든 행동을 통해서 드러난다."

— 레오 버스카글리아

실천이 없는 계획은 한심한 백일몽일 뿐이다. 여기에서 진짜 작업이 시작된다. 당신이 창조해내는 긍정적인 에너지가 당신이 원하는 결과를 가장 빨리 이룰 수 있게 해 준다. 인생을 시작하는 단계에 있든 아니면 끝내는 단계에 있든, 목표에 가까이 다가가기 위해서는 오늘 하루도 조그마한 실천이라도 해야 한다.

이 말은 목표를 달성해 나가는 모든 과정에 적극적으로 참여할 준비가 되어 있어야 한다는 뜻이다. 필요한 모든 일을 기꺼이 할 준비가 되어 있는가? 창조적인 일이든, 사무실 일이든, 영업이든, 관리직이든, 지루하고 고된 일이든, 목표를 달성하기 위해 필요하다면 무슨 일이라도 할 각오가 되어 있는가? 만약 실천할 준비가 되어 있지 않다면, 성공할 준비도 되어 있지 않은 것이다.

이 때문에 목표를 계속 생각하면서 실천하는 것이 중요하다. 주어진 일은 열심히 잘 하지만 자발성은 부족한 사람들도 있고, 반면에 놀라울 정도로 창조적이지만 마케팅—특히 스스로를 마케팅 하는 일—에는 형편없는 사람들도 있다. 또 어떤 사람들은 계획은 훌륭하게 잘 세우지만 실천하는 능력이 부족하기도 하다. 실천은 목표를 위해 노력하는 모든 단계에서 필요하다. 다른 사람들에게 떠맡길 수 있는 부분이 있을지도 모른다. 하지만 당신의 꿈을 실현하는 궁극적인 책임은 당신에게 있다.

쓰는 소설마다 베스트셀러가 된 작가 재키 콜린스의 인터뷰를 본 적이 있다. 사회자가 "연애 소설은 너무 쉽죠! 누구나 다 쓸 수 있는 게 연애소설 아닌가요?"라고 말하는 사람들에 대해서 어떻게 생각하냐고 묻자, 그녀는 "그 사람들한테 쓰라고 해 보세요!"라고 대답했다.

하지 않으면서 어떤 일이 쉬운 일이라고 말하기는 쉽지만, 행동으로 그일을 완수하는 것은 쉽지 않다. 할 수 있는 일이나 하고 싶은 일을 시작하기 전에는 그 일에 대해서 마음대로 말할 수 있지만, 사실 그것은 허풍에지나지 않는다. 계획만 떠들어대지 말고, 목표를 실현하기 위해서는 꾸준히 실천해야 한다. 목표에 시간과 노력을 우선적으로 투자하기 위해서는 중요하고 가치 있는 목표를 세워야 하고, 적어도 시간을 많이 투자해야 하는 다른 일들만큼은 중요해야 한다.

사람들은 가끔씩 중요한 일과 급한 일을 혼동한다. 지금 당장 해야 할일이 있으면, 그 일이 쉽게 미룰 수 있는 다른 일보다 더 중요하다고 생각한다. 사소한 집안일들도 마찬가지이다. 해야 할 일이 많으면, 마음이 급해지고 절박해져서 잘못 판단할 수도 있다. 빨래와 설거지가 해야 되는 일이기는 하지만, 그렇다고 목표를 달성하기 위해 필요한 일보다 더 중요한 일이라 할 수 있는가?

　만약 인생의 자질구레한 모든 일들을 우선으로 생각한다면, 정말 중요한 일을 하기 위해 필요한 시간을 절대로 마련하지 못할 것이다. 일상적인 일들에 열중하느라, 목표에 대해서는 한 번도 생각하지 않고 아침부터 저녁까지 하루를 보낼 수도 있다. 끝없이 주의를 산만하게 하고 정신을 마비시키는 탐닉에 항복하면, 당신의 꿈은 시야에서 완전히 사라지게 될 수도 있다.

❖ 성공의 우주 법칙을 항상 명심하라! 오늘 실천하는가, 실천하지 않는가에 따라 에너지가 변한다. 모든 노력이 에너지 영역에서 당신의 의지를 더 강하게 만들기 때문에 목표를 향해 실천하지 않으면 시간을 낭비하는 결과가 된다. 당신이 하는 모든 일에 의해 진동이 발산되고 의식의 창조성이 집중되기 때문에 이제는 뭔가 다르고 의미 있는 일을 해야 한다.

　당신의 인생에 균형을 이루고, 정말 당신에게 중요한 것이 무엇인지를 숙고하여 우선순위를 정할 시간이다. 만약 당신의 꿈이 성취할 가치가 있는 것이라면, 매일 실천할 가치도 있다! 설사 장기적인 목표가 멀리 있는 것처럼 보인다 해도, 그 준비는 미루지 마라. 매일 조금씩 실천하라. 일을 대부분 끝냈다 하더라도, 거기에서 멈추지 마라. 당신을 목표로 더 가까이 끌고 가는 무엇인가가 틀림없이 있을 것이다.

실천 비결

아래의 지침사항들을 자주 검토하고, 궁극적인 결과에 도달할 때까지 계속 노력하라.

- 계획의 각 단계에 필요한 행동을 명확하게 규정하라. 즉각적인 목표와 단기적인 목표를 달성하고자 하는 구체적인 의지를 다져라.

- 왜 목표를 이루고 싶은지 그 이유를 모두 써서 목록을 만들어라. 그 목표가 당신에게 가져다줄 모든 멋진 일들을 적어라. 하는 일에 신명이 생기지 않으면, 이 목록을 꺼내 읽어라. 그렇게 하면 새로운 에너지가 생기고, 새로운 결심도 할 수 있다.

- 다양한 실천들을 일상적인 스케줄 안에 포함시켜라. 에너지 패턴을 잘 생각하면서, 매일 일정한 시간을 정해놓고 목표에 에너지를 완전히 집중시키기 위해 노력하라. 오후나 저녁에 에너지가 떨어진다고 느껴지면, 그 시간에는 중요한 일을 하지 마라.

- 매일의 실천 계획을 적어도 일주일에 한 번씩은 재검토하라. 한 가지 일을 끝낼 때마다 그 일을 재평가하고, 유연하게 대처하라. 필요한 만큼 자신에게 시간을 주어라. 하지만 기대했던 것보다 일찍 단기적인 목표를 달성하면, 목록의 다음 목표로 이동하라.

- 해야 할 일들을 중요한 순서대로 적어서 목록을 만들어라. 항상 가지고 다니면서 새로운 아이디어가 있으면 첨가하라. 한 가지 일을 끝낼 때마다 표시하라.

- 장애를 만나거나 주의가 산만해지면, 당신의 의지들을 모두 적어놓은 목록을 다시 읽어보라. 일지에 맨 처음 적었던 성공에 대한 의지

를 기억하라. 의욕이 떨어질 때마다 이 목록을 자주 읽어라. 만약 아직 목록을 만들지 않았다면, 지금 당장 만들어라. 장기적인 목표에 의식을 집중시키는 데 도움이 될 것이다.

- 매일 아침 조금씩 시간을 내서 그날 해야 할 행동들을 머릿속에 그려보라. 필요한 어떤 일을 언제, 어디에서 할 것인지 자세히 그림을 그리고, 즐겁게 그 일들을 실천하는 자신을 상상하라. 앞으로 해야 할 구체적인 행동들을 완성하고 행복해 하는 자신을 상상하면서 하루를 마무리하라.

- 원하는 결과가 이루어지는 것을 반복해서 상상하고, 그 상상으로 인해 더 많이 실천하고 더 신명이 나는 의지를 갖도록 스스로를 격려하라. 목표를 인생의 맨 앞과 중심에 놓고, 그 목표를 느끼고, 원하고, 그로 인해 신이 나야 한다! 지금 이 순간도 당신이 원하는 결과를 끌어당기고 있다는 것을 확신하라. 그러면 당신의 행동이 우주의 의지가 갖는 역동적인 동력에 맞추어져서 더 빨리 성공에 이를 수 있다.

성공적인 실천을 위한 다짐

- 오늘의 실천이 내일의 결과를 창조한다. 지금 바로 실천할 것을 선택한다.

- 목표를 이루기 위해 필요하다면, 어떤 일도 기꺼이 할 것이다.

- 나의 목표는 매일 노력할 가치가 있을 정도로 중요하다. 실천이 목표를 현실로 만든다.

- 매일 아침, 그날 할 일을 머릿속에 그려보고 그 일을 가장 우선적인 일로 생각한다.

- 항상 인내하고 지구력을 갖는다. 매일 목표를 향해 실천한다. 나의 꿈과 목적이 에너지 영역에서 이미 모양을 갖추고 있다.

22
집착을 버리고
계속 실천해나가라

성공으로 가는 네 번째 단계

"기존의 세계에 모든 집착을 버리고, 미지의 세계로 들어가라.
모든 가능성의 세계에 발을 들여 놓아라."
— 디팩 초프라

목표에 집착하는 사람들에게는 이것이 가장 이해하기 어려운 단계일 수도 있다. 집착을 버리면 포기하게 될지도 모른다고 생각하면서 목표를 잃지 않으려고 매달리지만, 사실은 그 반대이다. 목표에 매달릴수록 초조함이 성공을 방해하고 의욕을 저하시키면서 당신을 비참하게 만든다.

꾸준한 실천은 태도에 의해서 생기는 것이지 집착에 의해 생기는 것이 아니다. 당신은 확고한 결심을 갖고 있는가, 아니면 절망적으로 매달리는가? 결심은 차분하게 지속적으로 실천하는 방법이며, 모든 노력을 정서적인 불안이 아니라 창조적인 생산성에 집중시켜 준다. 이 공명은 중심이 잡혀 있고, 확실하고 집중되어 있으며, 그래서 결과를 생산한다!

반대로, 절망은 집중력 있는 실천이 아닌 감정적인 반응으로 당신을 끌고 간다. 이로 인해, 당신은 걱정하면서 두려움을 갖게 되고, 이 걱정은 당신의 실천과 창조성을 가로막는다. 끝이 없는 동요는 에너지를 잠식하고, 결과적으로 더 많은 노력을 기울여야만 한다. 절망적인 진동을 에너지장에 발산하면, 똑같은 절망적인 현실이 창조된다. 그래서 어려운 일이기는 하지만 절망감을 버려야 한다.

'이것 없이는 행복해질 수 없어.' 라든지 '저것 없이는 절대 성공하지 못할 거야.' 라는 종류의 생각은 갈망과 결핍의 불쾌한 신호를 전송하면서 당신을 비참하게 만들 뿐이다. 이런 신호는 지금 당신이 행복하지도 성공적이지도 못하다고 결정하면서 당신의 현재 에너지를 완전히 망가뜨려 놓는다. 이 진동은 당신이 원하는 것을 밀어내고, 이로 인한 부정적인 결과가 당신을 더 깊은 절망으로 밀어넣을 것이다. 행복해지지 못할 것이라고 기대하면서 두려워하면, 이 기대가 저절로 이루어져서 정말로 행복하지 못하게 될 것이다.

❀ 절박함을 버리고 행복해지기 위해서는 외부적으로 성공해야 한다는 집착을 버려야 한다. 인생을 완성하는 것보다 풍부하게 하는 것을 목표로 삼고 초조함을 해소해야 한다. 참을성을 가지고 신의 시간표를 믿어라. 믿고, 버리고, 매일 기쁘게 생활할 것을 선택하면 당신이 원하는 것을 끌어당길 수 있게 된다.

매일 비타민 E를 섭취하라

성공하려는 노력은 엄청난 각오이다. 성공하기 위해서는 에너지를 높게 유지해서 생산적인 시간들을 가속화시키고, 흐름이 둔화될 때는 스스로를 자극하기도 해야 하기 때문이다. 하루하루를 신명나게 생활하면 높은 에너지 수준을 유지할 수 있다. 그래서 나는 신명나는 이 흥분(excitement) 상태를 '비타민 E'라고 부른다. 이런 태도는 의지를 불태워 주고, 의욕을 주며, 기운을 북돋아 주기 때문에 매일매일 섭취해야 하고, 그러기 위해서는 당신의 믿음을 확신하고 목표가 달성되는 순간을 상상해야 한다. 미소를 지으며, 열정이 당신을 꿰뚫고 지나가는 것을 느껴라. 이것은 그저 한심하기만 한 공상이 아니라, 뇌에 화학반응을 일으키고 의식의 창조력을 집중시키는 행위이다. 하지만 이 흥분하는 태도가 목표에만 국한되어서는 안 되고, 일상적인 생활과 목표가 요구하는 모든 실천에도 적용되어야 한다.

항상 '위대한 미국적 소설'을 쓰고 싶어하는 내 친구가 하나 있는데, 그녀에게는 한 가지 문제가 있었다. 그녀는 매우 위트가 있고, 말도 정말 잘하며, 세련된 친구로, 베스트셀러 작가가 되어서 토크쇼에 나가 자신의 문학적 소질로 모든 사람들을 감동시키는 자신을 상상할 수 있었다. 하지만 딱 한 가지 문제는 글 쓰는 것을 싫어했다!

자기 훈련이 부족한 것인지 아니면 글 쓰는 행위 자체에 흥미가 없는 것인지는 알 수 없지만, 어쨌거나 요지가 있는 읽을 만한 글을 한번도 길게 써본 적이 없었다. 컴퓨터에 있는 자신의 소설에 대해서 아직도 이야기하지만, 각 단계에서 요구되는 진정한 정열을 갖추기 전에는 소설가가 되려는 그 특별한 꿈을 결코 이룰 수 없을 것이다.

적극적이면서도 집착하지는 않는 비결이 바로 여기에 있다. 과정 자체에서 흥분을 느껴라! 성공을 상상하면 신이 나겠지만, 성공하기 위해 요구되는 일들을 열심히 하는 것을 상상하면서도 같은 종류의 짜릿한 흥분을 느끼는가? 마라톤에 우승하는 자신을 상상하는 동시에 피곤과 고통을 참아내며 여러 시간, 여러 날을 꾸준히 훈련하는 자신도 상상할 수 있는 가? 회사의 부사장으로 승진하는 것을 상상하면서, 늦은 시간까지 일하고 다른 사람들은 두려워하는 모험을 감수할 각오가 되어 있는가? 인기있는 TV 드라마에서 연기하는 자신을 꿈꾸면서, 연기 학원에 다니며 다른 수백 명의 희망자들 틈에 끼어 엑스트라를 뽑는 단체 오디션에 참가하고 좋은 소식이 있기를 기도하면서 떨어져도 낙심하지 않을 준비와 각오가 되어 있는가?

또한 성공하는 과정에 필요한 모든 역경을 헤쳐나가는 자신을 보면서, 한발 더 앞서 나갈 수 있는가? 과정 그 자체를 즐기는 자신을 상상할 수 있는가? 다시 말해서, 부귀와 영화를 얻지 못한다 해도 계속 신명이 나서 그 일을 할 수 있는가? 이것이 바로 순수 욕망의 법칙이 요구하는 것이다. 과정 자체에 열중하다 보면, 인생에 필요한 에너지를 매일 만들어낼 수 있다. 행복하게 목표를 실천하는 자신을 상상하라. 그리고 행복한 결과를 상상하라. 이 이미지들을 마음과 머리에 꼭 움켜잡고, 그 이미지들의 안내를 따라 가라.

집착을 버리고 계속 실천할 수 있는 비결

다음 사항들을 실천하면, 절망감에서 행복하고 적극적으로 성공을 추구하는 태도로 이동할 수 있다.

- 모든 부정적인 생각들을 바꿔라. 자신이 불쾌한 에너지 상태에 있는 것을 발견할 때마다 의식 라디오의 채널을 바꿔라. 믿음과 결단력이라는 더 높은 진동과 공명하는 생각을 찾을 때까지, 당신이 생각의 '검색' 버튼을 누르고 있는 것을 상상하라. 다른 생각은 모두 버려라.

부정적인 생각은 절대로 긍정적인 결과를 낳지 못한다.

- 모든 부정적인 감정들을 차단하라. 기분이 저조해지면, 다른 감정을 가지려고 의식적으로 의도함으로써 감정을 바꿀 수 있다. 이번에는 감정 라디오의 '검색' 버튼을 눌러라. 더 행복한 이미지와 추억과 긍정적인 기대를 찾아라. 걱정과 회의 대신 마음의 평화를 선택하면서 심호흡하고, 미소짓고, 자신의 중심을 옮겨라.

- 과정 자체에서 가치를 발견하라. 강의를 듣거나, 시간외 근무를 하거나, 어떤 일을 하든지 간에 성공으로 가는 길을 짐으로 생각하지 마라. 과정 그 자체에 기꺼이 몰두하라. 목표에 도달하기 위해 해야 하는 모든 일들에서 기쁨과 즐거움을 찾아라.

- 당신 자신과 자신의 미래와 자신의 가치를 하루에도 몇 번씩 확인하라. 당신의 넘치는 재능과 힘과 가능성을 깨닫고, 최선의 결과를 얻을 자격이 있다는 것을 명심하라.

- 당신이 하는 모든 행동과 결정에서 명예와 존엄성을 유지하라. 무슨 일이 있어도 원칙을 잃지 마라. 당신의 존엄성을 잃으면서 얻는 성공은 성취가 아니라 실패이다.

- 계속해서 자신감을 키워라. 자신을 싫어하면서 행복해지고, 적극적이 되고, 성공할 수는 없다. 회의와 자기비판을 버려라. 자신을 믿고, 꿈을 실현할 수 있는 자신의 능력을 믿어라. 그 꿈이 실현될 때까지 계속 행동하라.

- 이미 성공한 여러 가지 일들을 깨달아라. 당신이 인생에서 이미 창조한 가치와 세상에 가져다준 축복을 스스로 축하하라. 가장 크게 성공한 부분으로 에너지와 의식을 지배하라. 그러면 다른 모든 것들도 따

라서 성취된다.

- 불행해지지 않는 법을 배워라. 자기 사랑과 낙관주의는 진정한 기쁨을 위해 필요한 정신적 기초이다. 행복해지는 것이 힘들게 느껴질 때는 스스로를 어떻게 생각하는지, 어떤 인생 전망을 갖고 있는지 생각해 보라. 당신을 비참하게 만드는 생각을 떨쳐버리기로 결심하라.

- 그렇게 하고 싶지 않을 때에도 더 많이 미소짓고 웃어라. 매일 미소지으면서 목적이 이미 달성되었다고 상상하라. 이 기쁜 마음과 상상이 결합해서 당신의 화학 작용과 의식과 에너지와 결과를 바꾼다.

- 지금 바로 당신이 되고 싶은 사람이 되라! 당신의 모든 꿈이 실현된다면 어떤 기분이겠는가? 더 즐겁고 신나고 사랑이 넘치겠는가? 오늘부터 시작해서 이 느낌을 모두 선택하고, 더 많은 것을 선택하라.

당신의 에너지는 온 세상이 볼 수 있는 진정한 당신의 횃불에 불을 붙인다. 이것은 당신의 진정한 이미지를 창조하는, 당신 내면에 존재하는 빛의 진동이다. 실망과 절박한 절망감으로 인해 이 빛이 어두워졌다고 느껴지면, 지금이야말로 이 모든 것을 바꾸고 말 그대로 '충전' 할 때이다.

신명으로 당신의 에너지를 충전하고, 목적과 확고한 실천이라는 불꽃으로 의지를 불태워라. 기회가 될 때마다 부족한 것에서 가진 것으로, 비관주의에서 낙관주의로, 회의에서 자기 믿음으로 당신의 주파수를 바꾸어라. 이 진동을 바꾸는 모든 선택 하나하나가 또 다른 긍정적인 자극을 창조하고, 더 밝은 빛을 온 세계에 비추어서 집착이 없는 열정과 기쁨으로 당신의 성공을 가속화시킨다. 진정으로 즐거운 마음으로 노력하는 이미지와 성공을 이루는 이미지가 결합되면, 추진력 있는 의지와 빛나는 에너지로 당신의 실천이 결과를 얻게 될 것이다!

집착하지 않고 실천하기 위한 다짐

• 매일 나는 차분하고 지속적인 마음으로 실천한다. 확고한 결심이 있고, 평온하며, 중심도 잡혀 있다.

• 조급함을 버리고 인내를 생활화한다. 차분히 확실하게 실천한다.

• 개방적이고 수용적인 태도로 목표를 추구한다. 항상 기꺼이 받을 준비가 되어 있다.

• 행동 그 자체를 위해 행동한다. 행동하는 과정 자체에서 목적을 발견한다.

• 결과에 상관없이 기쁜 마음으로 노력한다. 나는 즐겁게 살아간다.

5부

성공의 보이지 않는 3대 도우미

에너지가 우주에서 일어나는 모든 활동의 기초라는 것은 아무도 부정할 수 없는 사실이다. 수많은 보이지 않는 동력들이 우리 인생의 경험에 영향을 미치면서, 우리 내부와 주변에서 움직인다. 하지만 우리가 이미 살펴본 진동하는 동력 이외에도, 에너지 장에는 보이지 않는 세 가지 도움이 존재하는데, 이들은 모두 영혼의 진동이다. 이 강력한 에너지 진동으로부터 받을 수 있는 도움을 무시하는 것은 정말 엄청난 실수이다.

모든 창조물에는 영적인 에너지가 흐른다. 사실, 이것은 자연계와 초자연계의 두 세계에서 가장 역동적인 동력이며, 무제한으로 얻을 수 있는 에너지이다. 이 엄청난 힘에 의식적으로 우리 자신을 결합하는 것이 우리 인생의 가장 중요한 일이지만, 때때로 가장 중요하지 않게 생각되는 경우가 있다. 우리는 정체성의 영적인 부분을 쉽게 무시한다. 물리적이거나 물질적인 필요만큼 중요하다고 생각하지 않기 때문이다. 행복해지기 위해 돈이 필요하고, 그 돈을 버느라고 너무 바빠서 우리에게 가장 심오한 만족감을 줄 수 있는 원천 중의 하나를 등한시하는 것이다!

영혼의 세계는 풍부한 기쁨과 무제한적인 자원들로 가득하다. 영혼의 에너지는 국소적이면서 비국소적이고, 개인적이면서 전 인류적이고, 현재적이면서 영구적이다. 당신을 포함한 모든 개인은 특유의 본질을 갖고 있지만, 다른 개인들은 물론이고 심지어는 모든 창조의 원천과 흐름으로부터 분리되지는 못한다.

머리를 복잡하게 하는 어려운 개념이긴 하지만, 이 영혼의 진동에서 '마술'이 시작되기 때문에 반드시 생각해봐야 한다. 이 압도적인 우주의 동력에 결합하면, 모든 놀라움의 원천에 자신을 연결하는 것이다. 이 눈부신 결합의 기쁨 안에서 당신은 기적을 창조하고, 자신이 하나로서 완벽한 존재라는 사실을 깨닫는다! 사실, 이 영묘하고 물리적인 세계는 우리가 이해할 수 없는 엄청난 세계이다. 당신이 영혼에 공명할 때, 당신의 진동은 아름답고 풍요롭고 즐거운 모든 것의 문을 당신의 인생을 향해 열어 준다.

더 숭고한 자아

천사와 수호신과 사랑하는 사람들의 영혼

신의 손길

23

더 숭고한 자아

성공의 보이지 않는 첫 번째 도우미

> "원천은 무한하고 경계가 없으며, 끝없이 광활하고 한없이 풍부하다……,
> 의심을 버리는 것은 원래의 자기 자신으로 돌아가는 것이다."
>
> — 웨인 W. 다이어 박사

영혼의 세계는 목표를 달성하려는 가장 강한 의지와 힘을 내포한 놀라운 에너지를 우리에게 제공해 준다. 하지만 사실 가장 가까이에서 즉각적으로 당신을 도울 수 있는 것은 바로 당신 자신이다! 이것은 당신의 영혼이며, 더 숭고한 자아이다. 당신 위에 있거나 당신보다 더 낮기 때문에 '더 숭고한' 것이 아니라, 당신의 육체보다 더 높은 주파수에서 진동하기 때문에 더 숭고하다. 이것은 신의 존재와 그 존재가 당신의 영혼에 가져다줄 수 있는 엄청난 풍부함과 결합하는 것이며, 당신에게 필요한 모든 정보와 힘과 자원에 접근하는 방법이기도 하다.

✽ 영적인 자아는 자신의 본질과 존재가 무한하고 영원하다는 것

을 알고, 영혼이 인생과 함께 끝나지 않는다는 것도 안다. 인생은 길고 명예로운 우리의 영원한 여정에 표류하는 생각이라는 속삭임에 지나지 않는다. 이 진실을 깨달으면 매일의 일상에서 충만한 평온함과 안정감을 체험할 수 있고, 이 체험은 당신이 지각하는 한정된 시간과 제한된 기회를 훨씬 능가한다. 당신의 영혼은 지금 이 순간에도 존재하는 무한하고 무제한적인 현실의 문을 열어준다.

이런 영원의 개념을 이해하지 못하면, 시간은 당신의 적이 된다. 인생의 밑바닥에 흐르는 두려움이라는 전류 때문에 절망감과 초조함을 느끼고, 상황을 통제하려는 경향을 갖게 된다. 이 에너지는 당신을 조급함으로 가득 채우고, 이 조급함은 당신이 찾는 그 행복을 가로막는다. 자신의 무한함을 포용하면, 인간적인 경험을 근본적으로 바꾸어 목표를 포함한 모든 일에 더 폭넓고 평화롭게 접근할 수 있다.

더 숭고한 자아와 더 강력한 파워

더 숭고한 자아는 당신이 필요한 것을 당신 자신보다 더 잘 깨닫는다. 당신이 찾는 모든 해결책을 갖고 있고, 필요할 때마다 방대한 정보의 세계에 당신을 노출시켜 준다. 당신이 필요한 모든 힘도 이 자아에 내재되어 있다. 하지만 이 힘을 이용하기 위해서는 당신 스스로를 개방해야 한다. 의심이 생기면, 걱정을 해소해 주는 믿음을 갖고 평화를 얻으려고 노력하라. 당신의 선택에 대해 확신이 없으면, 지혜와 용기를 얻어야 한다. 지혜는 무엇을 해야 할지 알고, 용기는 그것을 실천하게 해 준다.

이 진동을 통해서 모든 개인적인 성격을 이용할 수 있다. 자신감과 지혜와 용기와 결단력과 사랑과 희망과 같은 본질들은 당신 영혼의 자아 안에 존재한다. 이런 본질들을 지금까지 한번도 느껴보지 못했을지라도, 무한한 당신의 영혼 안에는 내재되어 있다. 당신에게 필요하다면 언제, 어떤 상황에서든 기꺼이 이용할 수 있다.

명상의 힘

어떤 특정한 육체적 · 정신적 경험을 하고 싶다면, 긴장을 풀고 가슴 한가운데에서 아름다운 빛이 나오는 것을 상상하라. 이 아름답고 눈부신 빛을 보고 따뜻함을 느껴라. 이 밝은 빛이, 당신이 원하는 모든 것을 가져다줄 수 있는 당신의 진정한 최고 자아이다. 품위, 연민, 인내, 자제력, 평화, 목적, 존엄함, 또는 그 밖의 다른 무엇이든 간에 당신의 끝없는 중심으로부터 이것을 소망하라. 소리내서 이것들을 말하고, 심호흡을 하고, 긴장을 풀어라. 그러면 그 특정한 에너지가 당신 안에 가득 차오는 것을 느낄 수 있을 것이다.

지금 이렇게 해보라. 심신을 정화하는 심호흡을 하고, "자신감"이라고 말하라. 당신의 가슴과 영혼 깊은 곳에서부터 이 감정을 불러내라. 다시 심호흡을 하고, 이 놀라운 감정을 반복해서 말하고 깊이 생각하면서 이 감정 안에서 긴장을 풀어라. 당신의 마음과 정신에서 자신감이 진동하는 것을 느껴라. 자신감의 에너지가 당신 안에서 자라나서 당신을 가득 채우고, 당신에게 활력을 주며, 강하고 자유롭게 만드는 것을 체험하라.

느끼고 싶은 모든 종류의 힘을 이런 식으로 체험하라. 원하는 감정을 소리내어 말하면서 느긋해지고, 이 느낌을 재생시켜라. 그러면 곧 이 모든 힘이 당신의 것이 될 것이다.

이 간단한 방법에 덧붙여서, 뉴욕 릴리데일의 뛰어난 카운슬러이자 강사인 내 친구 톰 크레트슬리가 가르쳐준 '다짐하기' 방법도 있다. 그는 자신의 세미나에서, '나는 영혼의 수용력에 스스로를 개방해서……' 라고 시작하는 다짐을 이용해 엄청난 영혼의 파워를 깨닫도록 사람들을 자극한다. 이렇게 시작한 다짐은 무엇이 되었건 그 당시에 자신이 바꾸거나, 치료하거나, 받거나 하려는 특정한 의지로 끝난다.

이것은 자신의 내면적인 힘에 스스로를 연결시키는 역동적인 방법이다. 당신이 해야 하는 일이 무엇이든지 이 의지를 이용해서 그것을 달성할 수 있다. 느긋하게 긴장을 풀고 심호흡하는 것으로 시작하여 마음의 중심을 생각하면서 파워가 생기는 것을 느껴라. 그리고 당신이 현재 갖고 있는 문제를 생각하고, 영혼의 중심을 확인하라.

필요한 모든 것을 얻기 위해 이를 이용하라. 예를 들어, 이렇게 다짐할 수 있다.

나는 영혼의 수용력에 스스로를 개방해서……
- ……믿음을 가진다
- ……걱정을 해소한다
- ……자신을 용서한다
- ……정보를 얻는다
- ……이 프로젝트를 완수한다
- ……아침을 상쾌하게 시작한다
- ……모험을 시도한다
- ……마음의 평화를 갖는다

필요할 때마다 이 놀라운 방법에 의존해 다양한 개인적 힘과 긍정적 감정과 창조적 의지를 선택할 수 있다. 그러니 선택하라!

영혼의 존엄함도 두려움이나 걱정 같은 인간적인 경험의 일부일 뿐이다. 사실, 더 숭고한 자아는 두려움을 느끼지 않고 경계도 모르는 끝없는 풍부함을 인생에 가져다주는 영혼의 실체이다. 당신이 필요한 다른 모든 에너지와 함께 존엄함 역시 무한하고 영원한 우주의 지혜에 접근하는 한 방법이다.

당신은 신과 함께 한다. 그리고 신은 당신이 지금 당장 이용할 수 있는 모든 지식의 원천이다. 마찬가지로, 당신의 본질적인 자아도 정보의 원천이다. 질문하고, 마음을 가다듬고, 명상하고, 당신의 직관에 귀를 기울여라. 결정을 해야 하거나 어떤 일을 분명하게 해야 할 때가 오면, 정보를 요구하고 대답을 위해 준비하라. 그러면 분명히 그 답을 얻을 수 있을 것이다.

영감을 얻어라

몸과 마음을 제한하는 대신에 영혼의 방대함으로 당신을 규정하면 어떤 일이 생길까? 다름아닌 우주의 영감에 당신을 개방하게 된다. 수많은 사람들이 전혀 뜻밖의 상황에서 진정한 영감을 얻는 경우가 있다. 과학과 예술, 문학, 심지어는 경제 분야에서도 엄청난 기적에 관한 이야기가 가득하다. 이 기적들은 더 숭고한 자아가 우주의 영혼에 공명할 때 생기는 에너지 반응이다. 사실, '영감을 갖는다(inspire)'라는 말은 '영혼 안에(in spirit)'라는 뜻이다.

이것은 초자연적인 과정처럼 보이지만, 반드시 그렇지도 않다. 우주는 정보와 끝없는 창조력으로 가득하다. 형태형성장이 감정의 에너지를 갖고 있듯이, 놀라운 정보의 장은 무궁한 지혜와, 과거와 현재와 미래를 총

망라하는 모든 시대의 지식을 갖고 있다. 당신의 공명이 우주의 흐름에 결합하면 언제든지 이 우주를 이용할 수 있으며, 이것을 방해하는 유일한 요소는 당신의 저항뿐이다. 이 저항은 의심이나 산만함과 같은 형식으로 오는데, 일단 이 저항을 제거하고 나면 당신이 찾는 답이 정말 엉뚱하고 신비하기까지 한 방법으로 당신을 찾아올 것이다!

나는 이 동시성을 끝없는 발명과 발견, 심지어는 위대한 예술과 음악과 문학의 원천인 신의 정신이라고 믿는다. 캘리포니아의 화학자 캐리 멀리스가 복제 연쇄반응(polymerase chain reaction: PCR)을 발명하면서 특별하고 놀라운 영감을 경험했는데, 이 반응은 DNA를 이해하고 해석하는 데 있어서 어쩌면 가장 중요한 전환점 중의 하나일지 모른다.

멀리스는 그의 저서 《정신계에서 벌거벗고 춤추기(Dancing Naked in the Mind Field)》에서, DNA의 정체를 밝히기 위해 실험실에서 열심히 연구했지만 성과가 없었다고 이야기한다. 그러던 어느 날 실험을 마치고, 캘리포니아의 앤더슨벨리에 있는 집으로 가기 위해 운전하고 있었다. 언덕 위의 버카이 나무에 핀 꽃을 쳐다보고 있는데, 갑자기 답이 떠올랐다. 순간적인 영감으로 그는 해답을 얻었고, 차를 세우고 그것을 쓰기 시작했다.

그리고 실험실로 돌아와서 실험을 계속했다. 하지만 처음의 그 번갯불 같은 영감이 결정적인 답이었다. 나중에 그는 그렇게 간단한 해결책을 이제까지 왜 아무도 생각해내지 못했는지 이해가 되지 않는다고 말했다. 하지만 그 정보는 형태형성장에 갇혀서 그의 공명과 조화를 이루고, 그와 함께 시작하기 위해 기다리고 있었던 것이다.

멀리스는 진정한 영감을 얻은 것이었다. 그가 찾던 해답은 실험실에 틀어박혀 열심히 노트를 들여다보고 있을 때 온 것이 아니라, 언덕에 점처럼 박혀 있는 아름다운 나무들을 행복하게 바라보고 있을 때 찾아왔다. 그는 느긋하게 긴장을 풀고, 해답을 찾으며, 답을 받을 준비가 되어 있었던 것이다. 해답이 멀리스를 기다리고 있었고, 그의 목적과 의지에 의해서 정보가 에너지장에서 그의 현실로 옮겨졌던 것이다.

이 발견은 세계적으로 큰 파장을 불러일으켰고, 멀리스는 노벨상을 받았다. 이 발견으로 인해 DNA에 대한 이해가 완전히 바뀌었다. 유전병을 미리 발견하여 사람들을 유전병으로부터 구제할 수 있게 되었고, 범죄 수사에 이용되는 법의학도 근본적인 변화를 맞이하게 되었다.

이런 경험을 한 것은 멀리스 한 사람뿐만이 아니다. 시대를 막론하고, 작가와 예술가와 발명가를 비롯한 모든 분야에 종사하는 사람들이 이 즉흥적인 영감을 경험해 왔다. 아인슈타인도 자신의 가장 위대한 해답들은 문제를 전혀 생각하지 않을 때 떠올랐다고 말했다. 토마스 에디슨은 자기 실험실에 작은 침대를 두고 있었는데, 낮잠에서 깨어날 때 찾던 해답이 떠오르곤 했다고 말했다. 단순히 긴장을 풀고 마음을 열어 얻고자 하면, 당신도 영감을 얻을 수 있다.

더 숭고한 자아를 작동시켜라

이 놀라운 파워를 활용하는 한 가지 방법은 당신의 직관을 더 편안하게 이용하는 것이다. 그렇게 하기 위해서는, 마음을 가라앉히고 대답을 향해 귀를 기울여야 한다. 그리고 도움이나 안내를 받으면 얼른 알아보고 기꺼이 따라야 한다. 육감에 더 자주 귀를 기울이고, 직관과 두려움의 차이를 구분할 수 있어야 한다. 때때로 직관과 두려움은 매우 비슷한 목소리를 내기 때문에, 그 차이를 구분하기 위해서는 평소에 당신의 깊은 내면을 들여다보고 그 내면의 목소리를 들어야 한다.

스코틀랜드 로커비 상공에서 폭파된 비행기의 탑승권을 갖고 있었던 여성을 만난 적이 있다. 그녀는 겨우 몇 시간 전에 비행기 탑승을 미루고 싶은 강한 충동을 느꼈지만, 탑승권을 바꾸기 위해 지불해야 하는 추가 비용 때문에 한편으로는 망설여지기도 했다. 하지만 그녀는 자신의 더 숭고한 자아에 귀를 기울이기로 결정하고, 돈 걱정은 하지 않기로 했다. 그녀는 직관을 따르느라 돈은 좀더 썼지만, 대신 목숨을 구할 수 있었다.

❋ 당신의 직관을 우주의 흐름에 더 많이 연결시키기 위해서는, 에너지를 차분하게 하고 모든 걱정을 버려야 한다. 느긋해지는 방법과, 조급함과 걱정을 버리는 방법을 배워라. 조급함과 걱정은 당신의 영적인 결합을 방해하는 진동이다. 규칙적인 명상과 평온함의 반향은 당신을 더 높은 원천과 결합시키고, 우주의 사랑과 안내와 정보의 평화로운 흐름으로 당신을 이동시켜 줄 것이다.

어려운 상황에 처할 때마다 문제를 생각하면서 더 숭고한 자아에 도움을 청하라. 밤에 잠자리에 들 때마다 당신의 영혼을 바깥세상으로 내보내서 당신 대신 일을 해결하게 하라. 당신의 아이디어가 효과가 있다는 것을 다른 사람에게 확신시키는 것이든, 아니면 당신의 목표를 달성하기 위해 필요한 정보를 얻는 것이든, 더 숭고한 자아는 당신이 생각하는 것보다 훨씬 더 큰 파워를 갖고 있다.

잠이 들 때는 당신을 대신해서 이 자아를 우주로 보내라. 침대 옆에 작은 공책을 두고 저녁에 느꼈던 모든 생각들을 적어라. 심지어는 꿈에서 당신이 찾는 해답을 얻을 수 있을지도 모른다. 생각들을 모두 적고, 내면의 진실을 보기 위해 마음의 문을 열어라.

항상 당신과 함께 하는 영혼 에너지는 당신의 현재와 영원을 결정하는 한 부분이다. 당신이 살아 숨쉬는 모든 순간에 당신의 영혼이 함께 한다. 당신의 육체에서 분리된 영혼은 더 위대해지지도, 더 강력해지지도, 더 현명해지지도 않는다. 영혼은 물리적인 산만함에 그다지 큰 방해를 받지 않는다. 지금 바로, 당신의 본질은 지혜로 가득한 세계의 문을 두드릴 수 있는 힘이 있으며, 모든 에너지장에 연결될 수 있다. 더 숭고한 자아에 도움을 청하라. 그러나 거기에서 멈추지 말고, 당신이 원하는 것이 무엇인지 세상에 알려라. 당신이 얻게 될 반응에 놀라게 될 것이다!

더 숭고한 자아와 연결되기 위한 다짐

- 날마다 나는 내 영혼의 무한함을 더 깊이 깨닫는다. 내 영혼이 가져다주는 평화 속에서 생활한다.

- 내 영혼의 투명함과 지혜와 품위와 힘에 마음을 연다.

- 사랑하고, 사랑받고, 창조하고, 신뢰하고, 받아들이기 위해 내 영혼의 수용력에 스스로를 개방한다.

- 점점 더 많이 직관의 목소리에 귀를 기울인다. 뜻하지 않은 때에 수많은 방법으로 영감을 얻고, 하루하루 정보와 도움을 받는다.

- 세속적인 걱정을 버리고, 나의 영원한 정체성이 주는 평화를 포용한다.

24

천사와수호신과
사랑하는사람들의영혼

성공의 보이지 않는 두 번째 도우미

> "열린 창문 너머 바깥 세상의 아침 공기는 항상 천사들로 가득하다."
>
> — 리처드 윌버

영혼의 세계는 대부분의 사람들이 생각하는 것보다 훨씬 더 넓고, 밀도도 높다. 당신의 영혼 에너지와 함께 모든 사람들의 에너지가 시간과 공간에 고동친다. 보이지 않는 존재들이 수많은 방법으로 당신을 돕기 위해 기다리면서 당신을 향해 미소짓는다. 천사와 수호신과 사랑하는 사람들의 영혼과, 에너지장에 존재하는 따뜻한 마음들이 항상 당신에게 사랑과 확신의 메시지를 보낸다.

천사

시대를 막론하고 대부분의 종교에서 천사의 존재는 신의 메신저로서,

그리고 인간을 돕는 영혼으로서 믿어져 왔다. 너무 종교적이거나 아니면 터무니없다고 생각하며 이 놀라운 힘을 무시해서는 안 된다. 만약 원하는 것이 있거나 이루고 싶은 것이 있으면, 천사들에게 도움을 청하라. 다른 모든 종류의 도움과 마찬가지로, 정신적인 것이든 다른 것이든 간에 도움을 얻기 위해서는 우선 요구해야 한다.

우리는 천사의 존재에 대한 많은 이야기를 쉽게 들을 수 있다. 내 친구 중의 하나는 안전사고가 많은 공장에서 일하는데, 출근할 때마다 사고로부터 보호해 달라고 천사들에게 기도한다. 하루는 공장에 불이 나서 연기가 자욱해지는 바람에 비상구가 보이지 않았다. 누군가가 그의 이름을 부르는 소리가 나서 그 목소리를 따라 문까지 올 수 있었지만, 문에 도착했을 때는 아무도 보이지 않았다.

올림픽 피겨스케이트 선수를 만난 적이 있는데, 그녀도 항상 천사에게 도움을 청한다고 했다. 천사들이 얼음 위에 늘 함께 있으면서, 심지어 점프를 할 때는 그녀를 들어올려 주기도 한다고 말했다.

작은 출퇴근용 비행기를 운전하는 다른 친구는 슈피리어 호수 상공에서 폭풍우를 만난 이야기를 했다. 그의 12인승 비행기가 곤두박질치기 시작했고, 아무리 사력을 다해도 폭풍우에서 빠져나올 수가 없었다. 그래서 그는 기도했다. 그러자 갑자기 튼튼한 두 팔이 비행기의 날개를 잡아 올려주는 것을 느꼈고, 그는 무사히 비행을 마치고 승객들을 안전하게 목적지까지 데려다줄 수 있었다.

이들은 모두 천사에게 도움을 청했고, 확실하게 그 도움을 받았다. 천사의 도움은 영혼의 세계에만 국한된 것이 아니다.

수호신

당신이 원하는 것을 저 세상 밖으로 알려라. 헤아릴 수 없이 많은 수호신들이 당신을 돕기 위해 기다리고 있다. 성자일 수도 있고, 다른 영혼의 수호신들일 수도 있다. 코미디언인 대니 토마스가 이것을 직접 경험했고, 그는 이들의 도움으로 수천 명의 목숨을 구했다.

1940년대 초, 토마스는 연예계에서 성공하기 위해 엄청난 어려움을 겪고 있었다. 라디오에서 일하기도 했고, 서서 진행하는 극장식 코미디 쇼를 하기도 했지만, 신혼 가정을 꾸리기에는 턱없이 돈이 부족했다. 그의 아내는 그가 연예계 일을 그만두고 식료품 가게의 점원으로 일하기를 바랐다. 그녀는 임신 중이었고 두 사람은 너무나 가난해서, 토마스도 어쩌면 그것이 유일한 대안일지도 모른다고 생각했다.

그는 절망의 수호신인 성 유다에 대해서 들은 적이 있었다. 그래서 동네 교회로 가서 기도를 했다. 토마스는 연예계에 머물러야 하는지 아니면 '좀더 안정적인' 일자리를 찾아야 하는지 계시해 달라고 기도했다. 그리고는 조만간 그의 쇼에 아무런 변화도 생기지 않으면, 정규적인 일거리를 찾겠다고 결심했다.

그리고 얼마 지나지 않아 그는 시카고로 가는 꿈을 꾸었다. 그는 그 영감을 따랐고, 시카고에 도착한 첫날 몇 개의 라디오 쇼에 캐스팅되었다. 나중에는 두 개의 TV 쇼를 히트시켰고, 성공적인 제작사를 설립하여 인기 있는 쇼를 많이 제작하면서 큰 돈도 벌었다.

성 유다에게 도움을 청하는 기도를 하면서, 그는 감사하는 뜻에서 성자의 이름으로 사원을 짓겠다고 약속했었다. 그리고 그 약속을 지키는 것 이상으로 좋은 일을 했다. 1962년, 그는 성 유다 아동연구병원을 설립하여 끔찍한 질병에 걸린 아이들에게 치료의 문을 열어 주었다. 그의 후원 아래 이 병원은 부모가 병원비를 지불할 능력이 없더라도 모든 아이들이 치료받을 수 있는 정책을 실시하고 있다.

이 훌륭한 병원은 아동 질병 연구의 첨단을 주도하면서, 설립 이후 수십 년 동안 수많은 어린 생명들을 구하고 있다. 예전에 대니 토마스가 성 유다에게서 구한 영적 도움이 현재 미국 전역에서 도움을 청하는 가족들의 기도에 대한 응답이 되고 있다. 토마스는 이 인도주의적인 행동으로 명예훈장을 받았다.

나도 의지하는 수호신이 있는데, 성 안토니우스이다. 이 성자는 분실물의 수호신이어서, 잃어버린 물건을 찾을 때 그에게 기도하면 된다. 그 기도문은 이렇다. "성 안토니우스시여, 어서 오소서. 잃어버린 물건이 있는데 찾을 수가 없습니다." 찾는 물건을 생각하며, 이렇게 소리내어 말하면 찾는 물건이 어디에 있는지 곧 생각나게 된다.

단순히 잃어버린 물건을 찾기 위해서뿐만 아니라, 정보나 도움이 있는 장소를 알아내기 위해서도 나는 항상 성 안토니우스에게 의지한다. 심지어는 입양할 아이들을 찾아서 집으로 데려올 수 있게 도와달라고도 기도했었다. 아주 오랜 세월 동안 성 안토니우스에게 의지해 왔기 때문에, 지금은 아예 친구처럼 그냥 토니라고 부른다!

몇 년 전, 평소보다 많은 관중들에게 강의를 했는데, 영적인 도움에 대해서 이야기하면서 내가 어떻게 성 안토니우스에게서 도움을 받고 있는지 몇 가지 사례를 이야기하고 있었다. 내가 기도문을 이야기할 때 많은 사람들이 받아 적었는데, 한 여성이 벌떡 일어나더니 강의실 밖으로 달려 나갔다. 강의를 끝내고 강의실을 나서려는데, 그 여성이 내게로 다가왔다. 그녀는 갑자기 뛰어나가서 미안하다고 사과하면서, 성 안토니우스에 대해서 여동생에게 빨리 이야기해 주기 위해 전화를 하러 나갔다고 말했다.

그 여동생이 전에 할머니의 약혼반지를 잃어버렸는데, 비싼 골동품 가치가 있을 뿐만 아니라 두 사람에게는 아주 소중한 반지였다. 그녀가 수화기에 대고 기도문을 외운 다음 여동생과 함께 큰 소리로 다시 말했다. 그러자 바로 동생의 머리 속에 화장대 서랍의 이미지가 떠올랐다. 동생이 화장대 서랍을 열었더니, 맨 위에 반지가 얹혀 있었다. 동생은 이해할 수가 없었다. 그 동안 서랍을 수십 번도 더 열어 보았고, 한번은 내용물을 전부 침대 위에 쏟아부어 놓고 찾은 적도 있었지만 찾지 못했었다. 게다가 그날 아침에 그 서랍에서 양말을 꺼낼 때도 반지가 없었던 것이다.

그녀는 이렇게 말을 끝냈다. "너무 놀랐어요." 나는 그녀에게 그런 이야기들을 자주 듣는다고 하면서, 성 안토니우스의 사랑과 축복이 넘치는 영혼으로 이루어지는 일이기 때문에 그다지 놀라운 일이 아니라고 말했다. 그러자 그녀가 이렇게 대답했다. "아니, 그래서 놀란 게 아니라 우리가 유대인이라서 놀랐다고요!"

영혼의 세계는 교파를 따지지 않으니 안심해도 된다. 나는 성령에서부터 사이 바바(인도의 영적 지도자—역주)와 사랑했던 나의 할머니 애나의 영혼에 이르기까지 모든 이들에게 이야기한다. 모든 사람에게 도움을 청할 수 있다. 성자들이나 부처, 예언자들, 천사, 혹은 당신이 사랑했던 사람들의 영혼에 의지해 도움을 청할 수 있다.

사랑하는 사람들의 영혼과 다른 모든 영혼들

저명한 물리학자 엔리코 페르미에 관한 유명한 일화가 있다. 아직 어렸을 때, 그는 형 줄리오와 함께 큰 흥미를 느끼며 물리학을 열심히 공부했다. 하지만 그가 열 살쯤 되었을 때 형이 죽는 비극을 겪었고, 그 이후로 그는 모든 종류의 물리학 서적에 더욱더 몰입하게 되었다. 그렇게 책을 읽는 동안, 하루는 누나가 재미있는 사실을 발견했다. 누나는 또 한 권의 책을 거의 다 읽어가는 동생 페르미를 보면서, 열한 살밖에 되지 않은 그가 어떻게 라틴어로 쓰인 책을 읽을 수 있는지 물었다. 페르미는 책의 내용을 모두 이해한다고 대답하면서, 그 책이 외국어로 쓰여졌다는 사실을 전혀 깨닫지 못했다고 말했다.

이 이야기를 들은 사람들은 죽은 형이 엔리코를 위해 책을 번역해 준 것이라고 말한다. 천사들이 도왔다고 믿는 사람들도 있고, 그냥 내적인 깨달음으로 읽었다고 믿는 사람들도 있다. 어떤 기적적인 이유로 그 책의 내용을 이해했는지 모르지만, 그는 그 덕분에 아주 어린 나이에 원자력과 방사능 과학의 지도자가 되었다.

두려워하지 말고 모든 가능한 원천으로부터 도움을 청하라. 그리고 응답을 얻어서 성공하라! 코르넬리우스 밴더빌트가 한 심령주의자에게 사업 투자에 관해서 상담한 꽤 유명한 일화도 있다. 그는 엄청난 돈을 벌어서 대학을 설립했다.

그 도움이 어디에서 왔든, 이 모든 이야기들에는 한 가지 공통점이 있다. 이 도움들은 일상적이고 물리적인 세계에서 오지 않았다. 이들은 보이지 않는 에너지장에서 왔고, 이 에너지장은 우리를 가장 마음 깊이 아끼는 사랑하는 사람들의 영혼이 있는 집이다. 천사와 수호신과 우리를 보호하는 영혼들은 자연계와 에너지계를 자유롭게 드나들면서 영향력을 행사한다. 엄청난 정보와 도움이 당신 주변에서 진동하고 있다. 순수 가능성의 세계에서는, 당신이 필요로 하는 모든 것들이 의식의 바로 가장자리에서 당신이 문을 열기만 하면 바로 사용할 수 있도록 당신을 기다리고 있다.

사랑의 영적 에너지와 결합하기 위한 다짐

• 사랑의 도움이 내게로 오고 있다. 마음을 열고 감사함을 느낀다.

• 천사들이 친절과 사랑으로 내 인생에 품위를 준다. 나는 그들의 보호와 보살핌을 받는다.

• 질문이 있거나 문제가 있을 때마다 내가 할 일은 도움을 청하는 것이다. 그러면 항상 필요한 응답을 얻고, 감사하는 마음을 갖게 된다.

• 기도는 내 인생에 파워와 목적을 가져다준다. 편안하고 평화로운 마음으로 기도한다.

• 우주는 사랑의 의지로 가득하다. 이제 내 사랑의 의지를 이 풍요로운 흐름에 맞춘다.

25

신의손길

성공의 보이지 않는 세 번째 도우미

"우리의 머리는 문제로 가득 차서, 신의 노랫소리를 한번도 듣지 못한다.
만약 우리가······ 볼 수 있고, 이해할 수 있고, 우주의 존재를 깨달을 수만 있다면,
우리가 이루지 못할 것은 아무것도 없을 것이다."

— 어니스트 홈스

모든 창조의 신성한 근원이 우주의 모든 진동과 입자에 존재한다. 이 놀라운 에너지는 생명이 넘치는 심장 박동이며, 성공을 포함한 모든 것들의 시초이다. 그래서 이 실재가 당신 인생의 실질적이고 실용적인 한 부분이 되어야 한다. 만약 이 놀라운 동력을 무시한다면, 영적인 굶주림으로 인해 당신의 꿈이 죽게 될지도 모른다. 하지만 당신에게 생명을 주고, 당신을 공동 창조하신 신의 존재를 생각하면, 당신은 무한한 힘으로 자신의 에너지를 발전시키고, 당신의 모든 존재에 스며드는 평화롭고 평온한 의식을 창조할 수 있다.

이것을 단순한 이상적인 과업으로 생각하지 말고, 마음을 움직이는 경험으로 받아들여야 한다. 이 경험은 매일 신의 사랑을 요구하고 받는 과

정이다. 삶의 고유한 존엄성은 영혼에서 기원하며, 변하지 않는 진리의 진정한 본질을 드러낸다. 이 결합은 모든 문제와 부족함과 걱정을 초월하고, 평화와 영속성의 놀라운 느낌을 가져다준다. 이 느낌으로 인해 당신은 언제든지 당신의 근본으로 돌아갈 수 있고, 문제의 해결책을 찾을 수 있다.

이 평화로움에 도달하기 위해서는 먼저 자신을 영적으로 분명히 해야 한다. 당신의 가치는 외부에 있는 것이 아니라, 신으로부터 받은 유산에 있다. 당신은 신성하고, 당신의 인생도 마찬가지이다. 이런 자신을 깎아내리는 것은 성공의 진정한 원천인 자신의 신성함을 부정하는 것이다. 자기평가와 조건적인 자기인정을 버리고, 자신의 소중함과 영원한 인생의 가치를 보아야 한다. 왜냐하면 물리적인 평가는 당신의 내면적인 신성함을 계속 부정하기 때문이다. 당신의 내면에 존재하는 신의 실재는 당신 가치의 궁극적인 근본이며, 이 진실을 포용할 때 당신은 세상의 축복을 받게 될 것이다.

이런 식으로, 당신의 영적이면서 주관적인 성공은 스스로를 사랑하는 마음과 본질적으로 연관되어 있다. 당신은 신의 자녀이고, 영원한 사랑과 빛의 발현이다. 당신이 스스로를 대우하는 방식은 신의 자녀를 어떻게 사랑하고 포용하는지를 신에게 보여주는 방법이다. 당신이 스스로에게 말하는 식으로 다른 사람들이 당신 자녀에게 말하도록 놔둘 것인가? 당신이 스스로를 비판할 때, 신은 이렇게 물으신다. "내 사랑하는 자녀를 어떻게 이런 식으로 대우할 수 있는가?" 당신의 자기비판은 당신 인생의 영원한 영혼을 부인하게 된다. 그리고 만일 자기 혐오와 자기 멸시를 계속 방치한다면 당신의 인력(引力)이 저 멀리 있는 블랙홀처럼 빽빽하고 어두워질 때까지 당신의 빛이 차단될 것이다.

신의 자녀로서의 정체성을 당신에게서 분리할 수는 없다. 만약 당신이 신의 존재를 분리한 채 자신을 평가한다면, 우주의 가장 매력적인 진동이 그 안에 갇히게 될 것이다. 이것이 인류의 가장 큰 병폐이다. 세계 도처에서 수백만 명의 사람들이 자신들의 가장 중요하고 근본적인 에너지가 상처받은 마음 안에 갇힌 채 쌓여가는 것을 느낀다. 이것은 고통스럽고 참담하고 무거운 상실감이며, 이 상실감은 당신을 중독, 소유, 도피와 같은 외부적인 만족에 절망적으로 매달리게 만든다. 하지만 아무리 많은 양의 외부적 즐거움도 공허하고 단절된 영혼을 만족시키지는 못한다.

❋ 마음을 열고 무한한 원천인 신이 주시는 유산에 결합해야 한다. 성공과 사랑과 진정한 만족이 주는 기쁨이 우선 당신을 관통해 지나갈 수 있어야 자유롭게 당신에게로 흘러들어 올 수도 있다. 다시 한번 에너지의 이동이 필요하다. 신에게 좀더 가까이 가기 위해서는 자신에 대한 미움이든, 다른 사람에 대한 미움이든, 모든 증오로부터 멀어져야 한다. 열린 마음으로 신과 결합되기 위해서는 꾸준히 당신의 의지를 이동시키고, 매일 새로운 선택을 해야 한다. 신에게 자신을 개방하기 위해서는 모순을 버리고, 평화를 포용하고 항상 사랑을 향해 걸어가야 한다.

신성한 마음

신에게로 가는 길은 멀지 않다. 당신의 머리에서 마음으로 가는 거리밖에 되지 않는다. 하늘을 쳐다보지 마라. 신은 하늘에 있지 않다. 대신 당신 마음의 중심을 생각하라. 천천히 심호흡을 하면서 당신 안에 이미 존재하는 영원의 빛을 느껴라. 이 빛이 안에서 빛나면서 밖으로 발산되어 신의 사랑의 빛과 연결되는 것을 체험하라. 이것이 창조의 무한한 영적 본질이다. 우리 모두는 신의 무한하고 찬란한 진동 안에 함께 결합된 이 눈부신 원천으로부터 발산되는 빛이다.

일상적인 명상과 함께 진지하고 진심어린 기도를 통해서도 이 강력한 존재에 결합할 수 있다. 기도는 오랜 역사를 통해 치유와 보호와 영감의 동력이 되어 왔으며, 신에게로 통하는 길이기도 하다. 진심어린 기도는 에너지 세계의 알려지지 않은 깊은 곳에까지 닿아서, 다른 어떤 것도 만들어낼 수 없는 놀라운 결과를 창조한다.

나는 나의 성공일지 맨 앞에 기도 목록을 보관해 둔다. 그 목록에는 치유와 해결이 필요한 사람들의 이름과 상황들이 적혀 있다. 매일 그 사람들의 이름을 신에게 이야기한다. 매일 아침과 밤에 시간을 내서 그 사람들에게 사랑의 의지를 보낸다. 나의 개인적인 목표에도 집중하지만, 노숙자들을 돕는 일이나 병든 사람들을 치료하는 일, 모든 전쟁의 평화로운 해결 같은 세계적인 문제들도 포함시킨다. 도움을 청할 곳이 전혀 없는 그런 사람들에게도 사랑의 도움이 전해질 수 있게 해달라고 기도한다.

무엇을 위해 기도하든지 당신의 말과 생각이 꼭 형식적이거나 창조적일 필요는 없으며, 마음에서 바로 우러나는 것이면 된다. 해소하거나 치료해야 할 것이 있으면, 의사소통의 통로를 개방하라. 원하는 것을 청하고, 받은 것에 대해서 감사하라. 감사와 고마움의 기도는 모든 놀라운 선물을 주신 신에게 우리가 되돌려드리는 속삭임이다. 당신이 하는 모든 일에 감사를 표현하면, 그것이 바로 살아 있는 기도가 된다. 모든 경험에서 신의 존재를 느끼면, 당신의 인생 전체가 기도가 될 수 있음을 깨닫게 될 것이다.

육상 선수들이나 금융가들, 록 스타들, 배우들과 그 밖의 수많은 사람들이 자신들의 성공을 신과의 결합 덕분이라고 이야기한다. 이것을 단순히 바보 같은 감상으로 치부해 버려서는 안 된다. 모든 우주 창조의 근본이며 공명인 신의 무한한 힘은 당신이 갖는 가장 큰 후원이요, 당신의 운명을 공동 창조한 가장 큰 사랑이며 의지이다. 이 결합에 당신을 개방하면, 당신의 모든 호흡에서 인생을 바꿀 수 있는 강력한 힘을 느낄 것이다. 당신의 인생에도 놀라운 일들이 일어날 수 있다. 그리고 신과의 성공적인 결합보다 더 큰 성취는 없다.

신의 손길을 느끼며 살기 위한 다짐

- 신이 사랑으로 나를 축복한다. 나는 자유롭다.

- 두려움과 자기혐오를 버린다. 나는 안전하고, 가치 있고, 항상 신의 숨결 안에서 생활한다.

- 모든 기쁨과 사랑과 마음의 평화가 우주의 풍요로움 속에서 내게로 흘러온다. 끝없는 축복이 지금 내게 내려지고 있다.

- 신과 결합된 모든 순간이 내 인생에 엄청난 파워를 가져다준다.

- 모든 사람들 안에 내재하는 신성함을 느낀다. 신의 의식이 우리 모두에게 연결되어 있다.

- 신의 사랑이 나를 가득 채운다. 내 인생은 명상이요, 평화로운 기도이다. 내 원천과의 사랑이 넘치는 결합을 포용한다.

- 기도의 힘을 내 인생에서 느낀다. 기도와 사랑을 통해 나는 우주의 무한한 도움과 결합된다.

6부

성공을 방해하는 2대 장애물

성공을 추구하다 보면, 한두 개의 장애물을 만날 때도 있다. 일이 계속 잘못되기도 하고, 타이밍이 안 맞기도 하고, 경제가 나빠지기도 하고, 다른 것들이 중간에 끼어들기도 한다. 올바른 결합이 이루어지는 것 같지 않거나, 혹은 관계하는 사람들이 일을 엉망으로 만드는 듯하기도 하다.

이런 장애들이 우발적으로 당신의 영향권과 통제권을 벗어나 외부에서 일어나는 것 같지만, 사실은 그렇지 않다. 우연한 사건이라고 생각할지도 모르지만, 실제로는 당신의 공명에 대한 에너지 반응으로 대부분은 자아에서 온다. 사실, 당신이 해결해야 할 가장 큰 두 가지 문제는 자신에게서 비롯된다. 하지만 다행스럽게도 당신이 창조한 것을 변화시킬 수 있는 사람 또한 당신이다!

인생은 계속되는 경험의 과정으로, 당연히 좋은 경험도 있고 나쁜 경험도 있다. 에너지적인 관점에서 볼 때, 당신에게 일어나는 일보다 더 중요한 것은 그 일에 대한 당신의 반응이다. 왜냐하면 변화를 만드는 것은 사건이 아니라, 그 사건에 대한 당신의 반응이기 때문이다.

무슨 일이 일어나든, 혹은 성공하기 위해 얼마나 많은 시간이 걸리든 간에, 목표를 위해서뿐만 아니라 당신의 의식과 에너지 생산을 위해서 계속 실천할 것을 선택할 수 있다. 어떤 장애가 나타나든, 의식의 아주 작은 변화조차도 인생에 엄청나고 즉각적인 변화를 일으킬 수 있다는 점을 명심하라. 항상 당신에게는 그 변화를 일으키고, 목표를 아름다운 현실로 꽃 피울 힘이 있다.

제한적인 믿음

너무 이른 포기

26

제한적인 믿음

성공을 방해하는 첫 번째 장애물

> "성공할 것이라고 믿어라.
> 그렇게 확고히 믿고, 성공하기 위해 필요한 일들을 하라."
>
> — 데일 카네기

믿음을 가지면, 에너지와 운명에 힘이 생긴다. 그리고 성공하는 데 믿음보다 더 중요한 요소는 없다. 성공에 가장 치명적인 두 가지 장애물은 의심과 제한을 두는 마음이다. 의심이 의식에 미치는 영향을 생각해 보라. 머리는 지각하는 것을 쉽게 현실로 받아들이기 때문에, 성공을 의심하면 그 의심이 의식에 창조되고, 그 결과 의식은 그 의심을 현실로 창조한다.

원하는 것을 성취하기 위해서 우주의 힘의 도움을 받고 싶다면, 우주의 법칙에 따라서 생활해야 한다. 실패나 의심의 생활태도를 갖고 있으면, 우주로부터 좋은 반응을 얻을 수 없는 것은 당연한 이치이다. 만일 두려움과 한계로 가득한 에너지를 갖고 있다면, 우주의 조류에 끊임없이 역행하면서 그 흐름과 싸우는 것이 된다.

성공으로 가기 위해서는 강하고 낙관적인 확신을 선택해야 한다. 의식 창조의 모든 것은 믿음에서 이루어진다. 믿음은 일상적인 생각의 원천이며, 생각은 개인적인 에너지를 창조한다. 건전한 의식은 긍정적인 결과를 창조하고, 불건전한 의식은 해로운 주파수를 창조해서 불가피하게 불행한 결과를 가져온다.

❖ 끌어당김의 법칙과 드러남의 법칙은 아주 분명하다. 당신이 원하고 희망하는 것이 성취되는 것이 아니라, 당신이 믿는 것이 성취된다. 이 법칙에는 예외가 없다. 당신의 발현 기계인 우주라는 엔진을 움직이는 연료는 당신의 믿음이다. 능력의 한계를 가정하면, 한계의 의식이 발산되고 더 많은 제약이 생기게 된다. 하지만 한계가 없는 믿음은 무한한 결과를 생산하고, 인생의 문을 열어 우주의 풍요로움을 수용한다.

갑자기 떠오르는 부정적인 생각들을 가로막아라

머리를 컴퓨터처럼 생각하라. 컴퓨터에 단어를 입력하고 검색 버튼을 누르면 특정한 결과가 나타나듯이, 머리가 작동하는 과정도 마찬가지이다. 머리에 어떤 단어나 이미지를 입력하면, 가장 보편적인 결과를 찾기 위해 자료를 검색한다. '즐겨찾기'나 '북마크' 장치와 같다.

예를 들어 '일거리'라는 단어를 생각하면, 머리에 가장 먼저 떠오르는 것이 무엇인가? 이 단어가 가장 처음 만들어내는 느낌은 무엇인가? 다음에는 '돈'이라는 단어에 대해서 생각해 보라. 머리가 어떤 결과를 검색해 내고, 당신은 어떤 느낌을 갖게 되는가? 많은 사람들이 부족함과 두려움과 불편함을 그 결과로 느낀다. 당신은 어떤가? 이제는 당신의 목표를 생각해 보라. 머리가 검색해서 발견한 것은 무엇인가? 긍정적인 것을 발견하는가, 아니면 부정적인 것을 발견하는가? 흥분을 가져오는가, 아니면 걱정이나 회의를 가져오는가? 그리고 당신 자신에 대해서 생각하고 그 결과를 적어 보라. 만약 어떤 종류든 부정적인 결과를 갖는다면, 다시 검색해야 한다.

생각은 인터넷에 갑자기 뜨는 화면과 같다. 일에 열중해서 열심히 하고 있는데, 갑자기 불쾌한 어떤 생각이 떠오른다. 때로는 그냥 지나가는 생각일 수도 있지만, 부정성이 완전히 압도하면서 생각이라는 전체 화면을 가득 채워서 아무리 애를 써도 벗어나지 못할 때도 많다.

이런 일이 생기면, 컴퓨터를 껐다가 다시 시작하는 수밖에 없다. 그러면 새로운 생각으로 완전히 다시 시작해야 하고, 한 가지 생각이 완성되면 다른 해로운 화면들이 떠서 또 방해하기 전에 얼른 확실하게 그것들을 차단해야 한다. 자신의 긍정적인 방어망을 구축할 수도 있다. 나는 항상 이렇게 하고 있고, 내 고객들에게도 이야기해 줘서 그들도 모든 상황에서 이렇게 하고 있다.

긍정적인 화면을 상상하라

화려하고, 밝고, 행복한 긍정적 이미지를 생각하라. 당신이 멋지게 보이는 모습이나, 목표를 달성하는 것이나, 즐거운 일을 하고 있는 것을 상상하라. 이 즐거운 이미지를 자세하고 생생하게 상상하면서, 그 그림과 어울리는 긍정적인 말들을 첨가하라. 그리고 부정적인 생각이 날 때마다 그 이미지를 날려 버려라.

긍정적인 이미지로 머리를 가득 채워서 그 밖의 아무것도 떠오를 공간이 없게 만들어라. 기분이 좋아질 때까지 이 그림에 집중하라. 심호흡을 하고, 이 그림을 더 가까이로 끌어당기면서 미소를 짓고 긴장을 풀어라. 그 현실에 있는 당신을 자세히 바라보라. 당신의 생각이나 기분이 당신 자신이나 인생의 더 행복한 경험으로 바뀔 때까지 이 긍정적인 새 이미지를 필요할 때마다 계속 반복해서 생각하라.

이런 과정을 통해서, 이 새로운 이미지와 생각과 즐거운 느낌을 당신의 의식과 우주의 흐름 속에 확실히 결합시킬 수 있다. 이런 느낌은 에너지장으로 긍정적인 진동을 전송하고, 에너지장에서는 이 진동에 맞는 에너지가 그에 부합하는 결과를 만들어낼 것이다. 부정적인 생각이 들 때마다 계속해서 이렇게 하면, 당신의 인생에 새로운 역동적인 에너지를 창조하는 것은 그야말로 시간 문제이다.

어려운 상황에 직면하거나, 자신의 믿음에 의심이나 제약이 생길 때마다 이 방법을 이용하라. 사실, 절대적으로 그렇게 해야 한다. 당신의 정신세계가 현실세계를 창조하기 때문에 기회가 될 때마다 긍정적인 마음을 가져야 한다. 생각의 제약은 공명에 벽을 쌓아 당신의 성공을 가로막는다. 생각의 제약이 행동에 어떤 영향을 미칠지 상상해 보라. 생각이 제한될 때마다 당신이 원하는 것과 정확히 반대되는 결과가 창조된다.

이제는 의심과 제약의 낡은 결론들을 의식적으로 바꾸어야 한다. 과거에 무엇을 믿었든지, 지금은 당신을 괴롭히는 이런 낡은 생각들을 버려야 한다. 당신에게는 그것들을 버릴 수 있는 힘이 있고, 또 그것만이 논리적인 선택이다. 습관이나 미신에 굴복한다 하더라도, 당신의 부정적인 믿음은 골치 아픈 결과만을 만들어내고 어떤 성공도 이루지 못한다.

진실을 택할 것인가, 불안을 택할 것인가?

아래의 목록은 성공에 관해 사람들이 갖는 가장 흔한 제한적 믿음들을 보여주는 것일 뿐, 당신의 진실을 보여주는 것은 아니다. 이런 생각들은 에너지적으로 해로울 뿐만 아니라, 당신과 우주 흐름과의 균형을 깨뜨리면서 조화를 파괴시키기도 한다. 다시 조화를 이루기 위해서는, 더 정직하고 더 힘 있는 어떤 것을 믿어야 한다. 자신의 잠재력을 스스로 속이지 말고, 당신의 힘 안에서 생활하라. 당신의 내면과, 당신의 세계와, 당신이 추구하는 모든 것 안에 존재하는 무한한 잠재력을 믿어라.

아래의 사항 중에서, 어떤 것을 가장 많이 경험하는가? 당신이 가진 것들을 확인하고, 카드를 만들어 당신의 새로운 진실을 써라. 이 카드를 가지고 다니면서 가능할 때마다 읽어라. 카드를 읽으면서, 그냥 웃고 행복해하는 모습처럼 작은 것이라도 이런 긍정적인 이미지를 상상하라. 원하지 않는 종류의 생각이 떠오를 때마다 당신의 새로운 믿음과 함께 이 이미지를 떠올려라.

제한적 믿음: 그 일을 할 만큼 나는 충분하지(똑똑하지, 매력적이지) 않아.

당신의 진실: 성공할 수 있을 만큼 나는 충분해(똑똑해, 매력적이야). 훌륭한 미래를 창조할 능력이 내게 있다고 믿어.

제한적 믿음: 나는 완벽해야 해. 내가 하는 모든 일이 완벽해야 해. 다른 사람들에게 인정받아야 해.

당신의 진실: 나 자신을 인정해. 아무 비판 없이 있는 그대로의 나를 받아들이고, 내가 할 수 있는 일도 인정하는 거야.

제한적 믿음: 어떻게 하면 성공할 수 있을까? 나는 한번도 성공해 본 적이

없어.

당신의 진실: 과거를 놓아 보내 주자. 오늘은 또 새로운 하루잖아. 이게 새로운 생각이야. 모든 새로운 순간에 새로운 긍정적인 에너지를 창조하는 거야.

제한적 믿음: 성공하기에 충분한 돈(학벌, 운)이 없어.

당신의 진실: 나는 성공에 필요한 모든 것을 갖추고 있어. 내가 원하는 엄청난 미래를 창조하기 위해 필요한 모든 자원을 갖고 있어.

제한적 믿음: 모든 사람들이 다 좋은 일자리(여자, 남자, 기회)를 가질 수는 없어.

당신의 진실: 우주는 무한하게 풍요로워. 모든 사람들이 성공하고 행복해질 수 있는 좋은 일자리(여자, 남자, 기회)가 많아. 나는 지금 그 풍부한 기회를 끌어당기고 있는 거야. 나는 많은 것들을 즐길 수 있어.

제한적 믿음: 항상 모든 일이 잘못 되잖아. 만약 이게 운이 나빠서가 아니라면, 나는 정말 운이라는 게 전혀 없는 거야.

당신의 진실: 인생에서 내가 가진 모든 좋은 것들에 감사해. 그리고 계속해서 더 많은 행복한 일들을 끌어당기고 있어. 나는 정말 운이 좋고, 축복받았어.

제한적 믿음: 지금 하는 일은 충분하지 않아. 더 많이 일하고, 더 많이 벌고, 더 많이 가지고, 더 중요한 사람이 되어야 해.

당신의 진실: 지금 내가 하는 일과 나 자신을 가치 있고 중요하다고 생각해. 지금 상태로도 나는 성공했다고 생각해. 내가 하는 모든 일이 가치 있고, 더 많은 것을 끌어당기고 있어.

제한적 믿음: 더 나아지기 위해 끊임없이 노력해야 해. 지금 이 상태의 나

를 도저히 받아들일 수 없어.

당신의 진실: 지금 이 상태로도 나는 가치가 있어. 다른 일을 하거나, 다른 것이 되어야 할 필요 없어. 매일, 나의 가치에 더 많이 감사하기로 하자. 현재의 모든 순간에 나 자신을 인정하고, 믿고, 자신에게 감사하는 방법을 배우는 거야.

제한적 믿음: 성공할 때까지는 절대 행복할 수 없어. 성공하기 위해 더 서둘러야 해.

당신의 진실: 지금 바로, 나 자신을 긍정적으로 생각하고 인생에 행복을 창조하기로 하자. 평화롭고 행복한 태도는 더 큰 성공과 기쁨을 내게 가져다주고, 나는 이런 태도를 매일 창조하는 거야.

이상은 당신이 경험할 수도 있는 제한적인 믿음의 몇 가지 예들이다. 다른 예를 더 많이 생각할 수 있는가? 만약 그렇다면, 당신의 성공일지에 적고 그 생각에 반대되는 관점도 써라. 이 긍정적인 생각들을 항상 명심하면서, 그것이 당신의 자연스러운 반응이 될 때까지 계속 반복하라. 이것은 효과 없이 성가시기만 한 일이 아니라, 긍정적인 에너지를 생산하는 일에 절대적으로 필요한 부분이다. 발현 과정은 당신의 생각과 믿음에 너무도 강하게 연결되어 있기 때문에, 계속해서 이런 제한에 갇혀 행동하면 반드시 그 대가를 지불하게 된다.

긍정적이 되라

실제로 어떤 사람들은 이런 제한으로 스스로를 규정하여, 부정성이 그들의 핏속에 흐르는 심오한 본질인 것처럼 보인다! 자신들의 두려움과 초조함에 너무 깊이 몰입하기 때문에, 긍정적으로 반응할 수도 있다는 생각을 미처 하지 못한다. 이런 종류의 만성적인 불행이든, 혹은 일시적인 의심이든, 선택의 힘을 사용해서 다른 에너지 경로를 택해야 한다.

제한된 생각은 걱정의 다른 형태로, 문제를 초조하게 생각하면 방해 에너지만 증가될 뿐이다. 걱정하고 초조해하고 두려워하고 의심하면, 당신의 수중에 있는 문제만 더 커질 뿐, 문제의 해결에는 전혀 도움이 되지 않는다. 모든 것을 긍정적으로 바라보는 시각을 당신의 인생에 불어넣어야 한다.

생각과 믿음을 바꾸는 일이 큰 일처럼 보일 수도 있다. 하지만 장기적으로 보면, 계속 부정적으로 사는 것보다는 오히려 적은 노력이 든다. 이것을 불가능하거나 비현실적이라고 생각하지 마라. 제한적인 믿음은 당신의 현실을 제약하고, 성공 주변에 당신이 도저히 넘을 수 없는 에너지의 벽을 쌓는다.

❀ 당신 인생을 가장 괴롭히는 것은 전망이 없는 직장도, 잘못된 애정 관계도, 경제적인 궁핍도 아닌, 바로 당신의 믿음 체계이다. 물론 당신은 이런 이유들을 핑계로 대고 싶겠지만, 당신을 가장 비참하게 만드는 것은 두려움과 자기평가에서 오는 절망감이다. 더 이상 그렇게 갇혀 살지 마라. 절망을 버리기로 결심하면, 당신은 무한한 잠재력이라는 진실을 포용할 수 있다. 이 진실이 가져다주는 기쁨과 해방감은 걱정을 과거의 일로 만들고, 상상하지 못했던 놀라운 힘을 당신에게 가져다준다.

믿음의 힘을 설명하는 세미나를 할 때, 나는 가끔 재미있는 이야기를 하나 한다. 원형 무대가 생기기 훨씬 전, 곡예사들이 큰 천막을 들고 여기저기로 옮겨 다니던 옛날에 서커스를 보러 간 한 아버지와 아들의 이야기이다. 서커스가 마을에 왔을 때, 아버지는 일꾼들이 서커스 천막을 어떻게 치는지 보여주려고 아들을 데리고 갔다. 코끼리들이 무거운 천막들을 끌고 전봇대만한 큰 기둥들을 들어올리고 있었다.

당연히 어린 아들은 코끼리의 엄청난 힘에 완전히 매료되었다. 하지만 나중에 서커스를 보러 갔을 때는, 이 코끼리들이 땅에 박힌 나무 막대기에 한 발씩 묶여 있었다. 아들은 이 장면을 보고, 아버지에게 왜 코끼리들이 줄을 잡아당기거나 막대기를 땅에서 뽑아내지 않느냐고 물었다. 그날 아침에만 해도, 그 엄청난 기둥과 무거운 천막들을 들어올리는 힘이 있지 않았던가?

아버지는 코끼리들이 아직 어렸을 때 한 발이 쇠사슬에 감긴 채 땅에 박힌 쇠막대기에 묶여 있었다고 설명해 주었다. 걸어 나가려고 할 때마다 사슬이 발을 잡아당겼고, 그래서 코끼리들은 이런 식으로 발이 묶여 있으면 걸을 수 없다는 사실을 배우게 되었다. 이것이 그들의 지식이 되었고, 물리적인 현실이 된 것이다. 나중에 무서울 정도로 큰 덩치가 되어서까지도 어린 시절의 그 느낌을 바탕으로 사는 것이다. 그들의 존재는 그들의 진실에 의해서가 아니라, 그들이 배운 것에 의해서 제한되어 있었다.

어떤 제한적인 생각이 당신을 묶고 있는가? 어릴 때 없다고 배웠기 때문에 당신이 무시하고 있는 개인적인 힘은 무엇인가? 누구한테 무슨 말을 들었든, 당신은 자신이 알고 있는 것보다 훨씬 더 강한 힘을 갖고 있다. 그리고 무엇보다도 당신에게는 생각을 바꿀 수 있는 무한한 능력이 있고, 그 능력을 통해서 현실을 바꿀 수 있는 궁극적인 힘을 얻을 수 있다.

우주는 그것이 무엇이 되었든 간에 당신이 믿는 것이 옳다고 말한다. 그러므로 긍정적인 것이든 부정적인 것이든, 당신의 머리가 내리는 결론은 결국 당신의 꿈과 욕망의 운명을 결정한다.

제한적인 결정은 당신의 결과를 제약한다. 하지만 당신 스스로가 묶은 사슬을 마침내 끊고 풍요로운 믿음에 자신을 개방하기로 선택하여 기쁘게 목표를 달성하면, 우주는 "바로 그거야!"라고 응답할 것이다.

제한적인 믿음을 버리기 위한 다짐

- 모든 의심을 버린다. 제한적인 생각이 떠오를 때마다 긍정적인 생각들로 완전히 그것들을 차단한다. 나의 완벽한 목표를 가까이에서 본다.

- 모든 걱정을 버리고 믿음 속에서 산다. 꿈을 실현하기 위해 필요한 모든 파워가 나에게 있다.

- 행복하고 성공적인 인생을 창조할 수 있는 나의 능력과 내 자신을 믿는다.

- 내가 정복할 수 없는 것은 아무것도 없다. 내게는 생각과 에너지와 현실을 바꿀 수 있는 무한한 힘이 있다.

- 기회가 될 때마다 부정적인 생각들을 버린다. 대신 긍정적이고, 믿음이 가며, 영양가 있는 생각을 선택한다.

- 내가 진실이라고 믿는 것에 우주도 "그렇다!"고 대답한다. 성공할 수 있는 나의 무한한 가능성을 진정으로 믿는다.

27

너무이른포기

성공을 방해하는 두 번째 장애물

> "어떤 사람이 스스로를 열등하다고 생각하면서 머뭇거리는 동안,
> 다른 사람은 많은 실수를 하면서 결국은 우수해진다."
>
> — 헨리 C. 링크

　많은 사람들이 상황이 힘들어지면 포기해 버리기 때문에 결국 성공하지 못하게 된다. 진정한 성공을 이루기 위해서는 시간과 에너지, 집중력, 인내가 필요하다. 끝까지 버티려는 지속적인 각오가 있어야 한다. 그래야 힘든 고비들을 넘길 수 있다.

　근대 서양 문명은 엄청난 부를 구축했고, 많은 벼락부자들을 양성했다. 이 갑작스러운 부는 과장된 기대와 비현실적인 시간 개념으로 당신을 유인하는 기만적인 유혹이다. "큰 꿈을 가져라. 그러나 현실적이어야 한다." 라는 말이 모순처럼 들리지만, 사실은 전혀 모순적이지 않다. 항상 큰 야망을 꿈꿔야 하고, 그 야망을 이루기 위해서는 시간과 노력을 투자하고 유연성을 가져야 한다. 하지만 한 가지 대안이나 결과에만 매달리지 않도록

주의하라. 그렇게 하면 초조함이 생겨서 의지의 에너지를 방해하기 때문이다. 계획과 목표를 향해 끊임없이 느긋하고도 유연성 있게 집중하도록 하라.

최근 이런 마음가짐에 잘 어울리는 은유적인 이야기를 하나 들었다. 모든 비행기는 이륙할 때마다 목적지와 비행 계획을 제출해야 한다. 하지만 때로는 기후가 나쁘거나 기술상의 문제 때문에 예측하지 못했던 변동사항이 생기는 경우도 있다. 폭풍우를 피해 돌아가야 하거나, 완전히 다른 목적지에 착륙해야 할 때도 있는 것이다.

성공을 추구할 때도 비슷한 일이 일어날 수 있다. 목적지는 당신의 목표이고, 비행 계획은 실천 과정이다. 때로는 상황이나 필요 혹은 영감에 의해 중요한 수정을 감행해야 하는 경우도 있을 것이다. 항로의 사소한 변경이든, 아니면 목적지를 완전히 다시 바꾸는 것이든, 기꺼이 필요한 변화를 취할 준비가 되어 있어야 한다.

1914년, 브루스 이즈메이의 목표는 대서양을 가로질러 가는 가장 빠른 유람선을 소유하는 것이었다. 빙산에 대한 경고가 있었지만, 그는 배의 속도와 항로를 수정하지 않았다. 그 결과 이즈메이는 목표 달성은 고사하고, 거의 예술적인 수준으로 만들어진 자신의 새 유람선 타이타닉호를 1,500명의 승객, 선원들과 함께 처녀항해에서 침몰시키고 말았다.

융통성 없는 초조함이라는 얼음 바다에 당신의 희망과 꿈을 침몰시키지 마라. 방향을 바꾸거나, 심지어는 목적지를 바꾸어야 할 수도 있다. 하지만 기꺼이 재평가하고 다시 생각하고 조정한다면, 당신의 운명이 베일을 벗는 것을 볼 수 있을 것이다. 우주가 제공하는 여러 가지 대안에 마음을 열고, 그것들을 포용하면서 계속 실천해 나가라. 당신의 결단력은 대가를 얻을 것이다!

인내력

수많은 사람들이 어려움과 패배 속에서도 끝까지 포기를 거부했다. 그런 사람들의 몇 가지 예가 아래에 있다.

- 클라크 게이블은 할리우드로 돌아와 몇 가지 조연을 맡은 후, 유명한 영화 제작자로부터 절대로 '주연감'은 아니라는 말을 들었다. 하지만 그는 영화 역사상 가장 선망받는 주연 중의 하나를 연기하여 스타가 되었다. 바로《바람과 함께 사라지다》의 레트 버틀러였다.

- 넬슨 만델라는 27년을 감옥에서 보냈다. 석방되자마자, 그는 남아프리카공화국의 인종차별 정책을 끝내는 일에 다시 헌신했다. 그는 노벨평화상을 받았고, 남아프리카공화국의 첫 번째 총선에서 대통령으로 선출되었다.

- 마이클 조던은 고등학교 때 학교 농구팀에 들어가지 못했다.

- 스티븐 킹은 소설이 계속 퇴짜 맞는 동안 생활고에 시달렸다. 세탁소에서 일하다가 마침내 교사 일을 얻었지만, 소설이 또 퇴짜를 맞자 화가 나서 쓰레기통에 던져 버렸다. 그 소설이 바로《캐리》이다. 그의 아내가 그것을 쓰레기통에서 건져냈고, 나중에 영화로까지 만들어졌으며, 그의 많은 대히트작품들 중 최초의 소설이 되었다.

- 수스 박사의 초기 작품들 역시 23개의 출판사에서 거부당했다. 24번째 시도가 성공해서 수백만 부가 팔리면서 전 세계 어린이들의 삶을 풍요롭게 만들었다.

- 제리 사인필드가 처음으로 무대에서 코미디를 시작했을 때, 평론가들로부터 혹평을 받았다. 하지만 그는 가장 인기 있는 TV 코미디 중

의 하나에 캐스팅되어 스타가 되었다.

- 구글리에모 마르코니는 가족들에게 돈을 빌려서 무선 전신을 개발했다. 그 당시는 전자기 진동이 지평선을 넘어 전달될 수 없다고 믿던 시대였기 때문에 과학 사회는 그를 무시했다. 하지만 6년 남짓 세월이 지난 후, 그는 최초로 대서양을 가로질러 전자기 진동을 보내는 사람이 되었고, 노벨상을 받아 전 세계적으로 이름을 알리게 되었다.

- 콘래드 힐튼은 은행가가 되고 싶었다. 하지만 은행을 매입하려는 그의 제안이 거부당하자 은행 대신 호텔을 샀다. 그리고 천천히 점점 많은 호텔에 투자했는데, 공황기에는 하나만 남고 다 잃게 되었다. 회계사는 너무 많은 부채 때문에 파산을 선고해야 한다며 그를 설득했다. 하지만 그는 거절하였고, 자기 이름을 상호로 수백만 달러에 달하는 국제적인 호텔 체인을 설립했다.

이상은 어려움을 무릅쓰고 계속 노력한 많은 사람들의 이야기 중 몇 개의 예에 불과하다. 이런 어려움들이 때로는 도저히 극복할 수 없어 보이기도 한다. 하지만 포기하기를 거부하면 당신의 이야기도 여기에 들어갈 수 있고, 당신의 이름이 조지 워싱턴, 찰스 디킨스, 앨버트 아인슈타인, 플로렌스 나이팅게일, 조셉 퓰리처, 아브라함 링컨, 오프라 윈프리와 같은 사람들의 대열에 낄 수 있다. 이들은 결단력으로 그들의 무릎을 꺾으려는 역경에 끝까지 맞서 저항했다.

의지의 토끼

최근 몇 년 동안 한 유명 배터리 회사의 광고에 출연해 많은 도전적 상황들을 해결하는 작은 분홍색 장난감 토끼가 인기를 끌었다. 이 용감한 토끼는 발꿈치를 땅에 대고 '계속해서' 쉬지 않고 빙빙 돌았다.

성공을 추구하기 위해서는 이런 종류의 용감한 에너지와 의지가 필요하다. 꿈과 욕망을 실현하기 위해서 당신도 이 같은 토끼가 되어야 한다! 당신의 노력을 돕기 위한 몇 가지 전략들이 아래에 제시되어 있다. 이 전략들을 통해 행동하려는 의지를 유지하고, 즐겁게 실천할 수 있는 에너지도 지속시킬 수 있다.

- 무슨 일이 있어도 절대 자기회의에 빠져서는 안 된다. 성공하려는 의지에는 자기비판이나 불확실함이 들어설 틈이 없다. 얼마나 많은 시간이 걸리든, 당신의 의식과 에너지는 확고한 결단력과 공명해야만 한다.

- 성공은 어떤 하나의 성과만으로 좌우되지 않는다는 것을 항상 기억하라. 한 가지 계획이나 문제에 너무 큰 의미를 부여하지 마라. 절망적인 에너지가 창조되어 원하는 결과를 밀어내기 때문이다. 항상 여러 가지 대안 중에서 하나를 선택해서 실천하라.

- 조급해 하지 마라. 속도를 조정하고 과정 자체와 인생을 즐기면서 계획을 실천해 나가라. 평화롭고 지속적인 에너지가 다른 어떤 목표보다 더 큰 성공을 끌어당길 것이다.

- 조건적으로 자신을 인정하지 마라. 자신을 다른 사람들과 비교하지도 말고, 다른 사람을 부러워하지도 마라. 이런 행동은 당신을 초라하고 추하게 만든다. 무조건적으로 생활할 때 무조건적으로 끌어당기게 된다.

- 잘못되는 일에 집중하지 말고, 잘 되는 일에 집중하면서 잘 되는 일

을 더 많이 만들어라. 잘 안 되는 일이 있으면, 포기하고 새로운 결심으로 다시 시작하라.

- 감사한 마음으로 생활하라. 당신의 인생에서 이미 가진 것들을 깨닫고, 감사하고, 축하하라. 불만족은 계속 확대된다. 주위를 돌아보며 만족하라.

- 시간표를 만들어라. 하지만 시간을 제한하지는 마라. 만약 어떤 일에 시간이 더 걸린다 하더라도 포기하지 말고 계속 진행하라.

- 후회하지 마라. 과거에 대해 간절한 미련을 갖고 있으면 현재의 저항이 증가된다. 지나간 실수에 집착하지 말고, 그 대신 앞을 내다보며 멈추지 말고 나아가라.

- 안락함에서 빠져 나와라. 모험을 감수하라. 새롭고, 다르고, 참신한 것들을 시도하라. 두려움을 버리고 기회를 잡아라.

- 절대로 후퇴를 실패로 생각하지 마라. 실패는 종종 값비싼 교훈이라고 불리기도 한다. 안 되는 일을 통해서 되는 일을 배우면서 당신의 꿈에 한발 더 다가가는 것이다.

- 자신에게 솔직하라. 변화를 위해서 필요한 것이 무엇인지 현실적으로 생각하라. 변화는 안전한 것이며, 성공을 가져다줄 수 있다. 항상 유연하고 개방적이고 솔직해야 한다.

- 용기를 내라. 문제가 있거나 후퇴해야 할 때에도 절대로 예전의 제한적인 믿음으로 돌아가서는 안 된다. 우주는 무한하다. 두려움 없이 미래를 맞이하라.

- 자신이 가치 있는 사람이라는 것을 절대로 잊지 마라. 무슨 일이 일어나도 당신은 여전히 최선을 누릴 자격이 있다. 이 사실을 항상 명

심하면서 최선을 누리기 위해 필요한 일들을 기꺼이 하라.

- 포기하지 마라. 무슨 일이 있어도 계속하라. 신념을 갖고, 놀라운 기회에 자신을 개방하고, 기적을 찾아라. 그리고 더 나아가 그 기적이 되라.

내 친구 중에 정원사가 있는데, 그녀는 자라는 데 아주 오랜 시간이 걸리는 희귀한 대나무를 키웠다. 이 대나무는 뿌리부터 자라고, 한참이 지난 후에 줄기가 올라온다. 그녀는 대나무를 제대로 키우기 위해서 아무것도 보이지 않는 땅에 부지런히 물을 주고, 잡초를 뽑고, 심지어는 뿌리에게 말을 걸기도 했다.

눈에 띌 만한 아무런 성과도 없이 4년이 넘도록 이 일을 계속하자, 그 친구들과 가족들은 그녀가 제정신이 아니라고 생각했다. 빈 땅을 돌보고 있다고 말하면서, 나무 뿌리가 죽었다는 사실을 왜 그녀가 보지 못하는지 이해할 수가 없다고 했다. 하지만 그녀는 이 대나무의 특성을 잘 알고 있었기 때문에 계속해서 빈 땅을 돌보았다.

5년이 지나자, 마침내 대나무 싹이 올라왔다. 그리고는 1년 만에 15미터가 넘게 자랐다! 내 친구가 빈 땅을 돌보던 그 오랜 시간 동안, 대나무는 급격한 성장을 지탱할 수 있도록 튼튼한 뿌리를 내리고 있었던 것이다.

당신의 성공을 키우기 위해서도 이 같은 부지런함이 필요하다. 지금 당신은 성공의 뿌리를 돌보고 있으며, 그 뿌리의 크기에 비례하는 성공을 얻게 될 것이다. 그러므로 인내를 갖고 계속 실천하라. 튼튼한 기초를 마련하면, 온 세상이 볼 수 있는 튼튼하고 풍요로운 성공이 찬란하게 떠오를 것이다.

불굴의 의지를 위한 다짐

- 무슨 일이 있어도 나는 기꺼이 인내할 것이다.

- 단호하면서도 유연성과 결단력을 가지고 헌신적으로 노력한다. 무슨 일이 있어도 계속 실천한다.

- 모든 어려움은 새로운 도전의 기회이다. 언제나 새로운 결심으로 새롭게 집중한다.

- 목표를 향해 전진하면서 목표를 재평가하고 재조정한다. 무슨 일이 있어도 나는 계속 목표를 향해 전진한다.

- 조급함을 버리고, 내가 하는 모든 일에서 성공적인 태도를 연마한다. 믿음을 가지고 계속 실천해 나간다.

모든 것을 긍정적으로 바라보는 시각을 당신의 인생에 불어넣어라.
융통성 없는 초조함이라는 얼음 바다에 당신의 희망과 꿈을 침몰시키지 마라.
방향을 바꾸거나, 심지어는 목적지를 바꾸어야 할 수도 있다.
하지만 기꺼이 재평가하고 다시 생각하고 조정한다면,
당신의 운명이 베일을 벗는 것을 볼 수 있을 것이다.

7부

성공으로 가는
1가지 길

인력(引力)이라는 우주의 법칙과 멋진 조화를 이루게 되면, 틀림없이 에너지의 변화를 느낄 수 있고, 의식이 변하는 것도 느낄 수 있을 것이다. 그리고 시간이 지나면, 인생의 외부적인 변수들도 이 변화를 따라오게 된다. 하지만 가장 중요한 변화는 당신이 경험하는 감정의 질이다. 우주의 법칙과 조화를 이루며 살 때 당신의 인생이 충만한 기쁨으로 가득하게 될 것이다.

에너지와 태도가 유동적으로 변하는 이 과정은 당신에게 발현되는 동안 도미노 효과를 만들어낸다. 지각을 바꿈으로써 당신은 더 행복해지고, 이 행복은 당신의 에너지를 바꾼다. 그리고 이렇게 바뀐 에너지는 당신이 인생에 끌어당기는 것들을 바꾸어 놓는다. 이런 식으로, 지속적이고 무한한 성공적 발현의 밑바닥에는 지금 바로 행복을 창조하려는 의지가 계속되고 있다. 당신이 이루고 싶은 그 성공이 되라. 성취하고 싶은 그 기쁨으로 생활하라. 한시도 더 미루지 말고, 지금 당장 태도를 바꾸어라. 인생은 즐거운 모험이다.

기쁨과 성공의식으로 생활하라

기쁨과 성공의식으로 생활하라

성공으로 가는 한 길

---

*"짜릿한 인생을 살기 위해서는 모험을 감수해야 한다.
이 세상은 신나는 일들로 가득하고……
구석구석에서 멋진 순간들이 우리를 기다리고 있다."*
— 리처드 M. 디보스

어떤 하루를 보냈는가? 당신이 원했던 만큼 행복하고 평화롭고 즐거운 하루였는가? 만약 그렇지 않다면, 이유가 무엇인가? 잠깐 여유를 가지고 그 이유를 생각해 보라. 그리고 지금 바로 당신의 성공일지에 적어라. 솔직하게 써야 한다. 왜냐하면 당신의 성공이 그 이유에 달려 있을 수도 있기 때문이다.

돈이나 재산이 더 많거나, 사랑하는 연인이 있으면 행복해질 수 있다고 생각할지도 모른다. 새 직장 혹은 완전히 다른 종류의 직업이 당신이 찾는 기쁨이나 성취감을 이루어줄 것이라고 생각할지도 모른다. 바로 이것을 조심해야 한다! 이런 생각들은 당신의 에너지와 순수 의지를 방해하면서 현재의 당신을 비참하게 만들 뿐이다. 여기에 분명한 모순이 있다. 만족하기 위해서 필요하다고 믿는 것들 때문에 실제로 지금 당장 행복해질 수 있는 모든 가능성이 파괴된다. 이 믿음이 공허하고 고통스러운 빈곤 의식을 창조하여 당신이 원하는 것이 당신에게로 오는 것을 가로막는다.

❀ 돈과 물질적인 부를 얻는 것을 행복해지는 것과 혼동하지 마라. 에너지적인 관점으로 볼 때, 행복을 가져다주는 것은 돈이 아니며, 행복은 인생에 풍요로움을 가져다준다! 그리고 이런 의미 있는 행복이 더 많은 즐거움을 끌어당긴다. 사실 이것은 우리에게 정말 좋은 희소식이다. 왜냐하면, 이런 태도를 가지면 행복해지기 위해서 더 이상 기다리지 않아도 되기 때문이다. 진정으로 성공적인 의식을 창조하기 위해서는 더 이상 미루지 말고, 지금 바로 인생을 즐기기로 선택하라.

하지만 쉬운 일이 아닐 수도 있다. 어떻게 진정으로 행복해질 수 있는지 모르는 사람들도 있다. 어린 시절에 한번도 행복을 경험해 본 적이 없고, 어른이 되어서도 방법을 배운 적이 없는 사람들에게는 불행이 일종의 생활방식이 된다. 이해가 안 되겠지만, 이런 상태에 익숙해져서 이상하게도 편안함과 위안을 느끼고, 이렇게 사는 것이 가장 쉽다고 생각한다. 하지만, 사실 계속 이렇게 불만스럽게 사는 것보다는 만족스럽게 사는 방법을 새로 배우는 편이 훨씬 적은 에너지와 노력을 소모한다.

기쁨을 얻기 위해서는 절대로 목표 달성에 매달리지 말아야 한다. 많은 사람들이 너무나 절실하게 물질에 매달리기 때문에, 원하는 것들을 갖기 전에는 행복해지려고 기대하지도 원하지도 않는다. 이것은 매우 유치하고 감정적으로도 성숙하지 않은 인생철학이며, 어린 아이가 "이제 내 공돌려 줘. 집에 갈 거야."라고 말하는 것의 어른 버전이다. 원하는 것을 얻지 못했다고 토라져서 다른 아이들과 놀지 않으면, 우주의 흐름에서 스스로를 소외시키는 것이나 다름없다. 이렇게 하면, 그냥 지나가면서 순간을 즐기기로 선택했을 때 경험할 수 있는 행복을 가로막게 된다.

내 조카가 세 살쯤 되었을 때 있었던 일이 기억난다. 식당에 데리고 갔는데, 음식을 기다리는 동안 조카가 가져온 장난감들을 꺼냈다. 그는 이 장난감을 항상 가지고 다니면서 필요할 때마다 꺼내놓고 놀았다. 여러 가지 색깔과 크기의 파워 레인저도 있고, 괴물들과 이상하게 생긴 요괴 같은 것들도 있었다.

조카는 악당들과의 끊임없는 전투를 벌이기 위해 파워 레인저들을 세워 놓더니, 갑자기 표정이 어두워지면서 인상을 찌푸렸다. 그리고는 팔짱을 끼면서 "나 안 놀 거야." 하고 말했다. 왜 그러냐고 묻자, 빨간색 파워 레인저를 집에 두고 왔다는 것이었다. 내가 씩씩하고 힘센 다른 파워 레인저들이 많으니까 괜찮다며 달랬지만 막무가내였다.

몇 분을 조용히 있다가 내가 다시 말을 꺼냈다. "그럼, 파워 레인저는 잊어버리고 행복게임 하면서 놀자." 이 게임은 좋아하는 것들의 이름을 말하는 놀이였다. 항상 눈싸움이나 뜨거운 퍼지 아이스크림선디같이 지극히 정상적인 것들로 시작해서, 나중에는 코딱지 샌드위치나 거미 내장 수프 같이 완전히 말도 안 되는 것들로 이어졌다.

평소에는 이 게임을 아주 좋아하는 조카였지만, 그날은 이것도 통하지 않았다. 내가 "행복게임 하기 싫어? 정말 징그러운 거 많이 말할 수 있는데. 그러면 기분이 좋아질 거야." 하고 말하면서 달래 보았다.

그는 가만히 앉아서 머리를 흔들더니, "빨간 레인저 없이는 기분 좋아지고 싶지 않아!" 하고 말했다. 가진 것을 즐기기보다 갖지 못한 것을 슬퍼하고 있었다.

놀랍게도, 그리고 불행하게도 이런 식의 반응은 아이들에게만 국한된 것이 아니다. 이런 식으로 생각하며 기쁨을 느끼지 못하는 어른들도 많다. 원하는 것을 정확히 갖지 못하면, 행복해지는 것을 완전히 거부한다. 그들의 어른 버전은 이런 식이 된다. "남편이 없는데 어떻게 인생이 행복할 수 있어요?" "원하는 만큼 돈을 벌지 못하면, 절대로 행복해지지 못할 거야."

우리가 매일 경험하는 일에서 행복을 발견하는 것이 그렇게 힘든 일일까? 전 인류 역사에서 가장 풍부한 문화와 풍요로움을 가진 이 시대를 살면서, 왜 그렇게 많은 사람들이 그토록 불행한 것일까? 우리가 일상적으로 하는 선택에서 그 답을 찾을 수 있다.

첫째는, 가치 대신 평가 비판하는 태도를 선택하는 것이다. 이렇게 함으로써 우리가 기대하는 행복과 실제로 경험하는 행복 사이에 일종의 간격이 생기는데, 이것을 '만족의 간격'이라고 부르겠다.

둘째는, 만족하는 대신 부러워하는 태도를 선택하는 것이다. 이렇게 함으로써 다른 사람들이 가진 것에 의식을 집중하며 만성적인 무능함을 느끼고, 갖지 못한 것에 분노하면서 스스로의 행복을 소모할 수도 있다.

만족의 간격

흔히 사람들은 인생의 특별한 행위에서만 즐거움을 찾고, 일상생활에서 느낄 수 있는 잠재적인 기쁨은 완전히 무시하려 한다. 이렇게 하면, 일상적인 생활과 '특별한' 시간의 경험이 점점 더 멀어지게 된다. 이런 현상이 당신의 일상적인 자아에 대하여 생산하는 의식을 생각해 보라. 만약 특별한 경험만 미화하고 일상적인 기쁨을 무시한다면, 인생 대부분의 시간을 이 벌어진 공허감을 경험하며 살 수밖에 없다.

우리가 경험하는 인생의 수많은 행위와 일들을 상대적으로 하찮게 여기면서 행복에 대한 희망을 보다 적게 가지면, 이 만족의 간격은 더욱더 커지게 된다. 이런 태도로 생활하면, 인생을 부담스럽고 부정적인 것으로 생각하여 더 불행해지고, 그러는 동안 불행한 에너지가 발산되어 더 많은 문제가 생긴다.

인생의 모든 경험을 소중하게 여길 때 우리는 행복해질 수 있다. 일상적인 행위들을 포함한 모든 일들에 신선하고 가볍게 접근하면서 재미를 찾는 태도를 선택할 수 있다. 어쩌다 한 번씩 이렇게 하는 것으로는 충분하지 않다. 그날 하루에 어떤 일이 생기든, 감사의 에너지를 갖고 깨어 있는 모든 시간의 처음부터 끝까지 이 태도를 가장 우선적인 의지로 선택해야 한다.

이제 인생의 모든 순간을 기뻐하고, 모든 경험을 특별하게 여기면서 만족의 간격을 메울 시간이다. 인생은 짐이라는 생각을 버려야 한다. 이런 지각은 우주조차도 반응할 수 없는 몹시 어두운 에너지를 창조한다. 인생이 행복할 수 있는 가능성으로 가득 차 있다는 사실을 깨닫고, 당신의 경험을 받아들이는 태도를 완전히 바꾸어라. 그리고 항상 오늘도, 바로 이 순간에도 감사하는 마음을 선택하라.

동양 속담에 이런 말이 있다. "나무를 패고, 물을 길어라." 이 말은 인생의 모든 행위가 명상으로, 가장 작은 일에서조차도 평화와 아름다움을 발견할 수 있다는 뜻이다. 이것은 감사의 에너지를 가장 잘 표현한 말로, 현재의 평화야말로 가장 순수한 형태의 성공이라는 편안하고 유동적인 의식의 창조를 의미한다. 중세에 쓰인 '히야신스'라는 시가 있는데, 이 느낌을 잘 표현하고 있어 인용한다.

만약 모든 것을 다 잃고
곳간마저 텅 비어
남은 것은 오직 빵 두 덩어리뿐일지라도
하나를 팔아 그 작은 돈으로
그대의 영혼을 살찌울 히야신스를 사야 하리.

히야신스는 내가 제일 좋아하는 꽃이다. 해마다 사서 집에 들고 오면, 온 집안이 향긋한 봄 냄새로 가득해진다. 이런 작은 일이 어떻게 그토록 큰 기쁨과 감사함을 가져다줄 수 있는지 정말 놀라울 따름이다. 계절에 관계 없이 주위를 돌아보며 이렇게 물어라. "무엇으로 내 영혼을 살찌울 것인 가?" 인생의 모든 일을 감사와 평화로운 태도로 대할 때 당신이 창조하게 될 놀라운 에너지를 생각해 보라. 내면적인 행복의 공명이 당신을 완전히 압도하게 될 것이다.

우리가 갖는 만족의 간격은 인생을 경험하는 방식에 엄청난 모순을 창 조한다. 전부 아니면 아무것도 아니라는 생각을 만성적으로 갖게 하고, 황 홀경에 빠져 있지 않은 순간은 의미 없는 허공에 갇혀 있는 것이라는 믿 음을 창조해서 우리를 불행하게 한다. 무슨 일이 일어나든, 기쁨을 경험할 수 있는 유일한 시간은 현재뿐이다.

만족의 간격을 메운다는 말은 물리적인 욕구를 항상 충족시켜야 한다 는 뜻이 아니라, 지금 이 순간 가슴 깊이 우러나는 감사의 마음에서 오는 더 심오한 만족감을 지녀야 한다는 뜻이다. 진정한 행복은 우연히 생기는 것이 아니라, 우리의 선택에 의해서 이루어진다. 지금 행복해질 것을 선택 하면, 그 행복을 어디에서든지 항상 유지할 수 있는 에너지가 창조된다.

복잡한 런던시의 지하 세계를 종횡무진하는 런던 지하철에는, 전철과

플랫폼 사이의 틈을 경고하기 위해 이런 표지판이 붙어 있다. "간격을 조심하시오." 지금은 당신의 만족 간격을 조심할 때이다. 매일매일을 특별하게 살면서 당신의 인생이 명예롭게 되고 평화를 경험할 수 있는 진정한 기회를 확실하게 잡아라. 이것은 당신의 선택으로, 기다릴 필요도 없다. 당신은 지금 바로 당당하게 행복해질 수 있다.

살리에리 신드롬

영화 《아마데우스》는 볼프강 아마데우스 모차르트의 인생을 각색한 것이다. 이 영화는 모차르트의 천재성뿐만 아니라 살리에리라는 남자의 인생에 대해서도 이야기하는데, 그는 당시 비엔나 궁중에서도 갈채를 받은 명성 있는 작곡자였다. 영화에 따르면, 그는 모차르트의 재능을 시기하고, 시간이 지날수록 혼자 모차르트와의 경쟁에 집착하면서 점점 더 불행해진다. 모차르트 음악의 아름다움에 자신은 경쟁조차 되지 않는다고 느끼면서 행복의 가능성을 완전히 파괴하고 만다.

역사가들에 의하면 두 사람의 실제 관계는 그랬던 것 같지 않지만, 이 영화에서 살리에리의 불행은 많은 사람들이 오늘날 느끼는 불행을 비유하여 아주 잘 표현하고 있다. 더 많이 가진 사람들을 질투하는 경쟁적인 태도에서 오는 이 불행은 해가 갈수록 줄어들기보다는 오히려 남녀노소와 동서양을 막론하고 더 증가되고 확산되는 듯 보인다. 실제로 점점 많은 사람들이 부유해지고, 온 세상이 볼 수 있도록 그들의 부가 전시되면서 "나는 왜 안 돼?" 하는 사고방식이 만연하고 있다. 하지만 다른 사람들이 가진 것을 부러워하는 것은 당신의 영혼을 갉아 먹는 것이다. 이 사고방식은 당신의 영혼을 동요시키고 만성적 불만으로 가득 채워 성공에 대한 당신의 의지를 파괴한다.

시기심은 당신이 이루지 못한 것을 성취한 다른 사람들과 자신을 비교하게 만든다. 그리고 이런 비교를 통해 생기는 자기비하는 결과적으로 현재에 대한 실망감과 미래에 대한 절망감을 가져오고, 부족한 것에 집착하면 더 많이 부족하게 되는 근본적인 모순을 낳는다. 부정적인 에너지가 의식에 스며들어서 생활방식이 되고, 끊임없는 불만이라는 감정적인 폐허만 남게 될 수도 있다. 감정적으로, 에너지적으로, 그리고 그 밖의 모든 방면으로도, 시기는 당신을 불행의 나락으로 밀어 넣는다.

옛 속담에 이런 말이 있다. "만약 곤경이라는 구덩이에 빠지면, 그 구덩이를 파는 일을 멈추어야 한다." 이 말은 질투라는 불행의 늪에 빠졌을 때, 정말 좋은 충고가 된다. 이미 뭔가가 부족한 것처럼 느껴질 때, 질투심은 그 현실에 더 깊은 구덩이를 팔 뿐이다. 하지만 집중의 대상을 옮기면 그 구덩이에서 빠져나올 수 있다. 다른 사람들은 가졌지만 당신은 갖지 못한 것들에 집중해서 그런 상황을 더 심각하게 만든다면, 결국은 당신도 그런 일에 집중하고 싶지 않을 것이다. 그 사람들이 가진 것에 당신이 집착하며 집중하면, 더 많은 좋은 것들을 당신이 아닌 그들 쪽으로 보내는 에너지가 창조된다!

그들의 인생을 바라보며 질투하는 대신 그들을 위해 행복해 하고, 더 나아가서는 자신이 가진 것을 바라보며 스스로 행복해져야 한다. 더 많이 가져야 더욱 행복해질 수 있다는 믿음에 더 이상 매달리지 마라. 그 대신, 즐거워지려고 선택할 때 더 많은 것을 가질 수 있다는 깨달음을 얻어라. 당신에게 기쁨을 가져다주는 것은 물질이 아니라 당신의 선택이다.

만약 행복하지 않다면, 직장이나 차 또는 집 때문이 아니라 잘못된 태도나 믿음 때문이다. 주위를 돌아보며 행복하지 않다면, 인생의 상황을 바꿀 필요 없이 그 상황을 느끼는 당신의 방법을 바꾸면 된다. 지금 바로 당신이 가진 것들에 진정으로 감사하는 마음을 갖도록 하라.

이런 에너지 이동은 성공 의식을 창조하는 데 있어서 아주 중요하다. 더 이상은 스스로가 만든 경쟁에 묶여 있지 마라. 욕구와 빈곤의 희생양도 되지 마라. 특별한 것들만이 당신에게 기쁨을 가져다줄 수 있다는 자기 파괴적인 가정을 끌어안고 살 필요 없다. 당신에게는 시기심을 끝장내고 살리에리 신드롬에서 벗어날 수 있는 힘이 있다. 현재를 즐기고 만족의 간격을 메울 수 있는 대안이 있다. 지금은 절망적인 몸부림과 비판과 끊임없는 경쟁을 버리고, 행복의 가능성이 현재의 순간에 있다는 사실을 깨달을 때이다.

행복의 요인

당신은 항상 스스로의 의식을 만들어가고 있다! 도망치고 싶은 상황이 아니라, 당신이 원하는 감정과 경험을 얻을 수 있는 방향으로 에너지를 인도해야 한다. 문제에 계속 집착하면 더 많은 문제들이 생기는 법이다. 그러므로 문제를 해결하는 방향으로 생각을 바꾸어야 한다. 지금처럼 행복한 마음으로 결과들을 상상하면서 긍정적인 성과를 머릿속에 떠올려라. 이렇게 하기 위해서는 당신의 사고방식에서 벗어나야 하며, 이미 당신이 갖고 있는 행복을 부정하거나 무시하지 말아야 한다. 당신의 내부와 주변에 있는 좋은 것들을 깨달으면서 우주로부터 더 많은 것을 기대하라.

성공은 단순한 목적 달성에 있는 것이 아니라, 일상적인 생활에서 그 목적을 이루어가는 과정에 있다. 모든 욕구의 밑바닥에는 기쁨을 얻고자 하는 욕망이 있지만, 진정한 성취는 일상생활에서 얻는 기쁨에서 온다. 행복의 요인은 방정식의 해답에 있지 않고 방정식 안에 있는 것이다. 역동적인 성공의식을 창조하고 싶으면 즐거운 마음으로 인생을 살아라. 그렇게 할 수 있을 때 다음 단계로 나아갈 수 있다.

성공적인 삶을 위해서는 다음 두 가지 사항이 필수적이다.

1. 당신의 에너지를 누르고, 당신을 불행하게 만드는 모든 것을 기꺼이 버려라. 우선 버려야 할 가장 중요한 두 가지는 자기비판과 미래에 대한 두려움이다. 행복은 당신이 만들어내는 이런 종류의 생각이나 감정과 공존할 수 없다. 이런 에너지들을 가차 없이 당신 안에서 밀어내야 한다. 당신이 스스로를 비판할 때마다, 또한 끔찍한 상황이 머리에 떠오를 때마다 즉시 이렇게 되풀이해서 말하라. "지금 여기서 멈추고, 긴장을 풀고 심호흡을 하자." 소리내어 말할 수 있는 상황이라면 그렇게 하고, 그렇지 못할 때는 마음 속으로라도 말하라. 그리고는 심호흡을 하고 나쁜 생각들을 머리에서 지워 버려라. 이렇게 하지 않고도 부정적인 생각들을 머리에서 곧 바로 지울 수 있을 때까지 필요한 만큼 자주 되풀이하라.

2. 현재에 대해 최대한 감사하면서 미래의 목표를 위해 노력하라. 감사하는 마음은 당신의 인생과 스스로를 가치 있다고 생각할 때만 가능하다. 목표를 향해 나아가면서도 절대로 이 감사하는 마음을 버리지 말고, 아낌없이 정말 아무 조건 없이 미래에 쏟아 부어라.

《오즈의 마법사》를 보면 도로시는 허수아비와 겁쟁이 사자와 양철 나무꾼과 함께 에메랄드 도시를 애타게 찾아다닌다. 그들은 행복해지기 위해 각자 필요한 것이 있고, 그것들을 구하기 위해 에메랄드 도시에 있는 위대하고 전능한 마법사를 찾아 떠난다. 하지만 목적지에 도착했을 때, 그들이 발견한 마법사는 결국 연기와 거울과 커튼 뒤에 숨어 있는 평범한 한 남자가 아니었던가?

행복을 추구하는 우리도 에메랄드 도시를 찾고 있다. 도로시와 세 친구들처럼, 우리도 우리가 얻고자 하는 것이 도달하기 어려운 성취나 목표에 있다고 믿는다. 만약 우리가 그 잘못된 가정을 계속 믿는다면, 절망이라는 회오리바람과, 걱정이라는 마녀들과, 두려움이라는 날개 달린 원숭이들을 만나는 시련을 겪게 될 것이다. 그 힘든 길을 군이 선택할 수도 있겠지만, 도로시의 경험으로부터 교훈을 얻을 수도 있다.

항상 그렇듯이 선택은 우리에게 달려 있다. 행복은 미래에 있지 않고 현재의 선택에 있으며, 성공은 어떤 구체적인 성과에 있는 것이 아니라 살아가는 방식에 있는 것이다.

세상이라는 놀이터에서 재미있게 살아라

최고의 에너지를 발산하는 가장 좋은 방법은 무슨 일이든 재미있게 하는 것이다. 재미있게 살면 마음이 더 즐겁고 가벼워지고, 당신의 인생도 훨씬 활기를 띠게 된다. 앞날을 걱정하며 힘들게만 생각하는 대신, 재미와 즐거움을 선택하라. 사소한 집안일에 얽매이지 마라. 사소한 일에 매달릴 때 어떤 종류의 에너지가 생기겠는가? 집안 청소를 불평하는 대신, 집을 갖고 있다는 사실에 감사하라.

❋ 좀더 창조적이고 즐거운 마음으로 일하고, 주변 환경의 아름다움에 감사하라. 영감을 주는 흥겨운 음악을 듣고, 자신을 위해 꽃을 사고, 춤추고 노래하면서 일하라. 그 무엇보다도 당신의 일상 에너지가 당신이라는 사람을 만들고, 당신의 운명을 결정

한다는 사실을 명심하라.

지금 하는 일에서 전혀 기쁨이나 가치를 발견하지 못한다면, 과거에 있었던 좋은 일을 떠올리거나 당신이 감사하게 생각하는 일들을 돌아보면서 즐거운 마음을 가져라. 행복했던 장소나 재미있었던 시간이나 특별한 사람을 생각하며, 인생에 새로운 만족감을 느껴라. 당신의 목표를 좀더 즉흥적이고 재미있게 만들어라. 살면서 겪게 되는 모든 일들을 너무 심각하거나 개인적인 것으로 받아들이지 마라. 모든 것을, 특히 부정적인 것들을 당신과 연관시키려고 하지 마라.

버릴 것은 버리고 즐겁게 살아라. 인생을 더 재미있게 살다 보면, 당신의 태도가 변하기 시작했다는 것을 깨닫게 될 것이다. 나는 어느 날 빨래를 하면서 처음으로 내가 하는 집안일에 재미의 에너지를 도입했다. 항상 빨래를 정말 귀찮은 일로 생각해 왔기 때문에 이번 기회에 빨래할 때의 내 에너지를 바꾸기로 결심했다.

마침 집에 아무도 없어서 나는 빨래 바구니를 들고 춤을 추면서 빨래에게 말을 걸기 시작했다. 빨랫감들에게 더 재미있게 빨래하는 무슨 좋은 방법이 없는지 물어 보았다. 내가 소리내서 물었지만, 다행히도 빨래는 아무 대답이 없었다. 휴! 하지만 우습기도 하고, 재미있기도 해서 계속하기로 했다. 빨래들에게 이렇게 말했다. "자, 이제 곧 목욕을 할 거야. 그리고 나면 훨씬 개운해질 걸."

그런데 세탁기에서 빨래를 모두 꺼내 건조기에 넣다가 내가 제일 좋아하는 자주색 양말 한 짝이 보이지 않는다는 사실을 깨달았다. 그래서 다른 한 짝을 들고 이렇게 추궁하듯이 물었다. "뭔가 잘못한 게 있어서 네 짝이 너를 버리고 도망간 거지? 네가 저 속옷을 껴안고 있는 걸 내가 다 봤다고!"

그리고는 혼자 웃었다! 빨래를 하면서 나는 실제로 낄낄거리며 웃고 있었다. (내게 상담하러 오는 고객들이 나의 이런 모습을 보지 않은 것이 얼마나 다행인가!) 이 실없어 보이는 행동이 그날의 내 기분을 완전히 바꾸어 놓았을 뿐만 아니라, 빨래나 다른 집안일에 대한 나의 태도까지도 바꿔 놓았다. 이전에는 아무 의미도 없이 바쁘게만 보여서 끔찍하게 여겼던 많은 일들을 이제는 즐거운 마음으로 할 수 있게 되었다. 우습게 보이는 이런 일들이 우리의 에너지를 완전히 바꾸어 놓을 수 있다. 당신도 가끔씩 이런 재미를 만들어 보라!

웃음의 양자역학

웃음소리는 엄청나게 매력적인 에너지가 있는 진동이기 때문에 가능하면 자주 웃어야 한다. 웃음은 뇌의 모든 부분에 전기적인 충격을 주는데, 이런 행위는 그다지 많지 않다. 게다가 사고를 명료하게 하고, 창조력을 향상시키며, 스트레스를 줄여주고, 에너지를 증가시키고, 당신의 생산성을 높여 준다. 자주 웃으면, 세로토닌의 분비가 증가하여 엄청난 웰빙의 느낌을 갖게 된다. 웃음은 긍정적인 에너지를 폭발적으로 발산하기도 한다.

걱정을 떨쳐버리고 한바탕 크게 웃는 여유를 가져라. 당신 안의 동심을 재발견하라. 처음에 자연스럽게 잘 되지 않으면, 가짜 웃음을 지어서라도 행복한 척하라. 당신의 뇌는 가짜 웃음이라는 것을 눈치채지 못하고, 여전히 엔도르핀을 생산하면서 당신을 기분좋게 하여 당신의 주파수를 바꾸어 놓을 것이다. 그리고 가장 중요하게는 당신의 지각을 변화시키고, 변화된 지각은 당신의 의식 창조력을 바꾸어 놓을 것이다. 당신을 억누르는 감정들을 버리고 더 많은 재미를 찾아라. 웃는 것은 그렇게 큰 노력을 들이지 않고도 즐거운 의식과 행복한 자기 에너지를 창조해낸다.

마음을 가볍게 하라는 말은 그냥 하는 상투적인 충고가 아니다. 즐거운 마음은 당신의 공명을 높여 주고, 그것이 바로 당신이 성공을 통해서 얻으려고 하는 감정이다. 이런 감정이 발산될 때, 당신의 목표를 가장 잘 달성할 수 있다. 우주의 법칙은 의심의 여지가 없다. 인생에 대한 당신의 태도가 당신의 인생을 결정한다.

비관적이든 낙관적이든, 괴로운 인생이 되든 즐거운 인생이 되든 당신이 선택하는 것이다. 우리는 하루에도 수없이 많은 결정을 한다. 우리 스스로 기뻐하려고 결정하면, 온 우주가 기쁨을 되돌려줄 것이다. 매일 새로 생기는 낙관주의와, 자신에 대한 사랑과, 즐거운 에너지가 바로 그 순간 진정한 성공의식에 불을 붙인다.

카리스마의 양자역학

지금도 당신은 의식을 창조하고 있고, 언제나 그럴 것이다. 새롭고 성공적인 자아의 이미지를 수립하라. 그 이미지가 되고 그 이미지를 믿어라. 그 이미지를 꼭 부여안고 매일 스스로에게 상기시켜라. 그 이미지가 당신의 의식 안에서 완전히 자리를 잡으면 그것이 당신의 새로운 현실이 된다. 성공으로 가는 길은 다른 곳에 있지 않고 당신의 내부에 있다. 당신 내부에 자각이 존재하고, 그곳에서 에너지가 생성된다. 모든 것은 당신 안에서 시작된다.

카리스마가 있는 사람들을 생각해 보면, 모두 특정한 성격을 갖고 있다는 사실을 깨달을 수 있다. 그들에게는 인생에 대한 기쁨이 있다. 이 기쁨이 그들이 하는 일을 즐겁게 하고, 주변 사람들을 즐겁게 만든다. 엄청난 양의 에너지와 열정과 의연함이 그들의 인생에 충만해 있다. 당신도 지금 그런 에너지를 만들어내면서 인생의 방향을 바꿀 수 있다. 당신에게는 무한한 선택 가능성이 있다. 모든 상황에서 당신은 기쁨과 평화와 열정이 넘치는 생각과 직관을 선택할 수 있다. 끌어당기는 힘은 에너지의 운동으로 움직이기 때문에, 이런 선택을 통해서 당신은 최상의 주파수에 연결될 수 있다.

당신의 의식은 우주라는 쇼핑 카탈로그에 있는 운명 주문서이다. 왜냐하면, 당신이 무엇을 가장 우선으로 선택하는가를 보여주는 것이 바로 의식이기 때문이다. 당신이 계속 부족한 것에 매달리든, 아니면 아주 풍부한 것에 집중하든 간에, 우주는 당신의 주문을 그대로 접수한다. 그러므로 절대로 부족한 것에 얽매여서는 안 된다. 문제의 해결에 확고하게 초점을 맞추어야 한다. 명예롭고 확고한 생각만 남을 수 있도록 끝까지 의지를 다져야 한다. 그러면 당신의 순수한 의도로 신의 의지와 우주의 흐름에 연결될 수 있다.

당신이 만드는 모든 변화는 의식의 방향을 바꾸고, 의식의 작은 변화는 엄청난 현실의 변화를 창조할 수 있다. 세상은 끝없는 선택으로 가득하고, 세상의 모든 가능성들은 당신의 꿈을 이루어주고 싶어한다. 저항하지 말고, 마음을 열어 받아들여라. 당신이 기꺼운 마음으로 자신을 사랑할 의향이 있다면, 당신은 모든 성공의 원천으로 가는 열린 채널을 창조할 수 있을 것이다.

당신이 성공의 우주 법칙을 따를 때, 성공의 불꽃이 튀기 시작할 것이다. 실제로 공기 중에는 전기의 흐름이 있다. 당신의 끊임없는 낙관주의 에너지가 명확하고 의식적인 목적과 결합하면서 당신은 카리스마의 양자역학을 체험하게 될 것이다. 이 엄청난 카리스마는 성공적인 발현에 가장 필수적이고 강력한 동력이다. 이 넘치는 힘이 지금 이 순간 당신에게 있으며, 보이지 않는 무한한 세계에 존재하는 엄청난 잠재력 또한 마찬가지로 당신에게 있다. 당신 안에 항상 내재해 있는 축복과 아름다움을 발견할 때, 당신은 성공의 양자역학을 체험하면서 인생의 모든 순간을 즐거운 마음으로 감사하는 진정한 성공을 성취하게 될 것이다.

현재의 행복이 성공의 시작이며 끝이다. 지금 이 순간이 바로 당신의 위대한 목표가 이루어질 시간이다. 당신의 운명은 이미 역동적으로 모양을 갖추기 시작했다. 당신 내부와 주변에 존재하는 놀라운 에너지를 체험하라. 머지않아 기적으로 가득한 미래가 당신 앞에 펼쳐질 것이다.

성공적인 의식으로 살기 위한 다짐

- 내 인생의 모든 순간이 특별하다. 즐겁고 감사하는 마음을 항상 선택한다.

- 부정적이고 두려워하고 제한되어 있는 나의 주파수를 언제나 기꺼이 바꾼다. 현재의 낙관적인 의식과 행복한 에너지가 내가 원하는 최고의 성공이다.

- 내가 하는 모든 일을 성공의 기회로 삼는다. 오늘 하루도 나는 즐겁게 생활한다.

- 행복하고 즐거운 태도로 인생을 산다. 더 많이 웃고, 더 많은 재미를 추구하고, 더 많은 모험을 한다.

- 나 자신과 내 인생을 가치 있다고 생각한다. 나 자신을 믿기로 결심하고, 내가 현재 성공한 모든 것들을 확인한다.

후기

> 우주의 힘은 당신의 힘이고, 우주의 빛은 당신의 빛이다.
> 모든 시간과 전 우주의 에너지가 당신의 영원한 의식 안에서 진동하고,
> 당신은 거룩한 창조 행위에 동참하게 된다.

　지금 당신은 운명이라는 공장에서 모든 에너지와 정보와 기대를 휘저으며 부지런히 당신의 미래를 창조하고 있다. 이 에너지와 정보와 기대가 모두 모여서 당신의 미래라는 자동차를 조립한다. 자주 고장나서 항상 고쳐야 하는 형편없는 싸구려 차를 만들 수도 있고, 잘 나가서 당신을 최고의 목적지로 데려다주는 고급 세단을 만들 수도 있다. 이 차를 조립하여 만들고, 인생의 모든 순간을 운전해 나가는 사람이 바로 당신이기 때문에 이 모든 것은 완전히 당신에게 달려 있다.

　그러므로, 지금까지 이 책에서 논의했던 모든 것들을 명심해야 한다. 우리가 살고 있는 현실은 에너지 세계이다. 따라서 이 이야기를 비현실적인 것으로 무시해 버려서는 안 된다. 정말 비현실적인 것은 당신이 원하는 것을 여지껏 이루어주지 못한 예전의 방식에 아직도 얽매여 사는 것이다!

　충분한 시간을 갖고 이 과정을 실천하고, 성공을 추구해 가는 각각의 다른 단계들마다 다시 이 책을 읽어보라. 각 단계마다 당신에게 공명하는 정보가 다르다는 사실을 발견할 것이다. 일지를 쓰면서 계속 실천해 나가고, 당신의 모든 파워는 당신이 원하는 대로 사용할 수 있다는 사실을 명심하

라. 당신이 창조하는 미래를 바꾸고 싶다면, 다음의 세 가지 열쇠가 절대적으로 필요하다.

운명을 창조하는 세 가지 열쇠

활기찬 운명을 창조하기 위해서는 모든 힘이 다 중요하지만, 절대로 간과되어서는 안 될 가장 기본적인 부분이 세 가지 있다. 사실 이 세 가지 부분은 매일, 심지어는 매 시간마다 재확인해야 할 정도로 아주 중요하다. 다음 사항들을 참고하여 이 힘들을 최대한도로 이용하라. 매일매일을 살면서, 이 세 가지 중요한 열쇠를 항상 명심하라. 당신의 운명을 창조하는 열쇠들이다.

의식

항상 긍정적인 의식을 갖도록 조심해야 한다. 의식이 운명을 창조하기 때문이다. 당신의 정신이 항상 집중되어 있는 곳에 문제의 해결책 또한 있다. 인생의 가치와 기쁨에 집중하면, 이 경험이 확대되어 가치와 기쁨이 최우선이 될 때까지 계속 확대될 것이다. 아래의 지표를 활용하여 제대로 방향을 잘 잡도록 하라.

- 자신의 의식에 무력해서는 안 된다. 무슨 생각을 하든지, 그것이 인생에 미치는 영향을 생각하라. 당신의 의식을 통제할 수 있는 사람은 당신뿐이다.

- 의식을 선택할 수 있다는 사실을 항상 명심하라. 잘못되는 일에 집착하지 말고, 잘 되고 있는 일로 마음의 중심을 옮기고 그 이미지만 생각하라.

- 머리와 마음에서 항상 자신을 긍정적으로 지각하라. 자신에게 실망할 때마다 새롭고 긍정적으로 자신을 지각할 것을 기억하고, 스스로를 사랑으로 정의하라.

- 절대로 당신이 갖지 못한 것을 가진 것보다 더 의식하지 마라. 당신이 가진 것들뿐만 아니라, 항상 당신의 장점에 우선 감사하라. 이렇게 하면 더 많은 풍요로움을 미래에 계속 발현할 수 있다.

- 대안을 가져라! 성공적이고 행복한 자신과 미래의 모습을 창조하고, 하루에도 몇 번씩 마음의 눈으로 이런 이미지를 상상하라. 밝고, 분명하고, 가깝게 이 이미지들을 만들어라. 기쁨과 흥분을 경험할 때마다 마음 한가운데에 이 이미지를 끌어안아라. 그러면 당신의 신경회로와 신경 펩티드와 의식적인 기대치에 아주 분명한 반응이 생길 것이다.

- 당신이 기대하는 것이 무엇인지 분명하게 하라. 미래에 대한 모든 부정적인 생각들을 긍정적인 것으로 바꾸어라. 세상은 끝없는 기회로 가득하다는 사실을 기억하라. 항상 최선을 기대하라. 그러면 최선을 이룰 것이다.

에너지

당신은 항상 에너지를 발산하고 수용한다. 당신에게 일어나는 모든 일은 언제나 당신이 전송한 것의 응답이다. 지금도 당신의 생각과 믿음과 감정은, 당신이 어떤 사람이고 인생에서 기대하는 것이 무엇인지 아주 구체적인 신호를 보내고 있다. 성공적인 상황과, 그런 상황이 가능할 수 있도록 당신을 도와줄 사람들을 끌어당기고 싶으면, 당신의 공명이 건전한 믿음과 긍정적인 사고와 진정으로 기쁜 감정에 진동해야 한다.

- 항상 에너지를 생산하는 과정에 있다는 사실을 깨달아야 한다. 당신이 미처 의식하지 못하고 있을지라도, 당신은 지금도 에너지를 생산하고 있다. 가능한 한 자주 긍정적이고 적극적인 진동을 생산하는 사고와 믿음에 관여해야 한다.

- 항상 스스로를 지지하고, 격려하고, 믿어야 한다. 자신감 에너지는 자기존중에서 비롯된다. 당신을 불명예스럽게 하는 사고와 행동에 관여하면, 세상도 마찬가지의 불명예를 돌려준다. 성공은 자기회의와 같은 태도와는 절대로 공명하지 못한다. 매일매일 스스로에 대한 믿음을 다짐하라.

- 낙관주의를 선택하라. 비관적인 전망에는 어떤 에너지적 가치도 존재하지 않는다. 당신 주변에서 어떤 일이 일어나든, 문제에 얽매이지 말고 마음을 열어 해결의 실마리를 찾아라. 생각만 바꾸면 일이 잘 해결될 것이라는 사실을 깨닫고, 그렇게 행동을 고쳐 나가라.

- 진정한 목적을 발견하라. 당신의 영혼에 결합하는 것이 목표의 일부라는 것을 기억하라. 당신의 영혼에 결합해서 당신이 누구인지, 왜 존재하는지를 더 잘 이해해야 한다.

- 현재에 집중하라. 에너지적 관점에서 당신의 힘은 현재라는 시간에 기초한다. 1초 1초가 당신의 의식과 에너지 진동을 바꿀 수 있는 새로운 기회라는 사실을 기억하라. 1분 전까지 부정성으로 가득 차 있었다 하더라도 지금은 다른 진동을 선택할 수 있다. 자신을 용서하고, 과거를 놓아 줘라. 현재의 힘을 이용해서 찬란하게 빛나는 미래를 설계하라.

- 사랑과 깊은 감사로 생활하라. 이 두 가지는 당신이 발산할 수 있는

가장 매력적인 에너지이다. 당신과 함께 있는 사람들과 당신이 하고 있는 일에 사랑을 보내라. 당신이 가진 모든 것과 당신이라는 사람에 감사하는 마음으로 생활하라. 당신이 갖는 감사 의도가 더 많은 감사할 일들을 끌어당긴다.

의도

의도는 당신의 에너지와 의식에 방향을 제시하고, 인생의 목표에 중심을 창조한다. 진정한 성공은 두려움이 아닌 순수한 동기에 의해서만 이루어질 수 있다. 목적과 기쁨이 있는 인생을 확대하기 위해서 목표를 추구할 때, 당신의 의도는 모든 가능한 방법으로 당신을 무한한 우주로 안내할 것이다.

- 목표의 성취를 통해서만 자신을 정의하거나, 행복 또는 자기 가치를 느껴서는 안 된다. 이렇게 하면, 당신의 꿈을 멀리 밀어내는 아주 유독한 에너지인 조급함과 절망감이 창조되기 때문이다.

- 직업적인 성공이든, 일상적인 행동이든, 모든 일에 대한 당신의 의도를 진지하게 생각하라. 왜 그 일을 하는지 이유를 생각해 보고, 당신의 의도가 두려움 없는 순수한 것인지 자문하라. 만약 두려움에 기초하고 있다면, 행동을 바꾸거나 이유를 바꾸어야 한다.

- 서로 모순되지 않는 의도를 가져야 한다. 특별히 어떤 일에 성공하고 싶다면, 정말로 그 일을 원하는지 확실하게 하고, 그 일을 성취할 자격이 있으며 틀림없이 성취할 수 있다고 믿어야 한다. 모순적인 의심과 믿음을 가지면, 우주에 보내는 당신의 주문서가 취소될 수도 있다.

- 목표에 대한 감정적인 집착을 모두 포기하라. 궁핍함과 조급함과 절

박함을 버리고, 인내하면서 꾸준히 실천하라. 실천하는 과정에서 만족을 얻으면, 결국 진정한 가치를 얻게 될 것이다.

- 의식적인 의도로 생활하라. 기쁘게 살 것을 의도하라! 그저 일상적인 일이든, 아니면 목표를 이루기 위한 실천이든, 분명한 의도를 가지고 행동하라. 가치와 평화와 사랑이 넘치는 감사를 목표로 하라.

- 사랑의 원천이요 우주의 지성인, 사랑으로 가득한 신의 마음과 일상적으로 결합하려는 의도를 가져라. 이 의도를 더 적극적인 일상생활의 목표로 삼을수록 더 많은 당신의 에너지가 풍부한 가능성의 세계와 조화를 이루며 공명할 것이다.

함께 나누는 성공

의식과 에너지와 의도가 당신의 성공을 결정하지만, 당신의 진동 또한 온 세상에 확대되어 전 인류의 운명 창조에 기여한다는 사실도 결코 잊어서는 안 된다. 비국소성이론의 본질에 의해 당신의 힘이 사방에 미치고, 사실 당신의 숭고한 의도는 당신의 인생 못지않게 인류의 성공에도 큰 영향을 미친다.

당신이 발산하는 모든 종류의 에너지가 사랑과 성공, 증오와 파괴와 같은 이런저런 방식으로 모든 인류에게 미친다. 평가나 자기비판과 같은 생각들이 세상에 부정적인 타성을 가속화시키는 반면, 사랑의 집중력은 긍정적인 타성을 가속화시킨다. 자기 마음에 생기는 모순을 멈추려는 개인적인 노력이 세상의 다른 곳에서 일어나고 있는 분규를 해결할 수도 있다. 이것은 의식의 공유라는 자기장의 부정할 수 없는 현실이다. 모든 개인은 여기저기에서 이런저런 결과를 만들어내며, 인류 전체의 결과에 끊임없이 영향을 미친다. 만약 우리 모두가 더 높은 수준의 사랑을 진동시키면, 우리 자신의 찬란한 운명의 장을 열 뿐만 아니라 온 인류의 운명에 더 높고 더 밝은 진동을 가져올 수 있을 것이다.

훌륭한 진동

긍정적인 인생을 살 것을 명심하라. 당신이 생각하고 행동하는 모든 일에서 항상 긍정적이고 영양가 있는 대안을 생각하라. 각 장의 마지막에 있는 다짐으로 시작해서 당신 자신의 다짐도 첨가하라. 현재의 모든 순간이 에너지 넘치는 기회라는 사실을 명심하고, 항상 당신 자신과 당신의 목표와 당신의 세계를 향상시킬 수 있는 지각을 선택하라. 기회가 있을 때마다 인생을 긍정하면, 우주가 놀라운 방법으로 응답할 것이다.

이 이야기를 이상주의자의 환상이라고 무시하지 마라. 이것은 당신이 절대로 부정할 수 없는 과학적 진실이다. 당신의 에너지가 당신의 세포 하나하나와 당신의 모든 경험을 통해 쉬지 않고 진동한다. 당신은 언제든지 더 높고 더 밝은 에너지와의 공명을 선택할 수 있고, 지금 이 순간에도 영원히 인생을 바꾸어 놓을 수 있는 힘을 선택할 수 있다. 신명과 기쁨과 기대가 가득한 태도를 선택하라. 낡고 불건전한 에너지 위로 불쑥 솟아올라, 당신과 당신 자신의 무한한 세계에 대한 새로운 믿음에 공명하라. 눈부신 미래가 당신 주변에 가득한 것을 항상 상상하면서 생활하면, 머지않아 그 상상이 당신의 현실이 되는 것을 발견하게 될 것이다. 인생의 매 순간마다 당신의 운명은 당신 스스로 결정한다. 스스로 당신이 찾는 그 행복이 되라. 그러면, 엄청난 아름다움과 축복이 모두 당신의 것이 될 것이다.

감사의 글

아래의 모든 사람들에게 엄청난 감사와 사랑이 넘치는 고마움을 전하고 싶다.

우선 모든 사물에 존재하고 항상 사랑이 넘치는 신성한 의식에 감사한다.

나의 가족들, 사라 마리 클링글러, 벤저민 얼 테일러 주니어, 비카 테일러, 젠야 테일러, 쉐리 클링글러, 데빈 스타우어브링어, 이본과 얼 테일러, 케빈과 캐서린 클링글러에게 감사한다.

가족 같은 바버라 밴 렌셀라, 매릴린 버버스, 에드 컨하노, 줄리안 스테인, 멜리사 매토석, 톰과 엘리 크레트슬리에게 감사한다.

출판사 가족들인 루이스 헤이, 레이드 트레이시, 질 크래머, 샤논 리트렐, 제시카 버모튼, 재키 클락, 리첼 지지안, 크리스티 살리나스, 찰스 맥스트라빅과 헤이 출판사 모든 가족들에게 감사한다.

사무실 가족들에게도 감사한다. 절대로 없어서는 안 될 노린 파라다이스와 천하무적 론다 램버메이어, 그리고 캐런 그레이 프라이스에게 엄청난 고마움을 느낀다.

이젠 영혼이 된 가족들, 애나와 찰스 살바지오, 론 클링글러, 루디 스타우어브링어, 플로 볼튼, 플로 베커, 토니, 라파엘, 주드와 모든 성령들에게 감사한다.

마지막으로 독자들에게 감사하고, 세상을 밝혀주는 독자들의 빛에 감사한다. 신의 무한한 축복과 행복이 항상 독자들과 함께 하기를 기원한다.

참고 도서

《구하라 그러면 얻을 것이다 Ask and It Is Given》에스더 힉스, 제리 힉스(아브라함의 가르침), 칼즈배드, 캘리포니아(헤이하우스, 2004)

《양자를 넘어서 Beyond the Quantum》마이클 톨보트, 뉴욕, 뉴욕(밴텀, 1988)

《초월의 생물학 The Biology of Transcendence》조셉 칠튼 피어스, 로체스터, 버몬트(파크 스트리트 프레스, 2002)

《정신계에서 벌거벗고 춤추기 Dancing Naked in the Mind Field》캐리 멀리스, 뉴욕, 뉴욕(판테온 북스, 1998)

《기본 정신 Elemental Mind》닉 허버트, 뉴욕, 뉴욕, (펭귄, 1993)

《에너지 의학 Energy Medicine》도나 에덴, 뉴욕, 뉴욕(퍼트넘, 1998)

《홀로그램 유니버스 Holographic Universe》마이클 톨보트, 뉴욕, 뉴욕(하퍼콜린스, 1991)

《직감과 직감을 넘어서 Intuition & Beyond》샤론 A. 클링글러, 런던, 영국(랜덤하우스 UK, 2002)

《더 높은 잠재력의 법칙 The Law of Higher Potential》로버트 콜리어, 태리타운, 뉴욕(북 오브골드, 1947)

《감정의 분자 Molecules of Emotion》캔다스 B. 퍼트, 뉴욕, 뉴욕(스크라이브너, 1997)

《의도의 힘 The Power of Intention》웨인 W. 다이어, 칼즈배드, 캘리포니아(헤이하우스, 2004)

《양자적 현실 Quantum Reality》닉 허버트, 뉴욕, 뉴욕(앵커, 1985)

《양자적 자아 The Quantum Self》다나 조하르, 뉴욕, 뉴욕(퀼, 1990)

《영혼의 우주 The Spiritual Universe》프레드 앨런 울프, 포츠머스, 뉴햄프셔(모먼트 포인트 프레스, 1999)

《양자처럼 높이 점프하기 Taking the Quantum Leap》프레드 앨런 울프, 뉴욕, 뉴욕(하퍼앤로우, 1989)